全国高等职业教育示范专业规划教材
汽车专业工学结合改革成果教材

汽车典型零件制造技术

主　编　邹　平

副主编　姚明傲

参　编　张　伟　李　萌　邹　翔
　　　　戚月珍　牛长根

主　审　夏　华　高卫明

机械工业出版社

本书是根据我国汽车制造发展及汽车专业高职高专人才培养目标定位而编写的教材，书中较全面系统地阐述了汽车制造前、中期主要的加工制造方法。全书共分七个项目：项目一讲解汽车零件的毛坯制造技术；项目二讲解汽车零件的制造技术基础；项目三讲解汽车轴套类零件的加工；项目四讲解汽车盘类零件的加工；项目五讲解汽车叉架类零件的加工；项目六讲解汽车箱体类零件的加工；项目七讲解汽车先进制造技术。

本书作为汽车制造与装配技术的专业教材，学生通过对本书的学习能很快适应所从事工作岗位的要求；相近专业学生通过学习本书，能较好地了解汽车车身的制造过程，为将来从事汽车制造工作打下基础。

本书可作为汽车制造与装配技术专业及相近专业的教材，也可作为从事汽车制造工作的工程技术人员的参考书。

本书配有电子课件，凡使用本书作为教材的教师可登录机械工业出版社教材服务网 www.cmpedu.com 下载。咨询邮箱：cmpgaozhi@sina.com。咨询电话：010-88379375。

图书在版编目（CIP）数据

汽车典型零件制造技术/邹平主编. —北京：机械工业出版社，2013.6（2024.6 重印）

ISBN 978-7-111-42542-7

Ⅰ. ①汽… Ⅱ. ①邹… Ⅲ. ①汽车-零部件-生产工艺-高等职业教育-教材 Ⅳ. ①U463

中国版本图书馆 CIP 数据核字（2013）第 102226 号

机械工业出版社（北京市百万庄大街 22 号 邮政编码 100037）
策划编辑：葛晓慧 责任编辑：葛晓慧
版式设计：常天培 责任校对：刘志文
封面设计：赵颖喆 责任印制：李 昂
北京雁林吉兆印刷有限公司印刷
2024 年 6 月第 1 版第 4 次印刷
184mm×260mm · 13.75 印张 · 337 千字
标准书号：ISBN 978-7-111-42542-7
定价：34.80 元

前 言

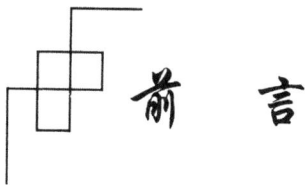

近些年来，我国重视制造业的发展，使我国制造业跻身于世界大国之列并向着世界强国发展。汽车制造业在制造业中占有重要的地位，我国将汽车制造业作为一项支柱产业来发展，因此我国的汽车制造不管是在品种、产量还是质量方面都得到长足发展和进步。

为了振兴我国汽车工业，促使汽车制造从本土化走向国际化、迎接市场的挑战，必须培养大批掌握汽车制造技术的高技术人才。汽车零件制造技术在很大程度上反映了一个国家的汽车制造水平，要使我国的汽车制造业跻身世界强国，必须提高汽车零件制造技术。为了适应汽车工业的发展，培养汽车制造技术人才，我们组织编写了本书。

本书内容包括汽车典型零件制造技术的理论基础及汽车制造前、中期主要的加工制造方法。本书不仅适合作为汽车制造与装配技术专业的教材，同时也可作为汽车类相近专业的选修教材及汽车制造行业的技术人员的参考书。

本书由四川航天职业技术学院邹平担任主编，姚明傲担任副主编，由夏华、高卫明担任主审。邹平编写绪论、项目二，姚明傲编写项目一、三、六，张伟编写项目四、七，李萌编写项目五，邹翔编写项目二中任务一的第五部分内容。江苏常州建东职业技术学院戚月珍参与了项目四、七的编写，河南许昌职业技术学院机电系牛长根参与了项目三、六的编写。本书在编写过程中得到周晓康、黄昌志教授及一汽大众成都公司高级工程师胡强、邓民国，航天7303特种车辆制造厂高级工程师宋伦汉的大力支持，在此表示感谢。

由于我国的汽车制造技术已呈现出蒸蒸日上的趋势，许多新技术、新工艺层出不穷，加之编者水平有限，书中难免有考虑不到或错误之处，敬请读者批评指正，在此表示衷心的感谢！

编 者

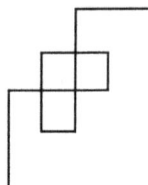

目 录

绪　　论

1. 汽车零件制造业在国民经济中的作用

在工业发达国家中，汽车制造业都占有举足轻重的地位，并且是国民经济的支柱产业。德国、日本等国的经济都是伴随着汽车工业的高速发展而发展的。以日本为例，自 1955 年至 1970 年的 15 年时间里，国民经济生产总值增长了 6 倍。而在此期间，汽车工业产值增长了 57 倍。目前汽车工业产值已占整个制造业的 10.8%。原联邦德国汽车工业产值在 1970 年以后每年均占国民生产总值的 7% 以上。近几年来，日本、西欧的汽车工业继续发展，其产值在国民生产总值中的比重日益增加。更重要的是汽车工业是附加价值很高的加工工业。1980 年日本各部门所创造的附加价值平均为 42.69 亿日元。而汽车工业为每千人 109.7 亿日元，是各部门平均值的 2.57 倍。同时，由于汽车是一种综合性的精密机械产品，所以，汽车工业一方面需要有十分广泛的配套产业，另一方面又是机床、铸造机械、锻压机械、焊接机械、电气、仪表以及原材料的主要用户。因而，汽车工业是带动相关工业发展的动力。此外，汽车是各工业国的主要出口产品，汽车工业还是影响国家财政收入和税源的重要产业部门，所以，各国都把汽车工业作为国民经济的支柱产业。

汽车制造业作为汽车产业的主要组成部分，具有很高的关联度和带动力，是一个综合性极强的产业，在我国国民经济中占重要地位。近年来，我国汽车制造业发展迅猛，2005 年，以 571 万辆和 576 万辆的汽车累计生产量和销售量成为世界第四大汽车生产国、第三大汽车消费国和第一大潜在市场；2006 年第一次超过日本，成为仅次于美国的世界第二大汽车消费国。据统计，我国现有汽车制造厂 120 多家，轿车生产厂 30 多家，截至 2011 年 2 月，国家商务部和中国汽车工业协会均认为 2010 年的国内汽车市场规模在 1500 万辆左右，2011 年产量达到 1840 万辆，2012 年产销双双突破 1900 万辆。在《我国国民经济和社会发展十二五规划纲要》中，共 6 处提及"汽车"，涉及产业发展、新能源汽车、节能型汽车等不同领域，凸显汽车制造业对社会和国民经济的重要性。

2. 现代汽车制造技术的发展过程

从 19 世纪末至今，汽车制造业的发展已有 100 多年的历史。从欧洲国家"先声夺人"，到美国"称霸世界"，日本人"后来居上"，中国"悄悄崛起"，构成了一部汽车竞争史。世界上各个国家在汽车上的竞争，主要方面之一是制造技术的竞争。汽车制造技术的发展，按制造的自动化程度主要分为以下四个阶段。

（1）刚性制造自动化　应用传统的机械设计与制造工艺方法，主要采用专用机床，自动单机或自动化生产线进行大批量生产。其特征是高生产率和刚性结构，很难实现生产产品的改变。引入的新技术包括继电器程序控制、组合机床等。

（2）柔性制造自动化 1952 年美国麻省理工学院研制出第一台数字控制铣床，揭开了柔性制造自动化的序幕。柔性制造自动化强调制造过程中的柔性和高效率、高质量，适应于多品种、中小批量的生产。

（3）集成制造自动化 集成制造自动化包括计算机集成制造（CIM）和计算机集成制造系统（CIMS）。计算机集成制造系统即可看做是制造自动化发展的一个新阶段，又可看做是包含制造自动化系统的一个更高层次的系统。其特征是强调制造全过程的系统性和集成性，以解决现在企业生存与竞争的 TQCS 问题，即产品上市快、质量好、成本低和服务好。计算机集成制造系统涉及的学科和技术非常广泛，包括现代制造技术、管理技术、计算机技术、信息技术、自动化技术和系统工程技术等。

（4）智能制造自动化 智能制造自动化是在 20 世纪末提出并开展研究的，是整个汽车制造业面向 21 世纪的发展方向。它包括制造智能化、制造敏捷化、制造虚拟化、制造网络化、制造全球化和制造绿色化。

3. 我国汽车制造技术的发展现状

1953 年 7 月 15 日，第一汽车制造厂在长春破土动工，我国的汽车工业从这里起步。1956 年 7 月 13 日，第一汽车制造厂第一辆"解放牌"汽车下线，我国的汽车工业开始发展。从 1953 年至 1993 年的 40 年间，我国汽车工业经历了以计划经济为主的基本建设阶段（1953 ~ 1977 年）和由计划经济向市场经济过渡的快速发展阶段（1978 ~ 1993 年）。

汽车工业前 40 年的得失使我国政府意识到，要尽快把汽车工业建成国民经济的支柱产业，就必须尽快制定、颁布并实施稳定有力的综合政策，改变投资分散、生产规模过小、产品落后的状况，增强企业开发实力，提高产品质量和技术装备水平，促进产业组织的合理化，实现经济规模。

据初步统计，截至 2010 年上半年，我国各类与汽车直接及间接相关的税收已占到税收总量的 24%。可以说，此时的汽车制造业已经真正成为了我国的支柱产业之一，不仅成为我国国民经济发展的重要组成部分，而且全面带动国民经济的发展。

近年来，虽然我国的汽车制造业不断采用先进制造技术，但与工业发达国家相比，仍然存在一个阶段性的整体上的差距。

（1）管理方面 工业发达国家广泛采用计算机管理，重视组织和管理体制、生产模式的更新发展，推出了准时生产（JIT）、敏捷制造（AM）、精益生产（LP）、并行工程（CE）等新的管理思想和技术。我国只有少数大型企业局部采用了计算机辅助管理，如中国第一汽车集团公司（以下简称"一汽集团"）、东风汽车股份有限公司、上海汽车工业（集团）总公司（以下简称"上汽集团"）多数小型企业仍处于经验管理阶段。

（2）设计方面 工业发达国家不断更新设计数据和准则，采用新的设计方法，广泛采用计算机辅助设计/制造技术（CAD/CAM），大型企业开始无图纸的设计和生产。我国采用 CAD/CAM 技术的比例还有待进一步提高。

（3）制造工艺方面 工业发达国家较广泛地采用高精密加工、精细加工、微细加工、微型机械和微米/纳米技术、激光加工技术、电磁加工技术、超塑加工技术以及复合加工技术等新型加工方法。我国这些新型加工方法的普及率不高，尚在开发、学习之中。

（4）自动化技术方面 工业发达国家普遍采用数控机床、加工中心及柔性制造单元（FMC）、柔性制造系统（FMS）、计算机集成制造系统（CIMS），实现了柔性自动化、知识智能化、集成化。我国尚处在单机自动化、刚性自动化阶段，柔性制造单元和系统仅在少数企业使用。

4. 我国汽车零部件制造技术的现状

汽车核心技术包括总成技术与零部件技术，国际大品牌通常会自己掌握汽车总成核心技术，而提出相应的技术指标的零部件则交由零部件企业生产，这种高度合作化的模式几乎遍及各大品牌。

虽然中国拥有超过 5000 家零部件生产企业，但实际掌握先进技术的没有几家，而大部分则仅为生产非核心部件的企业。汽车由上万个零部件组成，零部件的技术水准直接影响整车的技术含量，而目前我国自主品牌汽车的大部分零部件主要依靠进口，这还不包括技术要求更高的发动机、底盘、变速器等决定汽车性能的重要总成。

据相关数字显示，中国零部件行业中只有 43% 的零部件企业拥有专利，不到 20% 的企业拥有发明专利。以自动变速器为例，中国汽车工业协会的统计数据显示，在国产自动挡乘用车中，80% 左右搭载的是进口自动变速器，而剩下的 20% 也主要来自外资控股的合资企业。

据了解，包括奇瑞、江淮、长安、华晨、长城等在内的国内自主品牌汽车企业已经开始着手研发发动机技术，而引入欧美先进研发企业共同开发的模式被认为是自主品牌创新的催化剂。

自主创新的过程虽然漫长，投入巨大，但也是有规律可循的。首先，目前我国汽车市场几乎囊括了世界上所有的主流汽车品牌，在以技术换市场的背景下，可以借鉴先进技术加以适应性的改进，在改进过程中积累经验与资源，为自主创新埋下伏笔。最早采用这种模式的上海通用汽车泛亚汽车有限公司，由泛亚主导设计的车型已经占到上海通用产品序列的一半以上。

技术转让与模仿研发两者可以相辅相成。技术转让存在一个问题，那就是转让方一般会将较为成熟、过时的技术转让给自主品牌汽车企业，不过这也为模仿研发提供了先天条件，千里之行始于足下，从成熟技术的模仿研发做起，才有可能创造更为先进的技术。

自主创新这个词在近年的各大媒体、各个行业中出现率较高，我国经济正试图逐渐从"世界工厂"向创新大国转型，创新就意味着不按照传统行事，但创新的基础又来源于传统的学习过程，未来五年要想由汽车大国发展为汽车强国，自主创新之路依然漫长。

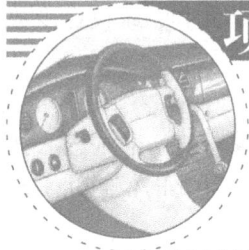

汽车零件的毛坯制造技术

汽车的零件成百上千，结构形状也千差万别，根据其结构特点可以对零件毛坯的制造方法进行归类。掌握汽车常见零件毛坯的制造技术非常重要。

◆ 项目目的：

1. 使学生能依据汽车零件的结构特点选择合适的毛坯制造方法。
2. 掌握常用零件毛坯制造技术的制造工艺。
3. 具备分析研究零件毛坯制造质量的初步能力。
4. 具备实际制造工件的能力。

◆ 项目要求：

1. 熟悉汽车常见零件特点及分类。
2. 能选择常见零件毛坯的制造方法。
3. 掌握汽车常见零件毛坯的制造工艺。

任务一　汽车零件总论

一、汽车常见零件

（一）汽车常见零件特点及分类

1. 轴杆类零件

轴杆类零件是指各种传动轴、曲轴、偏心轴、凸轮轴、齿轮轴、连杆、摇臂、螺栓、销子等这类零件一般轴向（纵向）尺寸远大于径向（横向）尺寸，是汽车产品中支撑传动件、承受载荷、传递转矩和动力的常见典型零件。

2. 盘套类零件

盘套类零件是指直径尺寸较大而长度尺寸相对较小的回转体零件（一般长度与直径之比小于1）。如各种齿轮、带轮、飞轮、联轴器、套环、轴承环、端盖及螺母、垫圈等。

3. 箱体机架类零件

箱体机架类零件是机器的基础件，其加工质量将对机器的精度、性能和使用寿命产生直接影响。如气缸体、齿轮箱、阀体、泵体、轴承座等。这类零件一般比较复杂，且内部呈腔型，为满足减振和耐磨等方面的要求，其材料一般都采用铸铁。

4. 叉架类零件

汽车中的叉架类零件主要有减速器中的拨叉、发动机中的连杆等。

（二）常见零件毛坯的选择

机械零件的常用毛坯包括铸件、锻件、轧制型材、挤压件、冲压件、焊接件、粉末冶金和注射成形件。

1）铸件是形状较复杂的零件毛坯，应采用铸造方法制造。目前生产中铸件大多数是砂型铸造，少数尺寸较小的优质铸件可采用特种铸造，如金属型铸造、熔模铸造和压力铸造等。

2）锻件适用于强度要求较高，形状比较简单的零件毛坯，锻造方法有自由锻和模锻。自由锻的加工余量大，锻件精度低，生产率不高，适用于单件小批量生产以及大型零件毛坯的大批量生产。

3）轧制型材有热轧和冷拉两种。热轧型材的精度较低，适用于一般零件的毛坯。冷拉型材的精度较高，适用于对毛坯精度要求较高的中小型零件的毛坯制造，可用于自动机床加工。

4）焊接件是根据需要用焊接的方法将同类材料或不同类的材料焊接在一起而成的毛坯件。焊接件制造简单，生产周期短，但变形较大，需经时效处理后才能进行机械加工。焊接方法适用于大型的、结构复杂的毛坯制造。

5）冲压件适用于形状复杂的板料零件。

二、汽车常见零件毛坯的选择

（一）选择毛坯时应该考虑的因素

1．零件的生产纲领

大量生产的零件应选择精度和生产率高的毛坯制造方法，用于毛坯制造的昂贵费用可由材料消耗的减少和机械加工费用的降低来补偿。如铸件采用金属模机器造型或精密铸造；锻件采用模锻、精锻；选用冷拉和冷轧型材。单件小批生产时应选择精度和生产率较低的毛坯制造方法。

2．零件材料的工艺性

例如材料为铸铁或青铜等的零件应选择铸造毛坯；钢质零件当形状不复杂、力学性能要求又不太高时，可选用型材；重要的钢质零件，为保证其力学性能，应选择锻造件毛坯。

3．零件的结构形状和尺寸

形状复杂的毛坯，一般采用铸造方法制造，薄壁零件不宜用砂型铸造。一般用途的阶梯轴，如果各段直径相差不大，可选用圆棒料；如果各段直径相差较大，为减少材料消耗和机械加工的劳动量，则宜采用锻造毛坯；尺寸大的零件一般选择自由锻造，中小型零件可考虑选择模锻件。

4．现有的生产条件

选择毛坯时，还要考虑本厂的毛坯制造水平、设备条件以及外协的可能性和经济性等。

5．充分利用新工艺、新材料

为节约材料和能源，提高机械加工生产率，应充分考虑利用新工艺、新材料和新技术。如精铸、精锻、冷轧、冷挤压和粉末冶金等在机械领域中的应用日益广泛，这些方法可以大大减少机械加工量，节约材料，大大提高了经济效益。

（二）典型零件毛坯的选择

根据毛坯的选择原则，下面介绍轴杆类、盘套类和机架箱体类等典型零件的毛坯的选择方法。

1. 轴杆类零件的毛坯选择

轴类零件最常用的毛坯是型材和锻件。

1）对于光滑的或有阶梯但直径相差不大的一般轴，常用型材（如热轧或冷拉圆钢）作为毛坯。

2）对于直径相差较大的阶梯轴或要承受冲击载荷和交变应力的重要轴，均采用锻件作为毛坯。其中，生产批量小时，采用自由锻件；生产批量大时，采用模锻件。

3）对于结构形状复杂的大型轴类零件，其毛坯采用砂型铸造件、焊接结构件或铸－焊结构毛坯。

2. 盘套类零件的毛坯选择

（1）圆柱齿轮的毛坯选择

1）尺寸较小且性能要求不高，可直接采用热轧棒料。

2）直径较大且性能要求较高，一般采用锻造毛坯。其中，生产批量较小或尺寸较大的齿轮，采用自由锻，生产批量较大的中小尺寸的齿轮，采用模锻。

3）对于直径比较大、结构比较复杂的不便于锻造的齿轮，采用铸钢或焊接组合毛坯。

（2）带轮的毛坯选择

1）中小带轮其毛坯一般采用砂型铸造。其中，生产批量较小时，采用手工造型，生产批量较大时，采用机器造型。

2）结构尺寸较大的带轮，为减轻重量可采用钢板焊接毛坯。

（3）链轮的毛坯选择

1）单件小批生产时，采用自由锻造。

2）生产批量较大时使用模锻。

3）新产品试制或修配件，亦可使用型材。

4）对于齿数大于 50 的从动链轮也可采用强度高于 HT150 的铸铁，其毛坯可采用砂型铸造，造型方法视生产批量决定。

3. 箱体机架类零件的毛坯选择

1）为达到结构形状方面的要求，最常见的毛坯是砂型铸造的铸件。

2）在单件小批生产时、新产品试制或结构尺寸很大时，也可采用钢板焊接。

4. 叉架类零件的毛坯选择

1）受力较小时可选择铸件。

2）受力较大时可选择锻件。

习　　题

一、填空

1. 汽车中的轴类零件主要用于支承_____、承受载荷、传递_____和动力。

2. 锻件适用于_____要求较高、_____比较简单的零件毛坯。

3. 焊接方法适用于_____的、_____复杂的毛坯制造。

4. 目前生产中铸件大多数是_____铸造，少数尺寸较小的优质铸件可采用_____铸造。

二、选择

1. 轴类零件的径向尺寸通常（　　）。

A. 大于轴向尺寸　　　　　　B. 小于轴向尺寸　　　　　　C. 等于轴向尺寸

2. 盘类零件的径向尺寸通常（　　）。

A. 大于轴向尺寸　　　　　　B. 小于轴向尺寸　　　　　　C. 等于轴向尺寸

3. 箱体零件的制造方法常用（　　）。

A. 铸造　　　　　　　　　　B. 锻造　　　　　　　　　　C. 冲压

4. 对于直径相差较大的阶梯轴或要承受冲击载荷和交变应力的重要轴，毛坯一般选择（　　）。

A. 铸件　　　　　　　　　　B. 锻件　　　　　　　　　　C. 焊接件

5. 带轮的毛坯 般选择（　　）。

A. 铸件　　　　　　　　　　B. 锻件　　　　　　　　　　C. 焊接件

三、判断

1. 对于直径比较大，结构比较复杂的不便于锻造的齿轮，采用铸钢或焊接组合毛坯。

（　　）

2. 生产批量较小或尺寸较大的齿轮，采用模锻。　　　　　　　　　　（　　）

3. 中小带轮其毛坯一般采用砂型铸造。　　　　　　　　　　　　　　（　　）

4. 箱体机架类零件的毛坯选择，最常见的毛坯是砂型铸造的铸件。　　（　　）

5. 链轮的毛坯选择，生产批量较大时使用自由锻。　　　　　　　　　（　　）

四、简答

1. 选择毛坯时应该考虑哪些因素？

2. 常见零件的毛坯有哪些？

任务二　汽车零件毛坯常用的获得方法

一、铸造工艺基础

铸造是熔炼金属，制造铸型，并将熔融金属浇入铸型，凝固后获得一定形状与性能铸件的成形方法。铸造与其他零件成形工艺相比，具有生产成本低、工艺灵活性大、几乎不受零件尺寸大小及形状结构复杂程度的限制等特点。铸件的重量可由几克到数百吨，壁厚可由0.3mm到1m以上。铸件在机械产品中占有很大的比例，按重量计，汽车中约为25%，拖拉机中为50%～60%，机床中为60%～80%。因此，提高铸造生产工艺水平，提高铸件质量和劳动生产率，改善劳动条件，对机械工业的发展具有极其重要的意义。

（一）合金的铸造性能

铸造生产中很少采用纯金属，而是使用各种合金。铸造合金除应具有符合要求的力学性能和物理、化学性能外，还必须考虑其铸造性能。合金的铸造性能主要有流动性、收缩性等，这些性能对于是否容易获得优质铸件是至关重要的。

1. 合金的流动性及影响因素

（1）**流动性** 液态合金本身的流动能力，称为流动性。它与合金的成分、温度、杂质含量及其物理性质有关。液态合金的流动性对补缩、防裂，获得优质铸件有影响。良好的流动性，能使铸件在凝固期间产生的缩孔得到液态合金的补缩，以及铸件在凝固末期受阻而出现的热裂得到液态合金的充填而弥合。因此，良好的流动性有利于这些缺陷的防止。流动性也是液态合金充满铸型型腔，获得形状完整、轮廓清晰铸件的基本条件，是合金重要铸造性能之一。流动性好的铸造合金，充型能力强；流动性差的合金，充型能力差，可以通过改善外界条件来提高其充型能力。在不利的情况下，如果合金的流动性不足，则会在金属液还未充满铸型就停止了流动，使铸件产生浇不足或冷隔的缺陷。

合金流动性的大小是用浇注"流动性试样"的方法衡量的。其方法是将试样的结构和铸型性质固定不变，在相同的浇注条件下，例如，在液相线以上相同的过热度或在同一的浇注温度下浇注各种合金的流动性试样，以试样的长度表示该合金的流动性。图 1-1 所示为其试样。可以看出，型腔上每隔 50mm 有一个凸点，用于计量长度。合金的流动性越好，浇注出的试样越长。表 1-1 所列为一些合金的流动性数据。

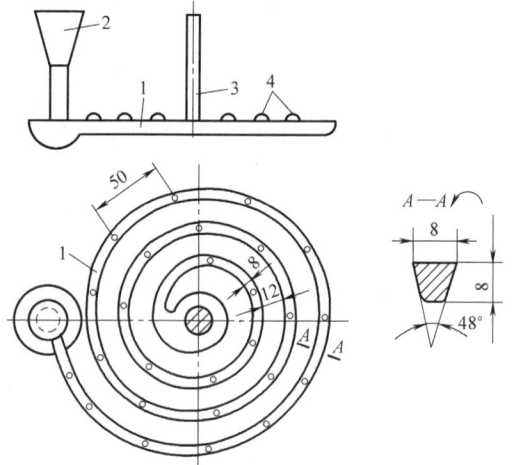

图 1-1　螺旋形流动性试样

1—模样　2—浇口杯　3—冒口　4—试样凸点

表 1-1　常用合金流动性举例

合　金	造型材料	浇注温度/℃	螺旋线长度/mm
灰铸铁 $\omega_{C+Si}=5.2\%$	砂型	1300	1000
$\omega_{C+Si}=4.2\%$		1300	600
铸钢 $\omega_C=0.4\%$	砂型	1600	100
		1640	200
锡青铜 $\omega_{Sn}=9\%\sim11\%$	砂型	1040	420
$\omega_{Zn}=2\%\sim4\%$			
硅黄铜 $\omega_{Si}=1.5\%\sim4.5\%$	砂型	1100	1000
铝合金（硅铝明）	金属型（300℃）	680~720	700~800

（2）**影响流动性的因素** 为了便于采取措施提高合金的充型能力，必须清楚影响流动性的因素。影响流动性的因素有：

1）合金的成分。不同的铸造合金具有不同的结晶特点和流动性。共晶成分合金的结晶特点是在恒温下凝固的，此时，液态合金在充填过程中，从表层开始逐层向中心凝固。由于已凝固硬壳的内表面比较光滑，对尚未凝固的合金流动阻力小，液态合金流动的距离长。此外，在相同的浇注温度下，由于共晶成分合金凝固温度最低，相对说来，液态合金的过热度（即浇注温度与合金熔点的温度差）大，推迟了液态合金的凝固，因此，共晶成分合金的流动性最好。其他成分的合金（纯金属除外）的结晶特点是在一定温度范围内进行的，即经过一个液态和固态并存的双相区域。此时，亚共晶合金的结晶是在铸件截面一定宽度的凝固区域 S 内同时进行的（图 1-2）。在这个区域内，初生的树枝状晶体不仅阻碍液态合金的流动，且因其导热系数大，使液态合金的冷却速度加快，故比共晶成分合金的流动性差。合金的结晶间隔越宽，其流动性越差。

图 1-3 所示为铸铁在相同过热度时，其含碳量与流动性的关系。由图可见，亚共晶铸铁随着碳的质量分数的增加，其结晶间隔减小，凝固区域缩短，流动性提高。越接近共晶成分，越容易铸造。

铸铁的其他元素（如 Si、Mn、P、S）对流动性也有一定影响。硅和磷可提高金属液的流动性，而硫则使金属液的流动性降低。

2）浇注条件。

① 浇注温度。在一定温度范围内，浇注温度越高，液态合金的流动性越好。但当超过某一界限后，由于液态合金吸气多，氧化严重，流动性反而降低。因此根据生产经验，每种合金均有一定的浇注温度范围。一般铸钢的浇注温度为 1520～1620℃，铝合金为 680～780℃。

② 充型压力。液态合金在流动方向所受的压力越大，流动性就越好。例如增加直浇道高度，利用人工加压方法如压铸、低压铸造等。

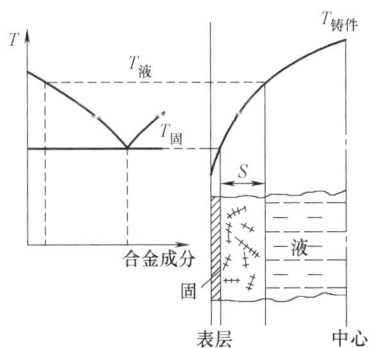

图 1-2 亚共晶合金的结晶

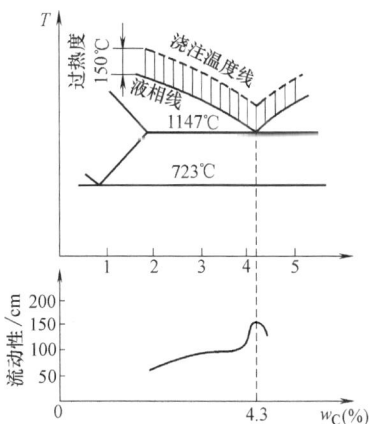

图 1-3 相同过热度时铸铁含碳量与流动性的关系

③ 浇注系统的结构。浇注系统的结构越复杂，流动的阻力就越大，流动性就越低。故在设计浇注系统时，要合理布置内浇道在铸件上的位置，选择恰当的浇注系统结构和各部分（直浇道、横浇道和内浇道）的断面积。

3）铸型。铸型的蓄热系数、温度以及铸型中的气体等均影响合金的流动性。如液态合金在金属型比在砂型中的流动性差；预热后温度高的铸型比温度低的铸型流动性好；型砂中水分过多其流动性差等。

4）铸件结构。当铸件壁厚过小、厚薄部分过渡面多、有大的水平面等结构时，都使金属液的流动困难。图 1-4 所示为盖类铸件的三种浇注方案：如图 1-4a 所示，薄壁处于垂直位置，容易充满，但是工艺上要平着立浇，操作麻烦；如图 1-4b 所示，薄壁处于水平位置，又在上型，容易出现冷隔和浇不足缺陷；如图1-4c所示，薄壁主要部分在下型，虽然是水平壁，但是金属液是从上向下流动的，而且还增加了静压力，不易出现缺陷。

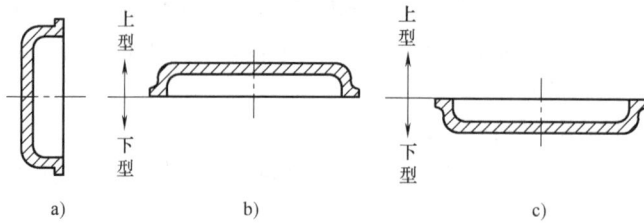

图1-4 盖类铸件的不同浇注位置

以上是影响液态合金流动性的主要因素，由于影响因素较多，在实际生产中它们又是错综复杂的，必须根据具体情况具体分析，找出其中的主要矛盾，采取措施，才能有效地提高金属液的充型能力。

2. 合金的收缩性

合金从液态冷却至常温的过程中，所发生的体积缩小现象称为收缩。收缩是铸件中许多缺陷，如缩孔、缩松、热裂、应力、变形和冷裂等产生的基本原因。

合金的收缩量是用体收缩率和线收缩率来表示的。当温度自T_0下降到T_1时，合金的体收缩率是以单位体积的相对变化量来表示；线收缩率是以单位长度的相对变化量来表示。即：

体收缩率

$$\varepsilon_V = \frac{V_0 - V_1}{V_0} \times 100\% = \alpha_V(T_0 - T_1) \times 100\% \tag{1-1}$$

线收缩率

$$\varepsilon_L = \frac{L_0 - L_1}{L_0} \times 100\% = \alpha_L(T_0 - T_1) \times 100\% \tag{1-2}$$

式中　V_0、V_1——合金在T_0、T_1时的体积（cm^3）；

　　　L_0、L_1——合金在T_0、T_1时的长度（cm）；

　　　α_V、α_L——合金在T_0、T_1温度范围内的体收缩系数和线收缩系数（1/℃）。

合金的收缩分为三个阶段：液态收缩阶段、凝固收缩阶段、固态收缩阶段。

（1）液态收缩　液态收缩指合金从浇注温度$T_浇$冷却到液相线温度$T_液$过程中的收缩。从式（1-1）可看出，提高浇注温度，过热度（$T_浇 - T_液$）越大以及收缩系数较大，都使液态收缩率增加。

（2）凝固收缩　凝固收缩指合金在液相线（$T_液$）和固相线（$T_固$）之间凝固阶段的收缩。对于纯金属和共晶成分的合金，凝固期间的体收缩只是由于状态的改变，而与温度无关；具有结晶温度范围的合金，凝固收缩由状态改变和温度下降两部分产生，结晶温度范围（$T_液 - T_固$）越大，则凝固收缩越大。

液态收缩和凝固收缩使金属液体积缩小，一般表现为型内液面降低，是铸件产生缩孔和缩松的基本原因。

（3）固态收缩　固态收缩指合金从固相线温度冷却到室温时的收缩。固态收缩通常直接表现为铸件外形尺寸的减小，故一般用线收缩率来表示。线收缩对铸件形状和尺寸精度影响很大，是铸造应力、变形和裂纹等缺陷产生的基本原因。

影响收缩的因素有：化学成分、浇注温度、铸件结构和铸型条件等。不同成分的铁碳合金收缩率也不同，见表1-2。碳素铸钢收缩大而灰铸铁的收缩小。灰铸铁收缩小是由于其中大部分碳是以石墨状态存在的，石墨的比体积大，在结晶过程中，析出石墨所产生的体积膨胀抵消了部分收缩所致。故含碳量越高，灰铸铁的收缩越小。碳素铸钢的总体积收缩随含碳量的提高而增大。这是因为钢液的比体积及其结晶温度范围随含碳量的提高而增加所致。

表1-2　几种铁碳合金的体积收缩率

合金种类	ω_C（%）	浇注温度/℃	液态收缩（%）	凝固收缩（%）	固态收缩（%）	总体积收缩（%）
碳素铸钢	0.35	1610	1.6	3	7.86	12.46
白口铸铁	3.0	1400	2.4	4.2	5.4~6.3	12~12.9
灰铸铁	3.5	1400	3.5	0.1	3.3~4.2	6.9~7.8

（二）铸造缺陷分析与铸件质量控制

1. 缩孔和缩松

铸件在凝固过程中，由于合金的液态收缩和凝固收缩，往往在铸件最后凝固的部位出现孔洞，容积大而集中的孔洞称为缩孔；细小而分散的孔洞称为缩松。在铸件中存在任何形态的缩孔和缩松，都会由于它们减小受力的有效面积，以及在缩孔和缩松处产生应力集中现象，而使铸件的力学性能显著降低。由于缩孔和缩松的存在，还降低铸件的气密性和物理、力学性能。因此，缩孔和缩松是铸件的重要缺陷之一，必须设法防止。

（1）缩孔　缩孔的容积较大，多集中在铸件上部和最后凝固的部位。现以圆柱体铸件为例分析缩孔的形成过程。

假定所浇注的金属在固定温度下凝固，或结晶温度范围很窄，则铸件由表及里逐层凝固（图1-5）。

如图1-5a所示，金属液充满型腔，降温时，可以从浇注系统得到补充。

如图1-5b所示，当铸件表面凝固一层硬壳，并紧紧包住内部的液态金属时，内浇道被冻结。

如图1-5c所示，进一步冷却时，内部金属液发生液态收缩和凝固收缩，液面要下降。同时，固态收缩使铸件外形尺寸缩小。如果两者的减少量相等，则凝固的外壳仍和内部液态金属紧密接触，不会产生缩孔。但是，由于合金的液态收缩和凝固收缩超过硬壳的固态收缩，金属液将与硬壳的顶面脱离。

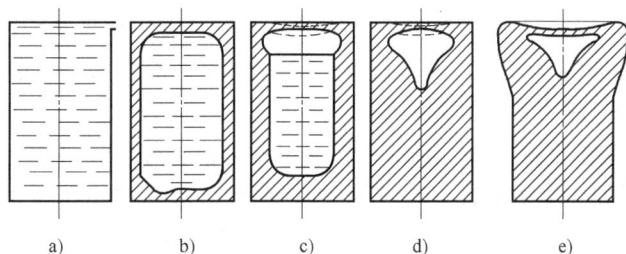

图1-5　圆柱体铸件中缩孔形成过程示意图

如图 1-5d 所示，依次下去，硬壳不断加厚，液面将不断下降，待金属全部凝固后，在铸件上部就形成一个倒锥形的缩孔。

如图 1-5e 所示，整个铸件的体积因温度下降至常温而不断缩小，使缩孔的绝对体积有所减小，但其值变化不大。如果铸件顶部设置冒口，缩孔将移至冒口中。

（2）缩松　形成缩松的基本原因也是由于合金的液态收缩和凝固收缩大于固态收缩。但是，形成缩松的条件是合金的结晶温度范围较宽，倾向于糊状凝固方式，缩孔分散；或者是在缩松区域内铸件断面的温度梯度小，凝固区域较宽，液态合金几乎同时凝固，因液态和凝固收缩所形成的细小孔洞分散且得不到外部液态合金的补充而造成的。图 1-6 所示为缩松形成过程示意图。图 1-6a 所示为液态合金充满型腔，向四处散热；图 1-6b 所示为铸件结壳后，内部有一个较宽的液、固共存区；图 1-6c、d 所示为继续降温，固体不断长大，互相接触，液态合金被固体分割成许多小的封闭式液池；图 1-6e 所示为封闭区液池凝固收缩时，得不到液体补充而形成许多小而分散的孔洞；图 1-6f 所示为固态收缩。

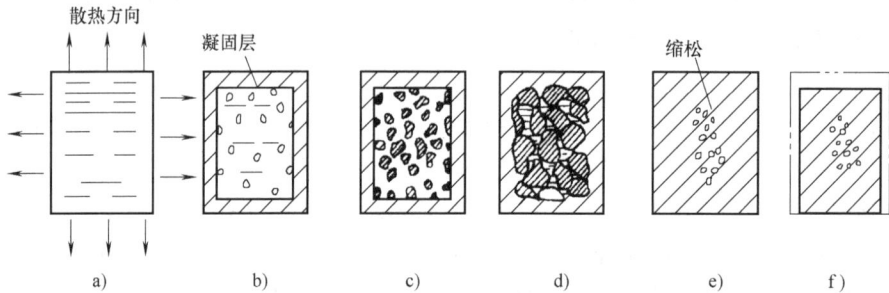

图 1-6　缩松形成过程示意图

（3）影响缩孔、缩松形成的因素　影响缩孔、缩松形成的因素主要有以下几个。

1）合金的成分。从缩孔、缩松形成过程可以知道，结晶温度范围越小的合金，产生缩孔的倾向越大；结晶温度范围越大的合金，产生缩松的倾向越大。由此可知，合金的成分与缩孔、缩松的形成倾向密切相关。

2）浇注过程。浇注温度、浇注速度等均影响合金的总体积收缩。浇注温度高，形成缩孔的倾向大；浇注慢，缩孔的容积小。

3）铸型条件。铸型对缩孔、缩松的影响主要表现在铸型对铸件冷却速度的影响上。铸型的激冷能力越大，缩孔的容积越小。如湿型比干型的冷却能力强，金属型比砂型的冷却能力强。

4）铸件结构。铸件的结构直接关系着缩孔、缩松的形成，包括其容积的大小、发生的位置、数量的多少等。因此，在设计铸件结构时，应充分考虑铸件结构的工艺合理性。

（4）缩孔和缩松的防止方法　在实际生产中，铸件的合金成分、铸型结构形式都是确定的，因此需要采取合理的工艺措施来防止缩孔和缩松的发生。

1）顺序凝固。铸件的顺序凝固原则，是采用各种措施保证铸件结构上的各部分，按照远离冒口的部分先凝固，然后沿冒口方向顺序地凝固进行，使得铸件上远离冒口的部分到冒口之间建立一个递增的温度梯度，如图 1-7 所示。这样就保证了冒口总能有一个补缩通道将金属液补充到铸件的任一部位，使缩孔最后产生在冒口内，获得完好的致密铸件。

2）浇注系统的引入位置及浇注工艺。浇注系统的不同引入位置即内浇道，与铸件各部分的温度分布有直接的关系，如图1-8所示。

浇注温度和浇注速度都对铸件收缩有影响，应根据铸件结构、浇注系统类型来确定。用高的浇注温度缓慢地浇注，有利于"顺序凝固"；通过多个内浇道低温快浇，有利于实现同时凝固。

3）冒口、补贴和冷铁的作用

① 冒口。在铸件厚壁处和热节部位设置冒口，是防止缩孔、缩松最有效的措施。冒口的尺寸应保证冒口比铸件被补缩部位凝固得晚，并有足够的金属液供给。

② 补贴。对于板件和壁厚均匀的薄壁件，由于冒口的有效补缩距离所限，往往在铸件的内部仍产生缩孔和缩松（图1-9a）。若在铸件壁上部靠近冒口处增加一个楔形厚度，铸件壁厚变成向冒口逐渐增厚的形状，即造成一个向冒口逐渐递增的温度梯度。所增加的楔形部分，称为补贴（图1-9b）。

③ 冷铁。由金属材料制成的激冷物称为冷铁，它包括铸铁、钢材、铜等金属材料。将冷铁放入铸型某一特定部位，加速铸件某局部热节的冷却（图1-10），是消除铸件中缩孔和缩松的有效措施。

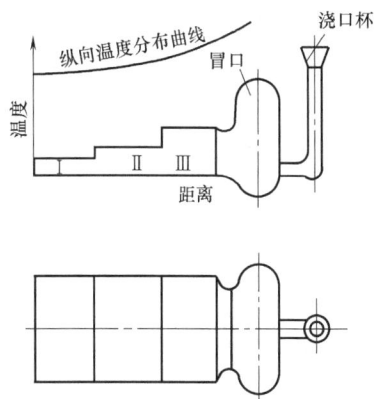

图1-7 顺序凝固方式示意图

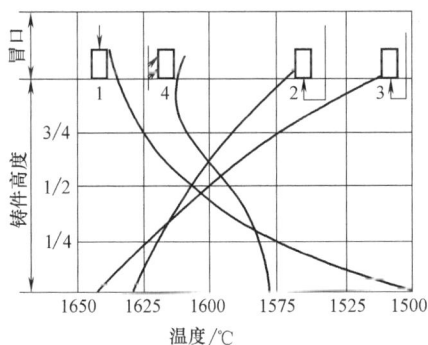

图1-8 浇注系统的不同引入位置与铸件纵向温度分布的关系

1—顶注式 2—底注快浇 3—底注慢浇 4—阶梯式注入

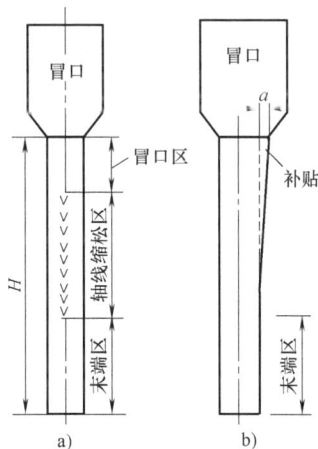

图1-9 铸件垂直的补贴

2. 铸造应力、变形和裂纹

铸件在凝固之后的继续冷却过程中，其固态收缩若受到阻碍，就会在铸件内产生应力，称为铸造应力。铸造应力可能是暂时的，当产生这种铸造应力的原因被清除以后，应力即告消失；如原因消除以后应力依然存在，这种应力就称为残留应力。

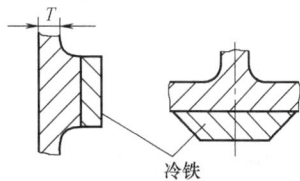

图1-10 冷铁应用的例子

（1）铸造应力的产生 铸造应力按其产生的原因可分为三种：热应力、相变应力和收缩应力。

1）热应力。它是由于铸件各部分冷却速度不一致而引起的收缩量不一致，但各部分又彼此相连相互制约而引起的。

图1-11所示为热应力的形成过程的分析。该铸件杆Ⅰ较粗，杆Ⅱ较细。当铸件处于再结晶温度$T_{再}$以上的高温$t_0 \sim t_1$期间，两杆均处于塑性状态，尽管两杆的冷却速度不同，收缩也不一致，但瞬时的应力随塑性变形而消失。温度继续下降，细杆Ⅱ由于冷却速度快，先进入$T_{再}$温度以下的弹性状态，而粗杆Ⅰ仍处于塑性状态$t_1 \sim t_2$期间）。细杆Ⅱ收缩也大于粗杆Ⅰ，由于相互制约，细杆Ⅱ受拉伸，粗杆Ⅰ受压缩，如图1-11b所示，形成了应力。但此时的应力会随粗杆Ⅰ的压缩变形而消失，如图1-11c所示。当温度继续下降$t_2 \sim t_3$期间时，

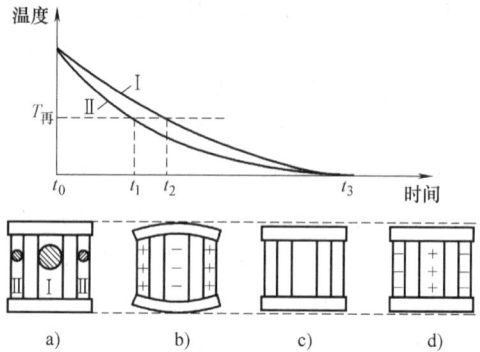

图1-11 热应力形成过程

注：+表示拉应力 −表示压应力

已被压缩的杆Ⅰ也进入弹性状态，此时，两杆中粗杆温度高于细杆，还会有较大的收缩。因此，当粗杆收缩时必然会受到细杆的阻碍，此时，杆Ⅱ变为受压缩，而杆Ⅰ受拉伸，直到室温，在铸件中形成子残留应力，如图1-11d所示。

由此可见，热应力使铸件的厚壁或心部受拉伸，薄壁或表层受压缩。铸件的壁厚差别越大，合金的线收缩率越高，热应力越大。

热应力的预防是尽量减少铸件各部位间的温度差，使其均匀地冷却，如在厚大处放置冷铁、提高浇注温度、使铸件的壁厚均匀等。

2）相变应力。铸件在冷却过程中往往产生固态相变，相变时其相变产物往往具有不同的比体积。例如，碳钢发生$\delta \rightarrow \gamma$转变时，体积缩小；发生$\gamma \rightarrow \alpha$转变时，体积胀大。铸件在冷却过程中，由于各部分冷却速度不同，导致相变不同时发生，则会产生相变应力。

例如，铸件淬火或加速冷却（如水爆清砂）时，在低温形成马氏体，由于马氏体的比体积较大，由于相变引起的内应力可能使铸件破裂。

3）收缩应力。它是由于金属在冷却过程中转入弹性状态后，因收缩受到机械阻碍而产生的，如图1-12所示。机械阻碍的来源大致有以下几个方面：

① 铸型和型芯有较高的强度和较低的退让性。

② 砂箱内的箱带和型芯内的芯骨。

③ 设置在铸件上的拉杆、防裂筋，分型面上的铸件飞边。

④ 浇冒口系统以及铸件上的一些突出部分。

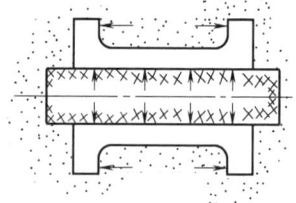

图1-12 收缩应力

综合上述可见，铸造应力是热应力、相变应力及收缩应力的总和。在某一瞬间，一切应力的总和大于金属在该温度下的强度极限时，铸件就要产生裂纹。当铸件冷却到常温并经落砂以后，只有残留应力对铸件质量有影响，这是铸件常温下产生变形和开裂的主要原因。铸件中的残留应力并非永久性的，在一定的温度下，经过一定时间后，铸件各部分的应力会重新分配，也会使铸件产生塑性变形（扭曲或变形）以后应力消失。

（2）铸件的变形与防止 具有残余应力的铸件，其状态处于不稳定状态，将自发地进

行变形以减少内应力趋于稳定状态。显然，只有原来受拉伸部分产生压缩变形，受压缩部分产生拉伸变形，才能使铸件中的残留内应力减少或消除。铸件变形的结果将导致铸件产生扭曲。图1-13所示为厚壁不均匀的T字形梁铸件挠曲变形的情况，变形的方向是厚的部分向内凹，薄的部分向外凸，如图中双点画线所示。

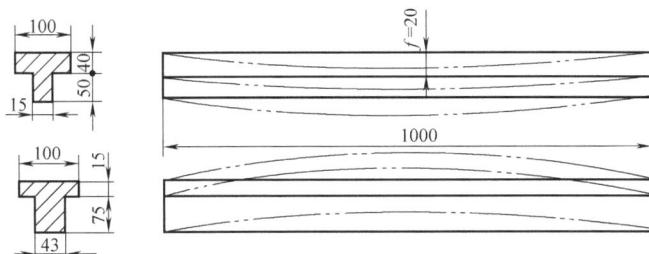

图1-13　T字形梁铸件挠曲变形情况

机床床身由于其导轨面较厚，其侧面较薄，因而在冷却过程中厚薄两部分产生温差，导致导轨面受拉应力，侧面受压应力。变形的结果，导轨面向下凹，薄壁侧面向下凸，如图1-14所示。

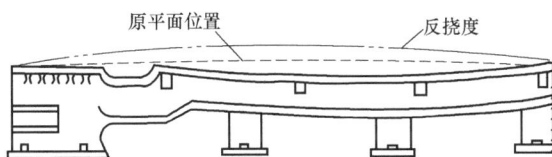

图1-14　机床床身变形示意图

为了防止铸件变形，除在铸件设计时尽可能使铸件的壁厚均匀、形状对称外，在铸造工艺上应采用同时凝固办法，以便冷却均匀。对于长而易变形的铸件，还可以采用"反变形"工艺。反变形法是在统计铸件变形规律的基础上，在模样上预先做出相当于铸件变形量的反变形量，以抵消铸件的变形。

另外，铸件产生挠曲变形后，对于具有一定塑性的材料（如钢、非铁金属）可以矫正，而对于像灰铸铁这样的脆性材料则不易矫正。产生挠曲变形的铸件可能因加工余量不够而报废，为此需加大加工余量而造成不必要的浪费。

铸件产生挠曲变形后，往往只能减少应力，而不能完全消除应力。机加工以后，由于失去平衡的残留应力存在于零件内部，经过一段时间后又会产生二次挠曲变形，致使机器的零部件失去应有的精度。为此，对于不允许发生变形的重要机件（如机床床身、变速器等）必须进行时效处理。时效处理可分自然时效和人工时效两种。自然时效是将铸件置于露天场地半年以上，使其缓慢发生变形，从而消除内应力。人工时效是将铸件加热到550～650℃进行去应力退火。

（3）铸件的裂纹和防止　当铸造应力超过金属的强度极限时，铸件便产生裂纹。裂纹是严重的铸造缺陷，必须设法防止。按裂纹形成的温度范围，裂纹可分为热裂和冷裂两种。

1）热裂。热裂是铸件在高温下产生的裂纹。其形状特征是：外观形状曲折而不规则，裂口表面呈氧化色，裂口沿晶粒边界通过。

试验证明，热裂是在合金凝固末期的高温下形成的。因为合金的线收缩并不是在完全凝固后开始的，此时合金绝大部分已形成固体，组成了一个完整的固体骨架，但晶粒间还存有少量液体，强度和塑性均较低。如前述当收缩受到机械阻碍时，其应力超过了该温度下合金的强度极限，就会发生热裂。

防止热裂的方法是使铸件结构（图1-15）合理，改善铸型和型芯的退让性，减小浇冒口对铸件收缩的机械阻碍，内浇道设置应符合同时凝固原则；此外，减少合金中有害杂质——硫、磷的含量，特别是硫使合金的热脆性增加，导致热裂倾向增大，可提高合金高温强度。

2）冷裂。冷裂是铸件在低温下形成的裂纹。其形状特征是：外观形状呈连续直线状或圆滑曲线，而且常是穿过晶粒而不是沿晶界断裂；裂口干净，具有金属的光泽或呈轻微的氧化色。

冷裂常出现在形状复杂的大工件的受拉部位，特别是应力集中处（如尖角、缩孔、气孔、夹渣等附近）。有些冷裂在铸件落砂后并未形成，而是在铸件清理、搬运或机械加工时，受到震击才出现的。脆性大、塑性差的合金，如白口铸铁、高碳钢及某些合金钢最易产生冷裂。

图1-16所示为轮形铸件的冷裂现象。带轮的轮缘、轮辐比轮毂薄，因此冷却速度较快，比轮毂先收缩，轮辐中产生拉应力，此应力往往使轮辐发生冷裂。同样的原因，飞轮的轮缘中产生的拉应力也易使轮缘发生冷裂。

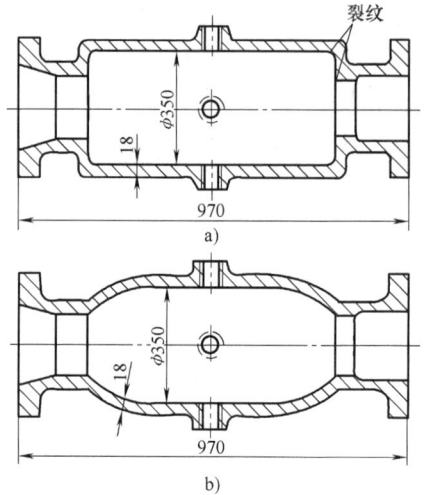

图1-15　铸件结构

a）不合理　b）合理

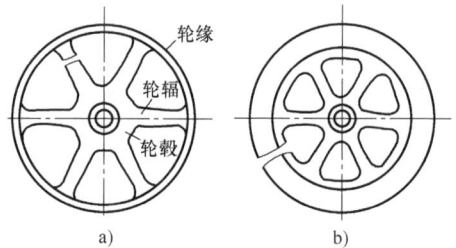

图1-16　轮形铸件的冷裂

a）带轮　b）飞轮

二、锻压工艺基础

（一）概述

锻压是对坯料施加外力，使其产生塑性变形，改变其尺寸、形状及改善其性能，用以制造机械零件、工件或毛坯的成形加工方法，它是锻造和冲压的总称。

大多数金属材料在冷态或热态下都具有一定的塑性，因此它们可以在室温或高温下进行各种锻压加工。常见的锻压方法有自由锻、模锻、冲压、轧制、挤压和拉拔等。

金属锻压加工在机械制造、汽车、拖拉机、仪表、造船、冶金工程及国防等工业中有着广泛的应用。以汽车为例，按质量计算，占汽车自重70%的零件均是由锻压加工方法制造的。

金属锻压加工主要有以下的特点：

1）锻压加工后，可使金属获得较细密的晶粒，可以压合铸造组织内部的气孔等缺陷，并能合理控制金属纤维方向，以使纤维方向与应力方向一致，提高零件的性能。

2）锻压加工后，坯料的形状和尺寸发生改变而其体积基本不变，与切削加工相比可节约金属材料和加工工时。

3）除自由锻外，其他锻压方法如模锻、冲压等都具有较高的劳动生产率。

1. 锻压的基本生产方式

（1）轧制　坯料在旋转轧辊的压力作用下产生连续塑性变形，获得要求的截面形状并改变其性能的加工方法称为轧制（图1-17a）。通过合理设计轧辊上的各种不同的孔型，可以轧制出不同截面形状的原材料，如钢板、各种型材、无缝管材等，也可以直接轧制出毛坯或零件。

（2）挤压　坯料在三向不均匀压力作用下从模具的模孔挤出，使其横截面积减小，长度增加，成为所需制品的加工方法称为挤压（图1-17b）。按挤压温度可分为冷挤、温挤、热挤，适用于加工非铁金属和低碳钢等金属材料。

（3）拉拔　坯料在牵引力作用下通过模孔拉出，使其横截面积减小，长度增加的加工方法称为拉拔（图1-17c）。拉拔生产主要用来制造各种细线材、棒材、薄壁管等型材。

（4）自由锻　只用简单的通用性工具或在锻造设备的上下砧铁间直接使坯料变形而获得所需的几何形状及内部质量的锻件，这种加工方法称为自由锻（图1-17d）。

（5）模锻　在模锻设备上利用锻模使坯料变形而获得锻件的锻造方法称为模锻（图1-17e）。

（6）冲压　使坯料经分离或成形而得到制件的工艺称为冲压（图1-17f）。冲压多数在常温下进行。

常见的金属型材、板材、管材、线材等原材料，大都是通过轧制、挤压等方法制成的；自由锻造、模锻和板料冲压，则是一般机械厂常用的生产方法。凡承受重载荷、工作条件恶劣的机器零件，如汽轮发电机转子、主轴、叶轮、重要齿轮、连杆等，通常均需采用锻件毛坯，再经切削加工制成。

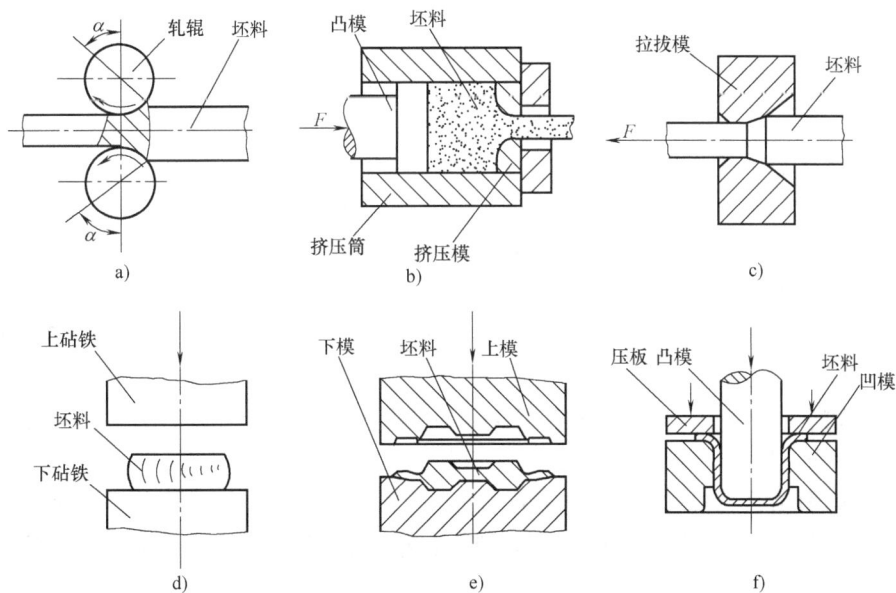

图1-17　锻压基本生产方式示意图

a）轧制　b）挤压　c）拉拔　d）自由锻　e）模锻　f）冲压

2. 金属的可锻性

金属的可锻性是衡量材料在经受压力加工时获得优质零件难易程度的一个工艺性能。金属的可锻性好，表明容易进行锻压加工变形；可锻性差，表明该金属不宜选用锻压加工方法变形。金属的可锻性常用塑性和变形抗力来综合衡量。塑性越大，变形抗力越小，则可锻性越好；反之，可锻性越差。

金属材的塑性用伸长率 A、断面收缩率 ψ 来表示。凡是 A、ψ 值越大或镦粗时变形程度越大（不产生裂纹）的金属，其塑性也越大。变形抗力是指塑性变形时金属反作用于工具上的力。变形抗力越小，则变形消耗的能量也就越少。塑性和变形抗力是两个不同的独立概念。如奥氏体不锈钢在冷态下塑性虽然很好，但变形抗力却很大。

金属的塑形和变形抗力与下列因素有关：

（1）化学成分　不同化学成分的金属塑性不同，所以可锻性也不同。纯铁的塑性就比碳钢好，变形抗力也较小；低碳钢的可锻性又比高碳钢好。当钢中含有较多的碳化物形成元素 Cr、Mo、W、V 时，可锻性显著下降。

（2）金属组织　金属内部的组织结构不同，其可锻性有很大差别。固溶体（如奥氏体）的可锻性好，碳化物（如渗碳体）的可锻性差。晶粒细小而又均匀的组织可锻性好。当铸造组织中存在柱状晶粒、枝晶偏析以及其他缺陷时，可锻性较差。

（3）变形温度　变形温度对塑性及变形抗力的影响很大。一般说来，提高金属变形时的温度，会使原子的动能增加，从而削弱原子之间的吸引力，减小滑移所需要的力，因此塑性增大，变形抗力减小，改善了金属的可锻性。当温度过高时，金属会产生过热、过烧等缺陷，使塑性显著下降，此时金属在外力作用下很容易脆裂。

（4）变形速度　变形速度即单位时间内的变形程度。它对塑性及变形抗力的影响是矛盾的。一方面，由于变形速度的增大，回复和再结晶不能及时克服加工硬化现象，使金属表现出塑性下降，变形抗力增加（图1-18），可锻性变差；另一方面，金属在变形过程中，消耗于塑性变形的能量一部分转化为热能，使金属的温度升高，产生所谓的热效应现象。变形速度越大，热效应现象越明显，使金属的塑性上升，变形抗力下降，可锻性变好（图1-18中 a 点以后）。但除高速锤锻造外，在一般锻压加工中变形速度并不是很快，因而热效应现象对可锻性影响并不明显。

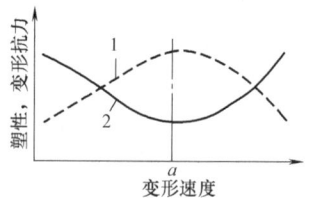

图1-18　变形速度与塑性及变形抗力的关系示意图
1—变形抗力曲线　2—塑性变化曲线

（5）应力状态　不同的压力加工方法在材料内部所产生的应力大小和性质（拉或压）是不同的，因而表现出不同的可锻性。例如，金属在挤压时呈三向压应力状态，表现出较高的塑性和较大的变形抗力；而金属在拉拔时呈两向压应力和一向拉应力状态，表现出较低的塑性和较小的变形抗力。

总之，金属的可锻性既取决于金属的本质，又取决于变形条件，在锻压生产中要力求创造有利的变形条件，充分发挥金属的塑性，降低变形抗力使功耗最少，变形进行得充分，用最经济的方法达到加工的目的。

3. 锻造比

锻造比是锻造时金属变形程度的一种表示方法，通常用变形前后的截面比、长度比或高

度比 Y 来表示。例如，拔长、镦粗时的锻造比为

$$Y_{拔} = S_0/S = L/L_0$$
$$Y_{镦} = H_0/H = S/S_0$$

式中　H_0、L_0、S_0——分别为坯料变形前的高度、长度和横截面积；

　　　　H、L、S——分别为坯料变形后的高度、长度和横截面积。

在一般情况下，增加锻造比，对改善金属的组织和性能是有利的。但是锻造比太大却是无益的。当 $Y < 2$ 时，随着金属内部组织的细密化，锻件的力学性能有明显的提高；当 $Y = 2 \sim 5$ 时，锻件的力学性能开始出现各向异性，而且横向（垂直纤维的方向）的塑性开始显著地下降；当 $Y > 5$ 时，金属的组织细密化程度已近极限，锻件的力学性能不再提高，各向异性则进一步增加。

由此可见，锻造钢锭时，选择合适的锻造比是十分重要的。对于非合金结构钢，可以取 $Y = 3 \sim 4$。锻造某些高合金工具钢和特殊性能钢时，为了促进合金元素均匀化，并使碳化物细化和分散，必须采用较大的锻造比。例如，高速钢 $Y = 5 \sim 12$；不锈钢 $Y = 4 \sim 6$。

钢材在轧制过程已经过很大的变形，内部组织和力学性能都已得到了改善，因此用钢材锻造锻件时，一般取 $Y = 1.1 \sim 1.3$。

（二）模锻

模锻是在高强度金属锻模上预先制出与锻件形状一致的模膛，使坯料在模膛内受压变形，由于模膛对金属坯料流动的限制，因而锻造终了时能得到和模膛形状相符的锻件。

与自由锻相比，模锻的优点：锻件的形状和尺寸比较精确，机械加工余量较小，节省加工工时，材料利用率高；可以锻制形状较为复杂的锻件；生产率较高；操作简单，劳动强度低，对工人技术水平要求不高，易于实现机械化；锻件内流线分布更为合理，力学性能高。

但是，由于模锻是整体变形，变形抗力较大，受模锻吨位的限制，模锻件的质量一般在 150kg 以下。另外，制造锻模成本很高，所以模锻不适于单件小批生产，而适于中小型锻件的大批量生产。

模锻适应现代化大生产的要求，在飞机、汽车、拖拉机、国防和机械制造等工业中模锻件数量很大，占这些行业锻件总质量的 90% 左右。

模锻按使用设备的不同，可分为锤上模锻、胎模锻、压力机上模锻。

1. 锤上模锻

锤上模锻使用的设备有蒸汽—空气模锻锤、无砧座锤、高速锤等。一般工厂中主要使用蒸汽—空气模锻锤，其工作原理与蒸汽—空气自由锻锤基本相同，但由于模锻时受力大，因此要求设备的刚性好，导向精度高，以保证上、下模对准。模锻锤的机架与砧座直接连接形成封闭结构，锤头与导轨之间间隙小。模锻锤吨位为 $1 \sim 16$t，砧座较重，约为落下部分质量的 $20 \sim 25$ 倍。

模锻工作示意图如图 1-19 所示。锻模由上、下模组成。上模和下模分别安装在锤头下端和模座上的燕尾槽内，用楔铁紧固。上、下模合在一起，其中部形成完整的模膛。根据模膛功用不同，可分为模锻模膛和制坯模膛两大类。

（1）模锻模膛　模锻模膛分为终锻模膛和预锻模膛两种。

1）终锻模膛。终锻模膛的作用是使坯料最后变形到锻件所要求的形状和尺寸，因此它的形状应和锻件的形状相同。但因锻件冷却时要收缩，终锻模膛的尺寸应比锻件尺寸放大一

个收缩量。钢件的收缩量取锻件尺寸的 1.5%。沿模膛四周有飞边槽。锻造时部分金属先压入飞边槽内形成飞边，飞边很薄，最先冷却，可以阻碍金属从模膛内流出，以促使金属充满模膛，同时还能容纳多余的金属。对于具有通孔的锻件，由于不可能靠上、下模的凸起部分把金属完全挤压掉，故终锻后在孔内留下一薄层金属，称为冲孔连皮。把冲孔连皮和飞边冲掉后，才能得到有通孔的模锻件。

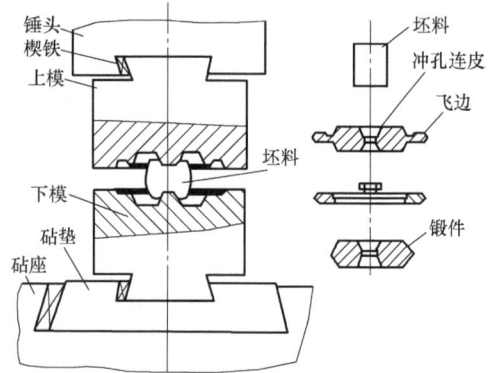

图 1-19 模锻工作示意图

2）预锻模膛。预锻模膛的作用是使坯料变形到接近于锻件的形状和尺寸，这样在进行终锻时金属容易充满终锻模膛，同时减少终锻模膛的磨损，延长锻模的使用寿命。预锻模膛的形状和尺寸与终锻模膛相近，只是模锻斜度和圆角半径稍大，对于形状简单或批量不大的模锻件可不设置飞边槽。

（2）制坯模膛 对于形状复杂的模锻件，原始坯料进入模锻模膛前，需先放在制坯模膛制坯，按锻件最终形状作初步变形，使金属能合理分布和很好地充满模膛。制坯模膛有以下几种：

1）拔长模膛。其作用是减少坯料某部分的横截面积，增加该部分的长度（图 1-20a）当模锻件沿轴向的各横截面积相差较大时，采用拔长模膛。

2）滚压模膛。其作用是减小坯料某部分的横截面积，增大另一部分的横截面积（图 1-20b）。当模锻件沿轴线的各横截面积相差不大时或做修整拔长后的毛坯时，采用滚压模膛。

3）弯曲模膛。其作用是弯曲杆类模锻件的坯料（图 1-20c）。

4）切断模膛。其作用是切断金属（图 1-20d）。单件锻造时，用它从坯料上切下锻件或从锻件上切下钳口；多件锻造时，用它来分离成单个件。

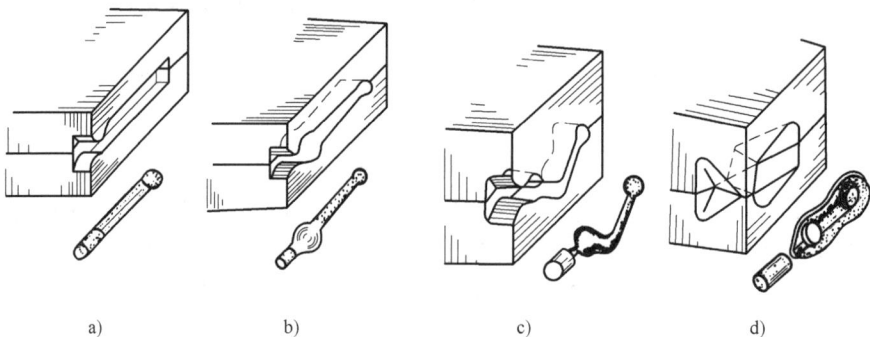

a)   b)   c)   d)

图 1-20 制坯模膛
a）拔长模膛 b）滚压模膛 c）弯曲模膛 d）切断模膛

为操作方便起见，这些模膛一般布置在终锻模膛的两侧。

生产中，根据锻件复杂程度的不同，锻模可分为单膛锻模和多膛锻模两种。单膛锻模是在一副锻模上只具有终锻模膛一个模膛；多膛锻模是在一副锻模上具有两个以上的模膛。

2. 模锻工艺规程的制订

模锻生产的工艺规程包括制订锻件图、计算坯料尺寸、确定模锻工步、选择设备及安排修整工序等。

（1）制订模锻锻件图 锻件图是根据零件图按模锻工艺特点制订的。它是设计和制造锻模、计算坯料以及检查锻件的依据。制订模锻锻件图时应考虑如下几个问题：

1）分模面。分模面即上、下锻模在模锻件上的分界面。锻件分模面的位置选择得合适与否，关系到锻件成形、出模、材料利用率等一系列问题。因此确定分模面时应注意下列原则（图1-21）。

① 要保证模锻件能从模膛中取出。一般情况，分模面应选在模锻件最大尺寸的截面上。

② 要保证金属容易充满模膛，有利于锻模制造和便于取出锻件。分模面应选在使模膛深度最浅的位置上。

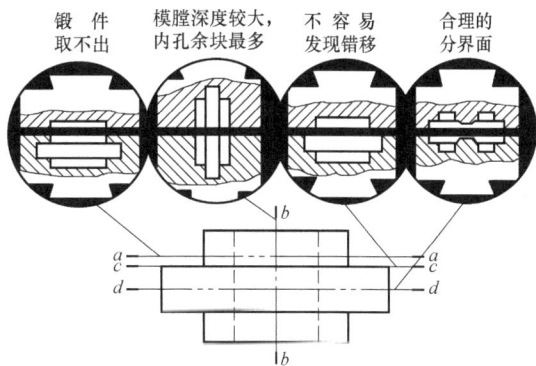

图1-21 分模面的比较图

③ 要保证按选定的分模面制成锻模后上、下两模分模面上的模膛轮廓一致，以便在安装锻模和生产中易于发现错模现象，及时调整锻模位置。

④ 要保证锻模容易制造。分模面最好做成平面，且上、下模膛深度基本一致。

⑤ 要保证锻件上所加的余块最少。

按以上原则综合分析，图1-21中的 $d-d$ 面是最合理的分模面。

2）余量、公差和余块。模锻时金属坯料是在锻模中成形的，因此模锻件的尺寸较精确，其余量、公差均比自由锻造小得多，余块少得多。余量、公差与工件形状尺寸、精度要求等因素有关。一般单边余量为 $1\sim5\,\mathrm{mm}$，公差为 $0.4\sim3.5\,\mathrm{mm}$。具体可查阅 GB/T 12362—2003《钢质模锻件 公差及机械加工余量》。成品零件中的各种细槽、齿轮齿间、横向孔以及其他妨碍出模的凹部均应加余块，直径小于 $30\,\mathrm{mm}$ 的孔一般不锻出。

3）模锻斜度（图1-22a）。为使锻件容易从模膛中取出，在垂直于分模面的锻件表面上必须有一定斜度。模锻斜度与模锻深度有关。对于锤上模锻，一般外壁倾斜角度 α 常为7°，特殊情况可用5°或10°，内壁倾斜角度 β 常为10°，特殊情况可用7°、12°或15°。

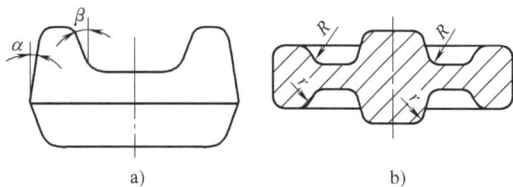

图1-22 模锻斜度和圆角半径
a）模锻斜度 b）模锻圆角半径

4）模锻圆角半径（图1-22b）。为使金属容易充满模膛，增大锻件强度，避免锻模内尖角处产生裂纹，减缓锻模外尖角处的磨损，提高锻模使用寿命，在模锻件上所有平面的交角处均需做成圆角。模膛深度越深，圆角半径取值越大。一般凸圆角半径 r 等于单面加工余量加成品零件圆角半径或倒角值，凹圆角半径 $R=(2\sim3)\,r$，计算所得半径需圆整为标准值，以利于使用标准刀具。

图1-23所示为齿轮毛坯模锻锻件图。图中双点画线为零件轮廓外形。分模面选在锻件

高度方向的中部。零件轮辐部分不加工，故不留加工余量。

（2）确定模锻工步 模锻工步主要是根据锻件的形状和尺寸来确定的。模锻件按形状可分为两大类：一类是长轴类零件，如台阶轴、连杆等；另一类是盘类零件，如齿轮、法兰盘等。

图 1-23 齿轮毛坯模锻锻件图

1—飞边 2—模锻斜度 3—加工余量 4—盲孔
5—凹圆角 6—凸圆角 7—分模面
8—冲孔连皮 9—零件

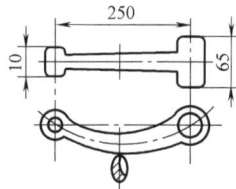

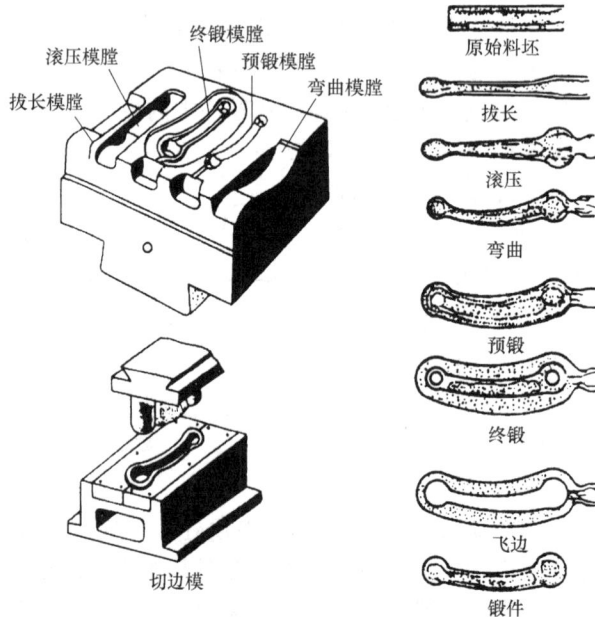

1）长轴类模锻件。锻件的长度与宽度之比较大，锻造过程中锤击方向垂直于锻件的轴线，常选用拔长、滚压、弯曲、预锻和终锻等工序。

拔长和滚压时，坯料沿轴线方向滚动，使坯料的横截面积与锻件相应的横截面积近似相等。锻件的轴线为曲线时，应选用弯曲工步。对于小型长轴类锻件，为了减少钳口料和提高生产率，常采用一根棒料同时锻造几个锻件的锻造方法，因此应增设切断工步，将锻好的工件切离。

对于形状复杂的锻件，还需选用预锻工步，最后在终锻模膛模锻成形。如锻造弯曲连杆模锻件（图 1-24）。坯料经过拔长、滚压、弯曲等三个工步，形状接近于锻件，然后经过预锻和终锻两个模膛制成带有飞边的锻件。

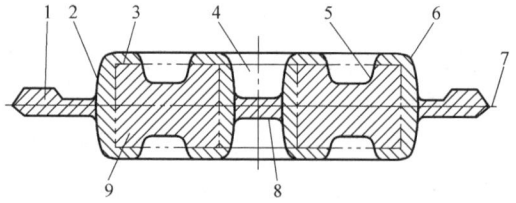

图 1-24 弯曲连杆模锻过程

2）盘类模锻件。锻件为圆形或长度接近于宽度，锻造过程中锤击方向与坯料轴向相同，终锻时金属沿高度、宽度及长度方向产生流动，因此常选用镦粗、终锻等工步。对于形状简单的盘类锻件，可只用终锻工步成形。

（3）选择模锻设备　模锻锤的吨位按表1-3选择。

（4）计算坯料尺寸　其步骤与自由锻件相同。坯料质量包括锻件、飞边、冲孔连皮和氧化皮。一般飞边质量是锻件质量的20%～25%，氧化皮质量是锻件和飞边质量的2.5%～4%。

表1-3　模锻锤的锻造能力范围

模锻锤吨位/t	1	2	3	5	10	16
锻件质量/kg	2.5	6	17	40	80	120
锻件在分模面处的投影面积/cm²	13	380	1080	1260	1960	2830
能锻齿轮的最大直径/mm	130	220	370	400	500	600

（5）修整工序　坯料在锻模内制成模锻件后，需要经过一系列修整工序后才能保证和提高锻件质量。修整工序如下：

1）切边和冲孔。刚锻制成的模锻件，一般都带有飞边和冲孔连皮，需要在压力机上使用切边模将它们切除。切边和冲孔根据不同情况可在热态或冷态下进行。

2）校正。在切边和其他工序中都可能引起锻件变形，因此切边后可在终锻模腔内或专门的校正模内进行校正。

3）热处理。热处理的目的是为了消除锻件在锻造过程中产生的过热组织或加工硬化，改善锻件组织和切削加工性，提高锻件的力学性能，一般采用正火或退火。

4）清理。为了提高模锻件的表面质量，改善模锻件的切削加工性能，模锻件需要进行表面清理（如采用喷砂法、酸洗法等）去除锻件表面的氧化皮、污垢及其他表面缺陷（如飞边）等。

5）精压。对于要求精度高，表面粗糙度低的模锻件，清理后还应在压力机上进行精压。

3. 模锻件的结构工艺性

设计模锻件时，为便于模锻件生产和降低成本，应根据模锻特点和工艺要求使其结构符合下列原则：

1）模锻件要有合理的分模面、模锻斜度和圆角半径。

2）由于模锻件精度较高和表面粗糙度较低，因此零件的配合表面可留有加工余量；非配合表面一般不需进行加工，不留加工余量。

3）为了使金属容易充满模腔、减少加工工序，零件外形应力求简单、平直和对称，尽量避免零件截面间相差过大或具有薄壁、高筋、凸起等结构。

图1-25a所示零件的最小截面积与最大截面积之比小于0.5，故不宜采用模锻方法制造，且该零件凸缘薄而高，中间凹下很深，难于用模锻方法锻制。图1-25b所示零件扁而薄，模锻时薄的部分的金属易于冷却，但不易充满模腔。图1-25c所示零件有一个高而薄的凸缘，使锻模制造和取出锻件都很困难，如对零件使用功用没有影响的话，改进为图1-25d所示的形状就具有较好的结构工艺性。

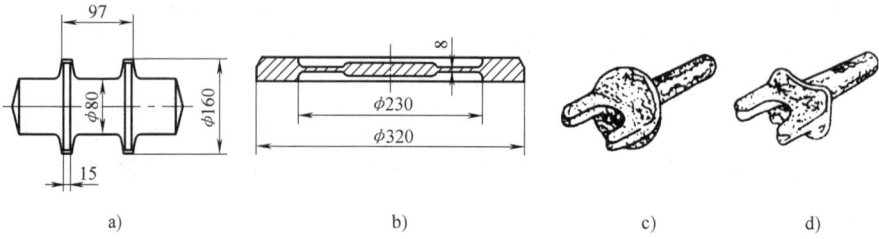

图 1-25　模锻件的结构工艺性

a）凸肩过高　b）零件过薄　c）凸肩薄而高　d）结构工艺性较好

4）应避免有深孔或多孔结构。

5）为减少余块，简化模锻工艺，在可能的条件下，应尽量采用锻 – 焊组合工艺。

（三）胎模锻

胎模锻是在自由锻设备上使用可移动模具生产模锻件的一种锻造方法。所用模具称为胎模。它结构简单，形式多种多样，但不固定在上、下砧座上。一般选用自由锻方法制坯，然后在胎模中终锻成形。

胎模锻是介于自由锻和模锻之间的一种工艺，与自由锻和模锻相比有如下特点：

1）胎模锻时，金属在胎模内成形，操作简便，生产率较高。

2）锻件表面质量、形状与尺寸精度较自由锻有较大改善，所用余块少，加工余量小，节省工时。

3）胎模锻不需要采用昂贵设备，并且扩大了自由锻设备的应用范围。

4）胎模锻工艺操作灵活，可以局部成形。这样就能用较小设备锻制出较大的模锻件。

5）胎模结构较简单，制造容易而经济，易于推广和普及。

胎模锻的缺点是工人劳动强度较大，胎模容易损坏，生产率与模锻相比还不够高。胎模锻适于中小批量的锻件生产。

1. 胎模的分类

胎模种类较多，主要有扣模、套模及合模三种。

（1）扣模　扣模用来对坯料进行全部或局部扣形，主要生产杆状非回转体类锻件（图1-26a）

（2）套模　套模呈套筒形，主要用于锻造齿轮、法兰盘等回转体类锻件（图1-26b）。

（3）合模　合模通常由上模和下模两部分组成（图1-26c）。为了使上、下模吻合及不使锻件产生错移，经常用导柱等定位。合模多用于生产形状较复杂的非回转体类锻件，如连杆、叉形件等锻件。

2. 胎模锻的工艺过程

胎模锻工艺过程包括制订工艺规程、制造胎模、备料、加热锻制及后续工序等。在工艺规程制订中，分模面的选取可灵活些，分模面的数量可不限于一个，而且在不同工序中可以选取不同的分模面，以便于制造胎模和使锻件成形。

图1-27所示是一个法兰盘的胎模锻过程。所用胎模为套模，它由套筒和上、下模垫组成。原始坯料加热后，先镦粗，然后将模垫和套筒放在砧座上，再将镦粗的坯料平放在套筒内，压上冲头后终锻成形，最后将连皮冲掉。

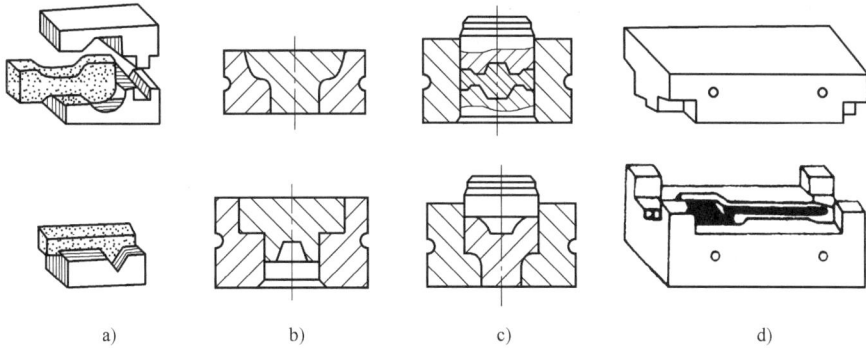

图 1-26　胎模的几种结构

a）扣模　b）、c）套模　d）合模

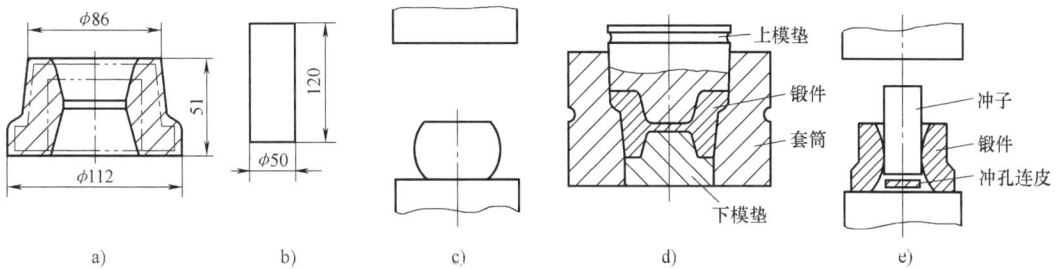

图 1-27　法兰盘的胎模锻过程

a）锻件图　b）下料　c）镦粗　d）终锻成形　e）冲掉冲孔连皮

（四）压力机上的模锻

锤上模锻具有工艺适应性广的特点，在锻压生产中有广泛的应用。但是，模锻锤在工作中存在振动和噪声大、劳动条件差、蒸汽效率低、能源消耗多等难以克服的缺点。因此，近年来大吨位模锻锤有逐步被压力机取代的趋势。用于模锻生产的压力机有摩擦压力机、曲柄压力机和平锻机等。

1. 摩擦压力机上的模锻

摩擦压力机是靠飞轮、螺杆和滑块向下运动所积蓄的能量使坯料变形的，其上模锻的特点是：

1）适应性好，行程和锻压力可自由调节，因而可实现轻打、重打，可在一个模腔内进行多次锻打。不仅能满足模锻各种主要成形工序的要求，还可以进行弯曲、热压、切飞边、冲连皮及精压、校正等工序。

2）滑块运动行程速度低，打击频率低，金属变形过程中的再结晶可以充分进行。适合于再结晶速度慢的低塑性合金钢和非铁金属的模锻。

3）摩擦压力机承受偏心载荷能力差，通常只适用于单腔锻模进行模锻。

4）生产率低，主要用于中小型锻件的批量生产。

5）摩擦压力机结构简单、造价低、使用维修方便，适用于中小型工厂的模锻生产。

2. 曲柄压力机上的模锻

曲柄压力机的动力源是电动机，通过减速和离合器装置带动偏心轴旋转，再通过曲柄连杆机构，使滑块沿导轨作上下往复运动。下模块固定在工作台上，上模块则装在滑块下端，随着滑块的上下运动，就能进行锻压。

曲柄压力机上的模锻有以下特点：

1）曲柄压力机作用于金属上的变形力是静压力，且变形抗力由机架本身承受，不传给地基。因此，曲柄压力机工作时振动与噪声小，劳动条件好。

2）曲柄压力机的机身刚度大，滑块导向精确，行程一定，装配精度高，因此能保证上、下模膛准确对合在一起，不产生错移。

3）锻件精度高，加工余量和公差小，节约金属。在工作台及滑块中均有顶出装置，锻造结束可自动把锻件从模膛中顶出，因此锻件的模锻斜度小。

4）因为滑块行程速度低，作用力是静压力，有利于低塑性金属材料的加工。

5）曲柄压力机上不适宜进行拔长和滚压工步，这是由于滑块行程一定，不论用什么模膛都是一次成形，金属变形量过大，不易使金属填满终锻模膛所致。因此，为使变形逐渐进行，终锻前常采用预成形、预锻工步。图1-28所示为经预成形、预锻和终锻的齿轮模锻工步。

6）曲柄压力机设备复杂，造价高，但生产率高，锻件精度高，适于大批大量生产。

3. 平锻机上的模锻

平锻机的主要结构与曲柄压力机相同，只不过其滑块水平运动，故称为平锻机。平锻机上的模锻有如下特点：

1）扩大了模锻适用范围，可以锻出锤上和曲柄压力机上无法锻出的锻件，还可以进行切飞边、切断、弯曲等工步。

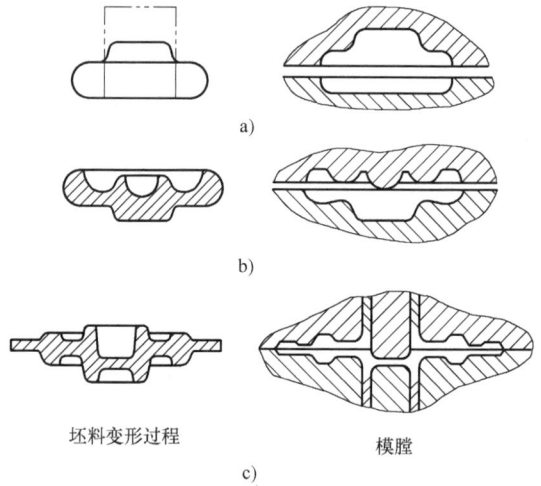

图1-28　曲柄压力机上齿轮模锻工步
a）预成形　b）预锻　c）终锻

2）锻件尺寸精确，表面粗糙度值低，生产率高。

3）节省金属，材料利用率高。

4）对非回转体及中心不对称的锻件较难锻造。平锻机的造价也比较高，适用于大批大量生产。

（五）冲压工艺基础

板料冲压工艺在工业生产中有着十分广泛的应用，特别是在汽车、拖拉机、航空、电器、仪表等工业中占有极其重要的地位。

板料冲压具有下列特点：

1）可冲压出形状复杂的零件，废料较少，材料利用率高。

2）冲压件尺寸精度高，表面粗糙度低，互换性好。

3）可获得强度高、刚性好、质量小的冲压件。

4）冲压操作简单，工艺过程便于实现机械化、自动化，生产率高；但冲模制造复杂、要求高。因此，这种工艺方法用于大批量生产时才能使冲压件成本降低。

板料冲压所用的原材料通常是塑性较好的低碳非合金钢、塑性高的合金钢、铜合金、铝合金等的薄板料、条带料。

板料冲压所用设备主要是剪床和冲床。剪床用来把板料剪切成需要宽度的条料，以供冲压工序使用。冲床用来实现冲压加工。

1. 冲模

冲模是使板料分离或变形的模具，它可分为单工序模、级进模及复合模三种。

（1）单工序模　单工序模是在压力机的一次行程中只完成一道工序的模具。落料用的单工序模如图1-29所示，凹模5用压板7固定在下模座6上，下模座用螺栓固定在压力机的工作台上。凸模3用压板4固定在上模座2上，上模座则通过模柄1与压力机的滑块连接，凸模可随滑块作上下运动。为了使凸模向下运动时能对准凹模，并在凹模之间保持均匀间隙，通常用导柱11和导套12来保证。条料在凹模上沿两个导板9之间送进，碰到定位销10为止。凸模向下冲压时，冲下部分进入凹模，而条料则夹住凸模一起回程向上运动。条料碰到卸料板8时被推下，这样，条料继续在导板间送进。重复上述动作，即可连续冲压。

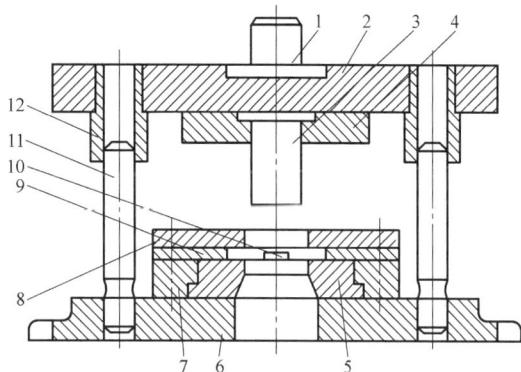

图1-29　单工序模

1—模柄　2—上模座　3—凸模　4、7—压板
5—凹模　6—卜模座　8—卸料板　9—导板
10—定位销　11—导柱　12—导套

（2）级进模　级进模是把两个或两个以上的简单模安装在一个模板上，在压力机一次行程内于模具不同部位上同时完成两个以上冲压工序。此种模具生产率高，易于实现自动化。但要求定位精度高，制造比较麻烦，成本也较高。

（3）复合模　复合模是利用冲床的一次行程，在模具的同一位置完成数道工序的模具。适用于产量大、精度高的冲压件。

2. 板料冲压的基本工序

板料冲压的基本工序可分为分离工序和变形工序两大类。

（1）分离工序　分离工序是将坯料的一部分和另一部分分开的工序，如落料、冲孔、修整、剪切等。

1）剪切。用剪刀或冲模将板料沿不封闭轮廓进行分离的工序称为剪切。

2）落料和冲孔。落料和冲孔都是将板料按封闭轮廓分离的工序。这两个工序的模具结构与坯料变形过程都是一样的，只是用途不同。落料是被分离的部分为成品或坯料，周边是废料；冲孔则是被分离的部分为废料，而周边是带孔的成品。

图1-30所示为落料（冲孔）时金属变形情况示意图。当凸模1压向坯料时，首先使金属产生弯曲，然后由于凸模（冲头）和凹模2的刃口的作用，使坯料在与刃口接触处开始出现裂纹。随着凸模继续向下压，上下两处裂纹扩展连在一起，使坯料分离，完成落料

（或冲孔）的工序。

为使成品边缘光滑，凸、凹模刃口必须锋利，凸、凹模的间隙 $z/2$ 要均匀适当，因为它不仅严重影响成品的断面质量，而且影响模具寿命、冲裁力和成品的尺寸精度。

排样是落料工作中的重要工艺问题。合理的排样可减少废料，节省金属材料。如图 1-31 所示，无接边排样可最大限度地减少金属废料，但冲裁件的质量不高，所以通常都采用有接边排样。

3）整修。使落料或冲孔后的成品获得精确轮廓的工序称为整修。利用整修模沿冲压件外缘或内孔修切掉少量材料或切掉冲孔或落料时在冲压件断面上存留的剪裂带和毛刺，从而提高冲压件的尺寸精度和降低表面粗糙度值。

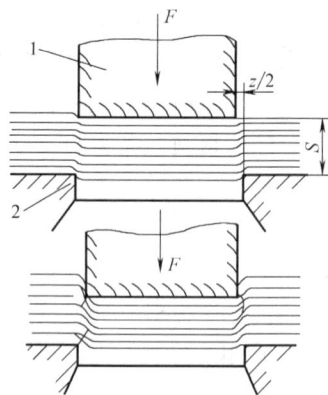

图 1-30 落料（冲孔）时金属
变形情况示意图
1—凸模 2—凹模

（2）变形工序 变形工序是使坯料的一部分相对于另一部分产生塑性变形而不破裂的工序，如弯曲、拉深、翻边、成形等。

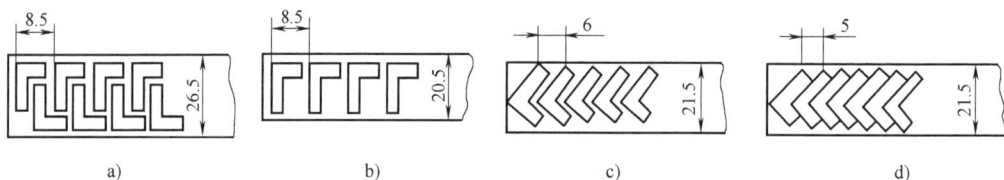

图 1-31 落料的排样工艺
a)、b)、c) 有接边排样 d) 无接边排样

1）弯曲。使坯料的一部分相对于另一部分弯曲成一定角度的工序称为弯曲。图 1-32 所示为弯曲变形过程简图。弯曲时材料内侧受到压缩，而外侧受到拉伸。当外侧拉应力超过坯料的抗拉强度时，即会造成金属破裂。坯料越厚，内弯曲半径越小，应力越大，越易破裂。一般，弯曲的最小半径应为 $r_{min}=(0.25\sim1)\delta$（$\delta$ 为板厚）。材料塑性好，则弯曲半径可小些。弯曲还应尽可能使弯曲线与坯料纤维方向垂直，弯曲的角度也应比成品略小，因为坯料弯曲后有弹性变形现象，外力去除后，坯料将有一定角度的回弹。

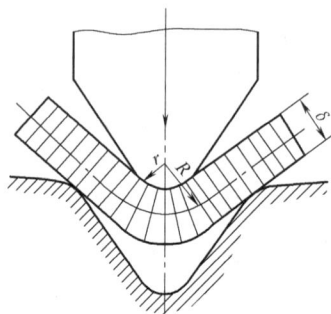

图 1-32 弯曲变形过程简图

2）拉深。使坯料变形成开口空心零件的工序称为拉深。图 1-33 所示为拉深过程简图。

为减少坯料断裂，拉深模的凸模和凹模边缘都不能是锋利的刃口，而应做成圆角，其中凸模（冲头）的圆角半径 $r_凸$ 要小些，即 $r_凸\leqslant(5\sim10)\delta$（$\delta$ 为坯料厚度）。凸、凹模间隙要比落料（冲孔）模的大，一般为 $1.1\delta\sim1.2\delta$。为避免拉穿，拉深件直径 d 与坯料直径 D 相比，即 $m=d/D$（m 称为拉深系数）应在一定范围之内，一般 $m=0.5\sim0.8$。m 越小，表明拉深件直径越小，变形程度越大，越容易出现拉穿现象。如果拉深系数过小，则不允许一次拉的过深，应分几次进行，逐渐增加工件的深度，减小工件的直径，即所谓多次拉深。

3）翻边。使带孔坯料孔口周围获得凸缘的工序称为翻边。如图 1-34 所示，图中 d_0 为坯料上孔的直径，δ 为坯料厚度，d 为凸缘平均直径，h 为凸缘的高度。

4）成形。利用局部变形使坯料或半成品改变形状的工序称为成形。图 1-35 所示为鼓肚容器成形简图。用橡皮芯子来增大半成品的中间部分，在凸模轴向压力作用下，对半成品壁产生均匀的侧压力而成形。凹模是可以分开的。

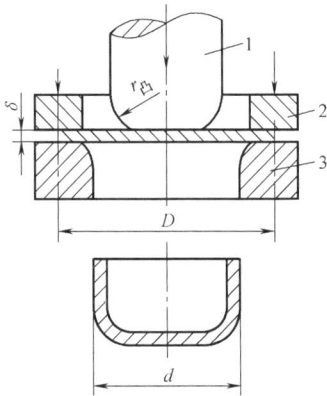

图 1-33 拉伸过程简图
1—凸模 2—压板 3—凹模

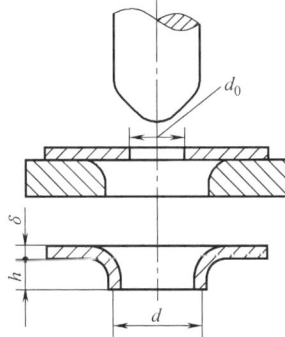

图 1-34 翻边简图

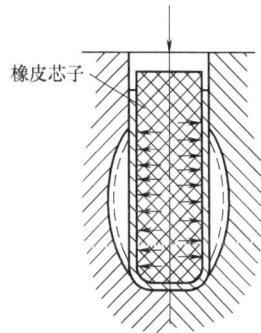

图 1-35 鼓肚容器成形简图

3. 冲压件的结构工艺性

冲压件的设计不仅应保证它具有良好的使用性能，而且也应具有良好的工艺性能，以减少材料的消耗，延长模具寿命，提高生产率，降低成本，保证冲压件质量。冲压件的设计应满足下列要求：

1）落料件的外形和冲孔件的孔形应力求简单对称，尽量采用圆形、矩形等规则形状，并应使排样时的废料降低到最低限度。应避免长槽及细长悬臂结构。图 1-36b 所示的设计要较图 1-36a 所示的设计合理，材料利用率可达 79%。

2）孔及其尺寸应满足图 1-37a 所示的要求，工件上的孔和孔距不能太小，工件周边上的凸出和凹进不能太窄太深，所有的直线与直线、曲线与直线的交接均应为圆弧连接，以避免因应力集中而被冲模冲裂，其最小圆角半径 $R > 0.5\delta$。

3）弯曲件形状应尽量对称，弯曲半径 R 不得小于材料允许的最小弯曲半径，并应考虑材料纤维方向，以避免成形过程中弯裂。弯曲带孔件时，为避免孔的变形，孔的位置应在圆角的圆弧之外，如图 1-37b 所示，且应先弯曲后冲孔。

图 1-36 零件形状
a) 不合理 b) 合理

4）拉深件外形应力求简单对称，且不宜太高，以便使拉伸次数尽量少并容易成形。对形状复杂件可采用冲压焊接复合结构。

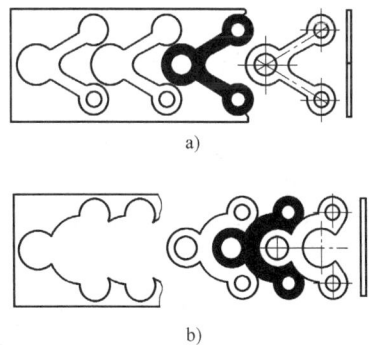

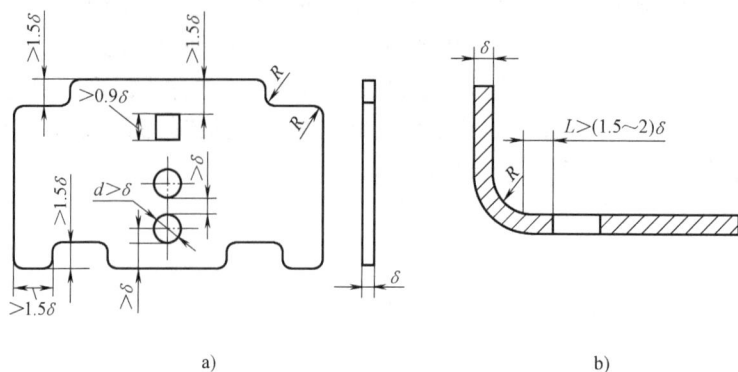

图 1-37　冲压件结构工艺性示意图

a）避免过长悬臂、狭长凹槽、过小孔边距、孔间距

b）在弯曲或拉伸件上冲孔，孔边与直壁应保持一定距离

习　题

一、填空

1. 铸造是熔炼金属，制造铸型，并将熔融金属浇入_____，凝固后获得一定形状与性能_____的成形方法。

2. 合金的铸造性能主要有_____、_____、偏析等。

3. 合金从_____冷却至常温的过程中，所发生的_____缩小现象称为收缩。

4. 冲模是使板料分离或变形的工具，它可分为_____、连续模及_____三种。

5. 板料冲压的基本工序可分为_____工序和_____工序两大类。

二、选择

1. 合金的流动性越强，其充型能力（　　　）。

A. 越强　　　　　　B. 越弱　　　　　　C. 无改变

2. 共晶成分的合金与其他成分的合金相比，其凝固温度（　　　）。

A. 更高　　　　　　B. 更低　　　　　　C. 不变

3. 浇注温度与流动性的关系是（　　　）。

A. 越高越好　　　　B. 越低越好　　　　C. 不超过某一界限越高越好

4. 液态收缩阶段，过热度（$T_{浇} - T_{液}$）越大，使液态收缩率（　　　）。

A. 增加　　　　　　B. 降低　　　　　　C. 不变

5. 固态收缩阶段，通常表现为铸件外形尺寸（　　　）。

A. 增加　　　　　　B. 减小　　　　　　C. 不变

6. 在铸件厚壁处和热节部位设置冒口，是防止（　　　）。

A. 缩孔、缩松　　　B. 裂纹　　　　　　C. 变形

7. 金属的可锻性常用塑性和变形抗力来综合衡量。塑性越大，则可锻性（　　　）。

A. 越好　　　　　　B. 越差　　　　　　C. 不变

8. 一般说来，提高金属变形时的温度，会（　　　）。

A. 提高可锻性　　　B. 降低可锻性　　　C. 使可锻性保持不变

9. 要保证模锻件能从模膛中取出。一般情况，分型面应选在模锻件（　　　）。

A. 最大截面处　　　　B. 最小截面处　　　　C. 任意截面处

10. 下列工序中属于变形工序的是（　　　）。

A. 冲孔　　　　　　　B. 落料　　　　　　　C. 弯曲

三、判断

1. 铸造就是将金属熔化。　　　　　　　　　　　　　　　　　　　　　（　　）

2. 合金流动性的大小是用浇注"流动性试样"的方法衡量的。　　　　　（　　）

3. 液态金属在流动方向所受的压力越大，流动性就越差。　　　　　　（　　）

4. 浇注系统的结构越复杂，流动的阻力就越大，流动性就越低。　　　（　　）

5. 当铸件壁厚过小、厚薄部分过渡面多、有大的水平面等结构时，都使金属液的流动困难。　　　　　　　　　　　　　　　　　　　　　　　　　　　　　　（　　）

6. 当铸造应力超过金属的强度极限时，铸件便将产生裂纹。　　　　　（　　）

7. 锻压加工可以压合铸造组织内部的气孔等缺陷。　　　　　　　　　（　　）

8. 使板料经分离或成形而得到制件的工艺称为冲压。　　　　　　　　（　　）

9. 与自由锻相比较，模锻锻件的形状和尺寸比较精确，机械加工余量较小。（　　）

10. 使坯料的一部分相对于另一部分弯曲成一定角度的工序称为弯曲。　（　　）

四、简答

1. 合金的收缩分为哪三个阶段？

2. 合金的流动性及其影响因素？

3. 铸造应力按其产生的原因可分为哪三种？

4. 锻压的基本生产方式有哪些？

5. 确定分型面时应遵循的原则。

汽车零件的制造技术基础

汽车零件制造技术是研究汽车零件的加工原理、工艺过程、加工方法、工装设备的一门综合性的工程技术；是汽车零件制造的一切技术的总称。汽车零件制造技术基础主要阐述汽车零件毛坯常用的制造方法、汽车零件常用的加工方法、零件加工过程中的定位原理及定位元件、汽车零件加工工艺规程的制订，并能制订加工工艺路线、确定加工余量、工序及公差。

◆ 项目目的：
1. 使学生掌握汽车常见零件的制造方法。
2. 具备工艺分析及制订加工工艺路线的能力。
3. 具备分析研究加工质量的初步能力。
4. 具备实际加工工件的能力。

◆ 项目要求：
1. 熟悉零件常用的加工方法。
2. 掌握零件加工过程中的定位原理及定位元件。
3. 汽车零件加工工艺规程的制订，并能制订加工工艺路线。
4. 能确定加工余量、工序及公差。

任务一　汽车零件常用的加工方法

任务分析：要使零件毛坯成为合格的零件，应根据零件的形状、尺寸选用相应的设备、刀具、夹具对毛坯进行切削加工。在零件的加工过程中就涉及一系列需要学习的知识，即要达到本项目的目的与要求。

任务实施：通过讲、练结合，理论与实践结合，达到理论与动手能力相互融通，通过校内机加实践使学生更加系统和更加深入地了解本项目的内容，理解所学内容，通过实践具备实际动手能力。

学习和掌握的知识：学习和需要掌握的知识分述如下。

一、车削

（一）概述

车削加工是汽车上的轴类、盘类零件上的内外圆柱面、圆锥面、台阶面及各种成形回转面的重要加工方法之一。车削加工典型工艺如图 2-1 所示。

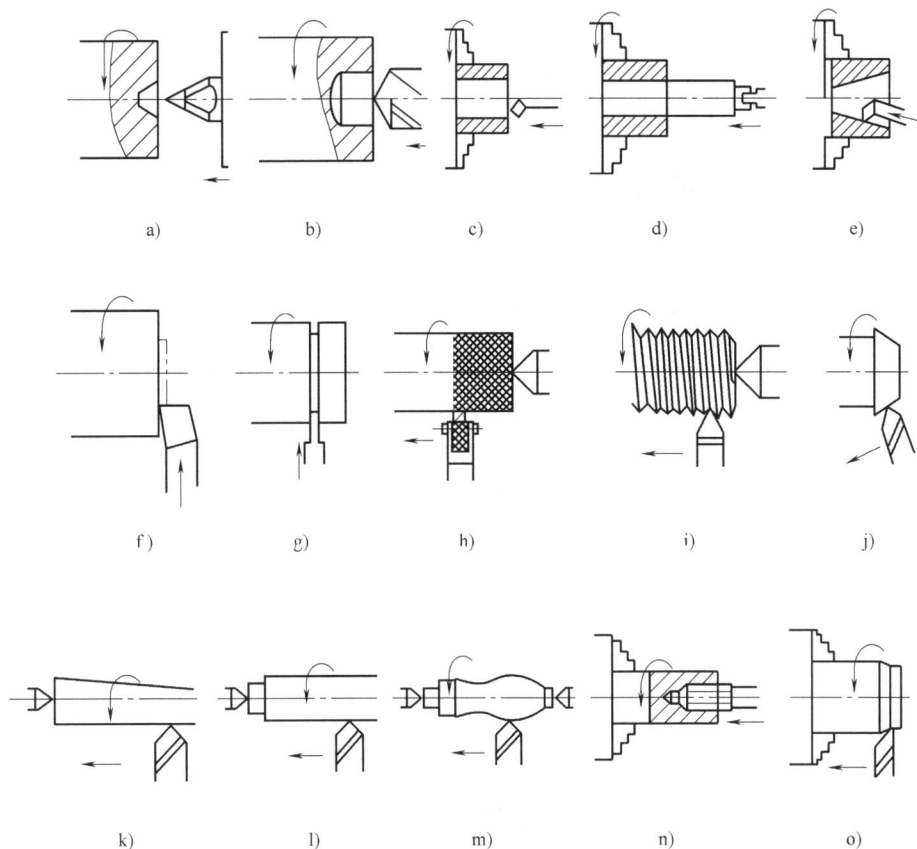

图 2-1　车削加工典型工艺

a）钻中心孔　b）钻孔　c）镗孔　d）铰孔　e）镗锥孔　f）车端面

g）切槽　h）滚花　i）车螺纹　j）车大锥角　k）车小锥角　l）车细长轴

m）车成形面　n）攻螺纹　o）车外圆

车削加工时主轴带动工件旋转做主运动，刀具的直线运动为进给运动。通常把车床、车刀、车床夹具、工件统称为车削工艺系统，车削加工就是在车削工艺系统中完成的。根据零件精度、大小和批量的不同，车床、车刀、夹具类型也不相同。

（二）车床

车床是车削加工所必需的工艺装备。它为车削加工提供所需的动力和运动，保证加工过程中工件、刀具、夹具的相对正确位置。

1. 车床的主要类型和组成

（1）车床的主要类型　根据车床的结构布局、用途和加工对象的不同，主要有卧式车床、立式车床、转塔车床、单轴自动车床、多轴半自动和自动车床、仿形车床、多刀车床、回轮车床专门化车床和数控车床等。图 2-2～图 2-6 所示为几种常见车床。

（2）车床的组成　车床类型很多，结构布局也各不相同，但基本组成却大致相同。以卧式车床为例，主要有以下几部分组成：

1）床身。床身是车床的基础部分，其作用是用来支承和安装其他部件并保证其他部件之间的相对正确位置。

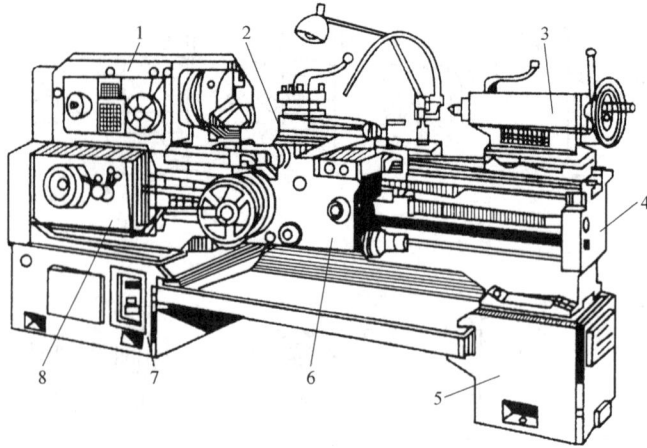

图 2-2　卧式车床

1—主轴箱　2—刀架　3—尾座　4—床身　5、7—床腿
6—溜板箱　8—进给箱

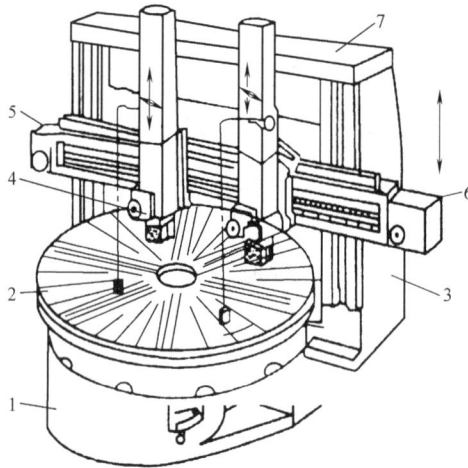

图 2-3　立式车床

1—底座　2—工作台　3—立柱　4—垂直刀架　5—横梁
6—垂直刀架进给箱　7—顶梁

2）主轴箱。装有主传动系统和主轴的部件。主轴端部可以安装卡盘和顶尖，卡盘夹持工件实现主运动。

3）进给箱。装有进给运动传动系统，控制光杠、丝杠使刀具获得不同的运动速度。

4）溜板箱。与滑板相连，实现纵、横向进给运动的变换，带动滑板、刀架实现进给运动。

5）滑板与刀架。滑板安装在床身上与溜板箱相连，刀架安装在滑板上，刀架在滑板上依靠丝杠螺母传动，既实现刀架的纵向运动，也实现横向运动。刀架用来装夹刀具。

6）尾座。用于支承工件安装钻头，装在床身的右端，可沿导轨纵向移动。

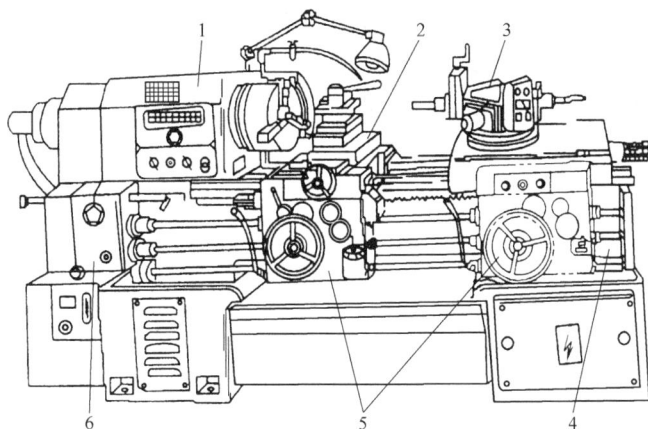

图 2-4　转塔车床

1—主轴箱　2—前刀架　3—转塔刀架　4—床身　5—溜板箱　6—进给箱

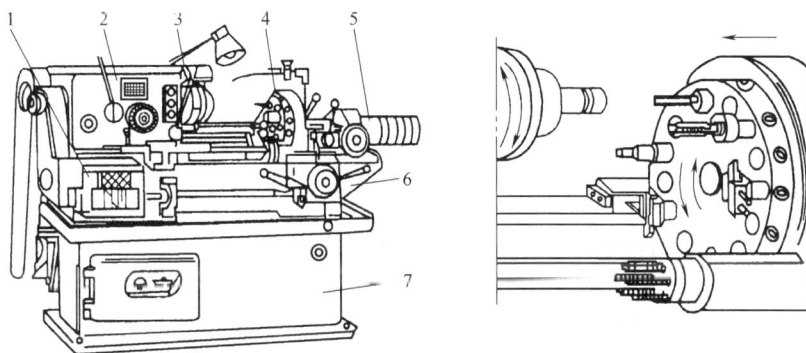

图 2-5　回轮车床

1—进给箱　2—主轴箱　3—夹料夹头　4—回轮刀架　5—挡块轴　6—床身　7—底座

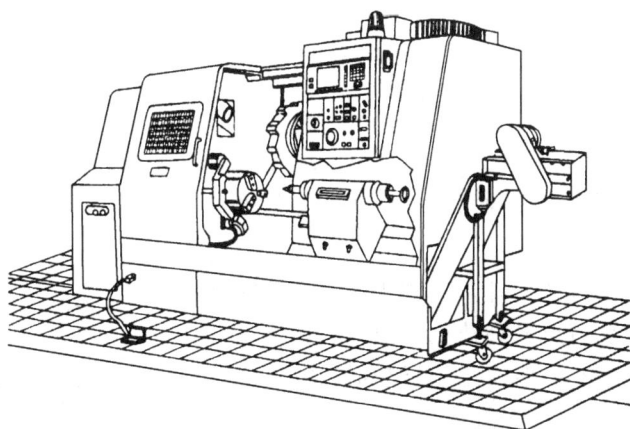

图 2-6　数控车床

2. 车刀

车刀是完成车削加工所必需的工具。它直接参与切除余量的工作，切削后的质量及切削效率往往与刀具的性能有关，而刀具的性能又取决于刀具的材料、结构和几何参数。

车刀分类方法较多，一般有以下几种。

按用途分：外圆车刀、端面车刀、切断刀、内孔车刀、螺纹车刀、成形车刀等。图2-7所示为几种常见车刀。

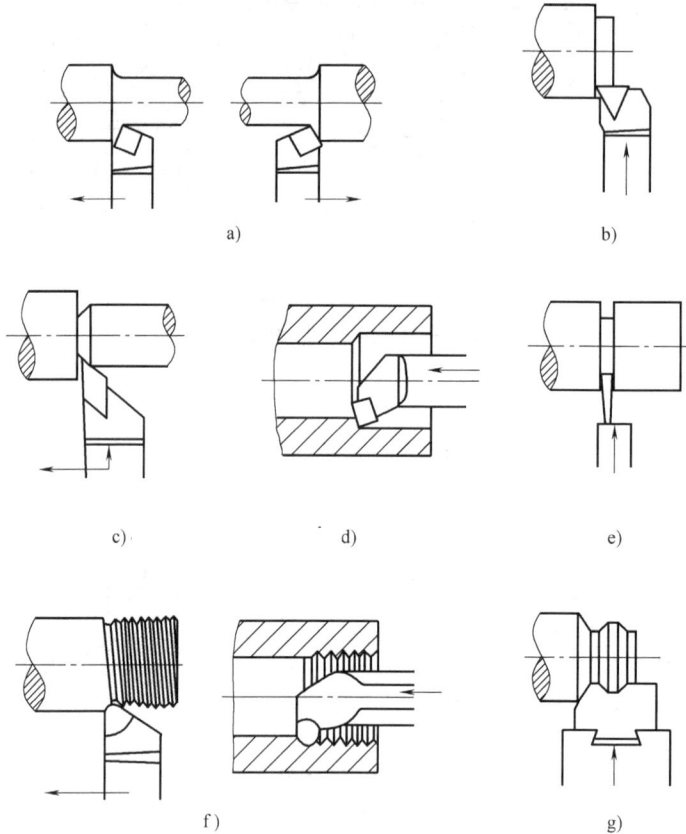

图2-7　各种类型车刀

a）外圆车刀　b）端面车刀　c）中间切入刀　d）镗刀
e）切断刀　f）螺纹车刀　g）成形车刀

按材料分：高速钢车刀、硬质合金车刀、陶瓷车刀、金刚石车刀。

按结构分：整体式车刀、焊接式车刀、机夹式车刀、可转位式车刀。

（1）整体式高速钢车刀　用高速钢刀条，在一端刃磨出所需切削部分形状就形成高速钢车刀。高速钢车刀刃磨方便，可多次重磨，一般应用于复杂形状的成形车刀，如图2-8所示。

（2）焊接式车刀　将一定形状的硬质合金刀片焊接在刀杆的刀槽内制成。结构简单，制造、刃磨方便，刀片材料利用率高，刀具切削性能受刃磨技术水平的影响，如图2-9所示。

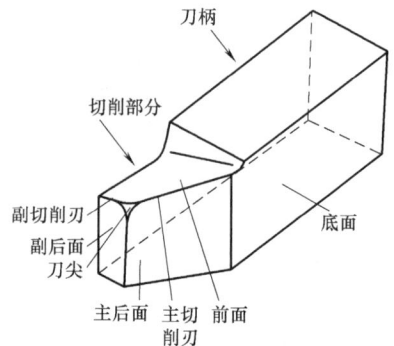

图2-8　整体式高速钢车刀

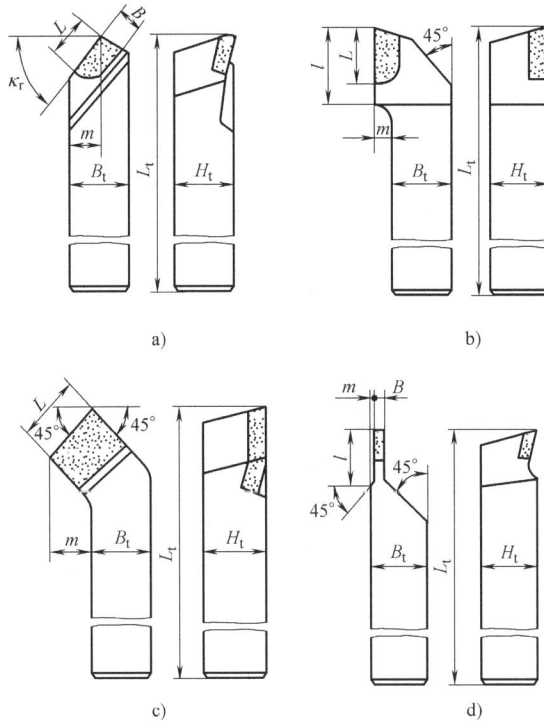

图 2-9　焊接式车刀

a) 直头焊接式外圆车刀　b) 90°偏头焊接式车刀

c) 45°弯头焊接式车刀　d) 焊接式切断刀

（3）机械夹固式可重磨车刀　机械夹固式可重磨车刀是采用机械夹固的方式，将预先磨好的刀片夹紧在刀杆上，刀片磨损后卸下重磨，可多次刃磨。机夹式车刀避免了焊接式车刀高温焊接时产生的应力集中，使刀片产生裂纹及刀片硬度降低等现象。机械夹固常见的方法如图 2-10 所示。

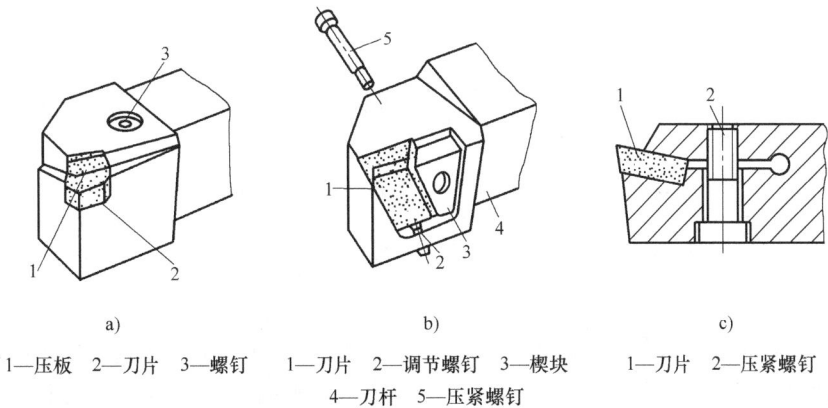

1—压板　2—刀片　3—螺钉　　1—刀片　2—调节螺钉　3—楔块　　1—刀片　2—压紧螺钉

4—刀杆　5—压紧螺钉

图 2-10　机械夹固式可重磨车刀

a) 上压式　b) 侧压式　c) 弹性夹紧式

（4）可转位车刀　可转位车刀结构先进，构成如图 2-11 所示。与焊接、机夹车刀相比有如下特点：

① 避免了因焊接、刃磨产生的应力、裂纹和硬度下降等缺陷，刀具寿命长。

② 便于快换，缩短停车换刀时间，生产率高。

③ 有利于合理使用硬质合金和利用新型复合材料，如涂层刀片。

④ 刀杆可多次重复使用，节省刀杆材料。

⑤ 避免人工刃磨断屑槽引起的形状、尺寸的变化，断屑稳定。

⑥ 有利于刀具的计划供应和储存保管。

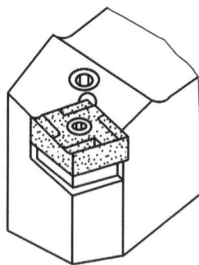

图 2-11　可转位
车刀的构成

可转位车刀的典型结构如图 2-12 所示。

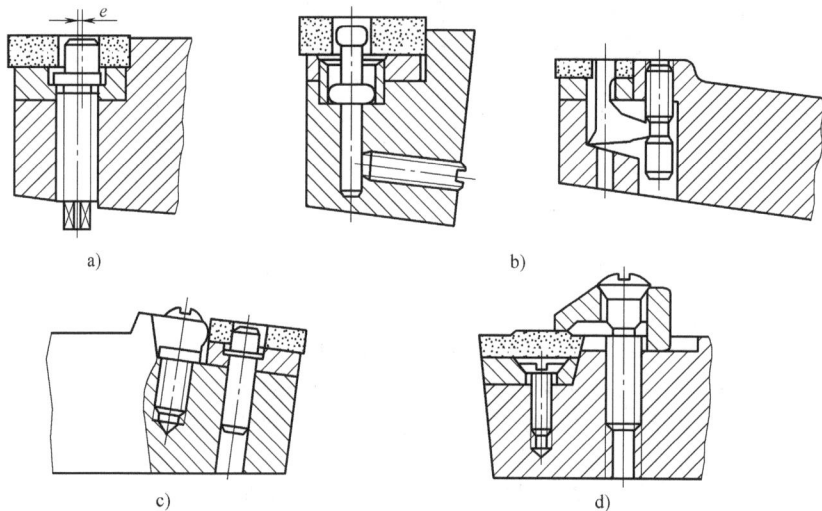

图 2-12　可转位车刀典型结构

a）偏心式　b）杠杆式　c）楔销式　d）上压式

按国家标准规定，可转位车刀片的型号由按序排列的字母和数字组成，共有 10 位代码，见表 2-1。

3. 车削夹具

车削夹具通常安装在车床的主轴前端，与主轴一起旋转。因此，车床夹具除保证定位和夹紧的基本要求外，还必须安全可靠。

车床夹具一般分为通用夹具、专用夹具、组合夹具三类。

（1）通用夹具　车床上的通用夹具有：自定心卡盘、单动卡盘、顶尖、中心架、鸡心夹。通用夹具的优点是操作简单，工艺范围广；缺点是效率低，一般用于单件、小批生产，如图 2-13 所示。

（2）专用夹具　专用车削夹具是为某一种工件的某一道工序专门设计制造的夹具。专用夹具结构紧凑，操作方便、迅速，加工质量稳定，成本高，一般用于大批量生产或必须采用专用夹具的场合。

典型专用车削夹具有：

① 角铁式车削夹具。如图 2-14 所示，在车床上加工轴承座内孔时，采用角铁式车削夹

表2-1　可转位车刀刀片标注方法

（单位：mm）

号位	1	2	3	4	5	6	7	8	9	10
表达特性	刀片形状	后角	偏差等级	类型	刀刃长度	刀片厚度	刀头圆弧半径	刃口形状	切削方向	卷屑槽型与宽度
举例	T	N	U	M	16	04	08	E	R	A2

号位1　刀片形状

符号	角度
T	60°
S	90°
F	82°
W	80°
P	108°
R	（圆形）
V	35°
D	55°
L	（矩形）

号位2　后角

A	B	C	D	E	F	G	N	P	O
3°	5°	7°	15°	20°	25°	30°	0°	1°	其他

号位3　偏差等级（内切圆直径 d）

内切圆直径 d	d(±) G	d(±) M	d(±) U	m(±) G	m(±) M	m(±) U	刀片厚度 S(±) G.M.U
6.35	0.025	0.05	0.08	0.025	0.05	0.08	0.13
9.525		0.05	0.08		0.08	0.13	0.13
12.70		0.08	0.13		0.13	0.20	0.13
13.375		0.10	0.18		0.15	0.27	
19.05		0.10	0.18		0.15	0.27	
25.40		0.13	0.25		0.18	0.38	

号位4　类型：A　N　M　G　R　X　特殊形式

号位6　刀片厚度（以片厚度尺寸整数表示。一个位数前加一个0）

03	3.18
04	4.76
06	6.38
07	7.93
09	9.525
12	12.70

号位7　刀头圆弧半径（以主切削刃尺寸整数前加一个0，圆刀片用直径表示）

圆刀片 00	尖刀片 00
02	0.2
04	0.4
05	0.5
08	0.8

号位8　刃口形状：F　E　T　S

号位9　切削方向：R　L　N

号位10　卷屑槽型与宽度：A2

字母代号（刀片形状代号）：H　V　P　C　K　Z　G　D　Y　U　W　O　A　J　M　B

α＝1，2，3，4，5，6，7

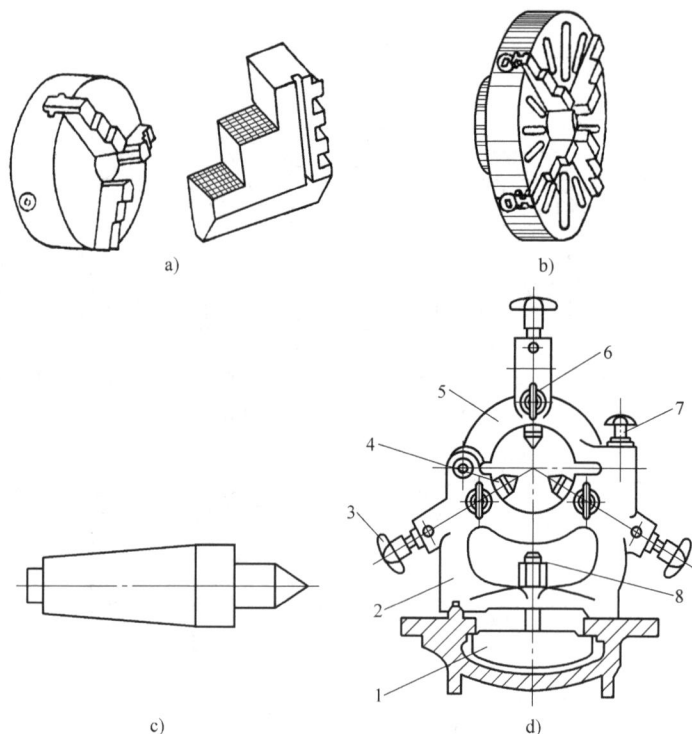

图 2-13　常用通用夹具

a）自定心卡盘　b）单动卡盘　c）顶尖　d）中心架

1—压板　2—底座　3—调整螺钉　4—支承爪　5—上盖　6、8—紧固螺钉　7—螺母

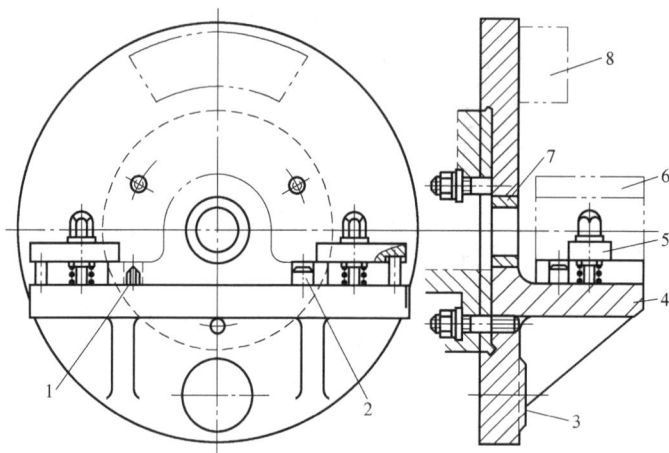

图 2-14　角铁式车削夹具

1—削边销　2—圆柱销　3—夹具体　4—支承板　5—压板　6—工件　7—导向套　8—平衡块

具。工件以底面和两孔定位，两压板夹紧，夹具体与主轴端部定位锥配合，用螺栓联接在主轴上，导向套用于引导刀具，平衡块用于消除回转时的不平衡现象。

② 定心夹具。对于回转体工件或以回转表面定位的工件可采用定心夹具。常见的有顶尖式心轴、锥柄式心轴、液性塑料定心、夹具等，如图 2-15 所示。

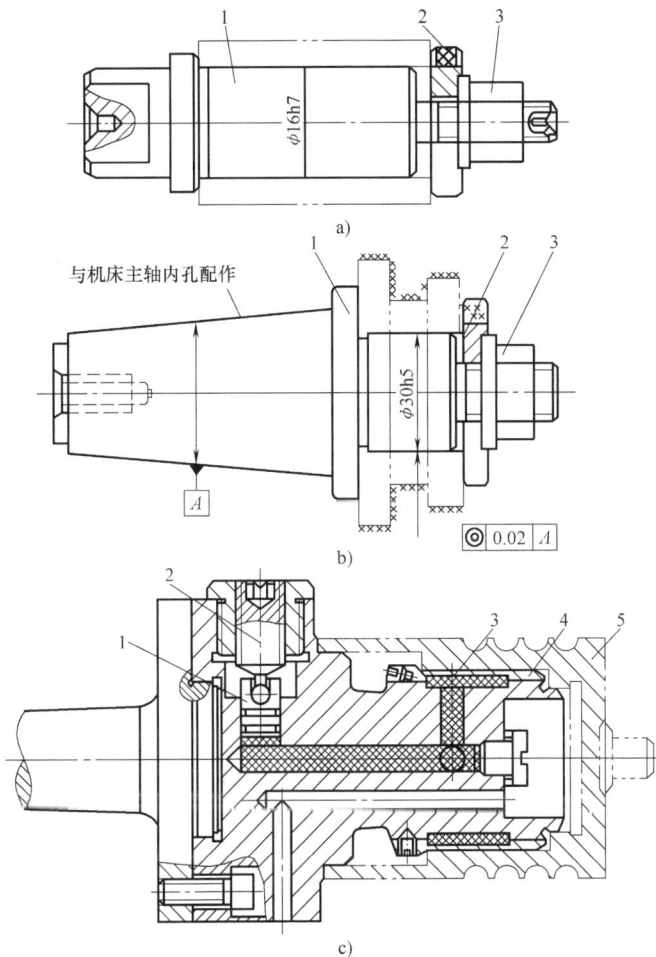

a)

与机床主轴内孔配作

b)

c)

图 2-15 定心夹具

a）顶尖式心轴	b）锥柄式心轴	c）液性塑料定心夹具
1—心轴 2—开口垫圈	1—锥柄心轴 2—开口垫圈	1—滑柱 2—压紧螺钉 3—液性塑料
3—螺母	3—螺母	4—薄壁定位套 5—工件

③ 组合夹具。组合夹具是指按某一工件的某道工序的加工要求，由一套事先准备好的通用标准元件及组合件组成的夹具。图 2-16 所示是一个典型的车削组合夹具。

④ 自动夹具。在数控车床上，可采用自动夹具，常见的有气动、液动和电动卡盘。图 2-17 所示是由液压缸和楔式自定心卡盘构成的液压自动卡盘。

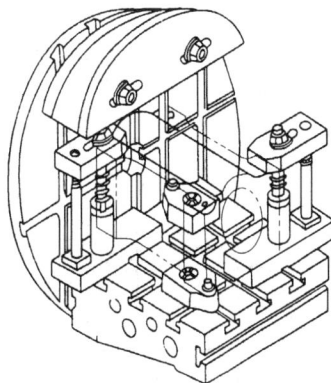

图 2-16 车削组合夹具

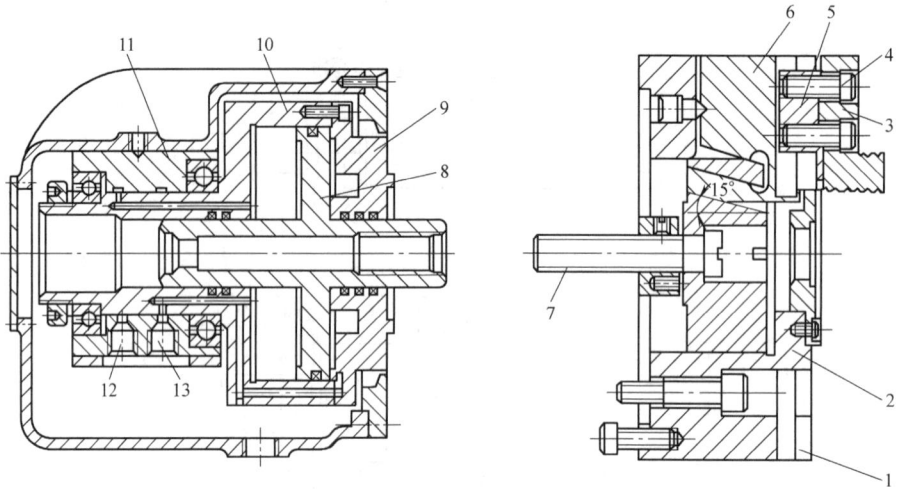

图 2-17　液压自动卡盘

1—卡盘体　2—楔心套　3—卡爪　4—联接螺钉　5—T 形块　6—滑座　7—螺钉
8—活塞　9—连接端盖　10—缸体　11—引油导套　12、13—进、出油口

4. 车削加工

课题 1：工件装夹

视工件类型和尺寸不同，其装夹的方式也不相同，车削加工中工件常见的装夹方式现分列于下。

（1）卡盘装夹　自定心卡盘是卧式车床最常用的夹具之一，能自动定心。自定心卡盘一般都有正、反装两副卡爪或一付正反装都可使用的卡爪。卡爪正装时，工件直径不能太大，一般要求卡爪伸出卡盘的长度小于卡爪长的 1/3。表 2-2 所列为卡盘装夹典型示例。

表 2-2　卡盘装夹典型示例

装夹方式	示例	装夹方式	示例
正爪		软爪	
正爪		反爪	
正爪		反爪	

（2）顶尖装夹　一夹一顶是车削加工的又一常用方法，一般加工较长的轴类零件采用此方法。表 2-3 所列为一夹一顶的典型装夹方法。

表 2-3　一夹一顶装夹方法

装夹方法	示　例
工件自身顶车短台阶限位支承法	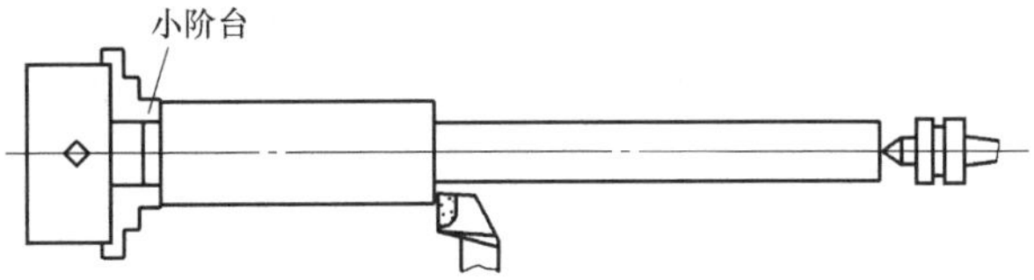 小阶台
主轴内装限位心棒支承法	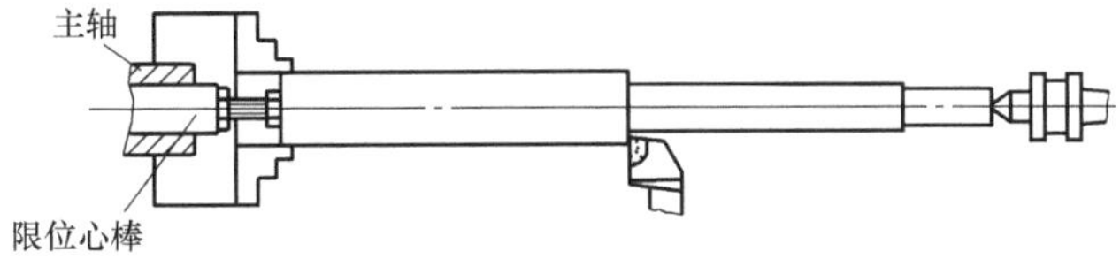 主轴 限位心棒
支承套限位支承法	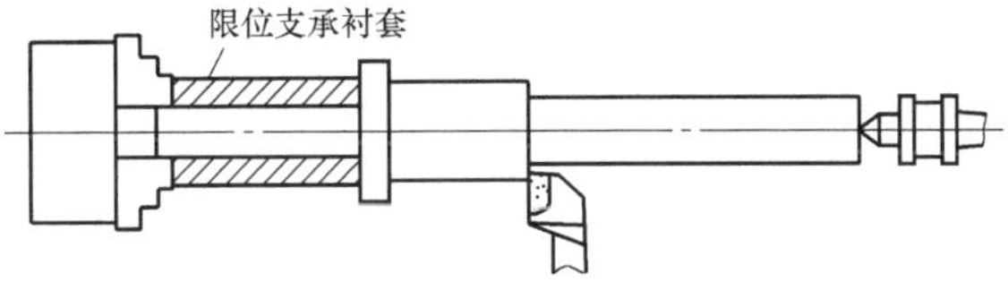 限位支承衬套
等分限位支承法	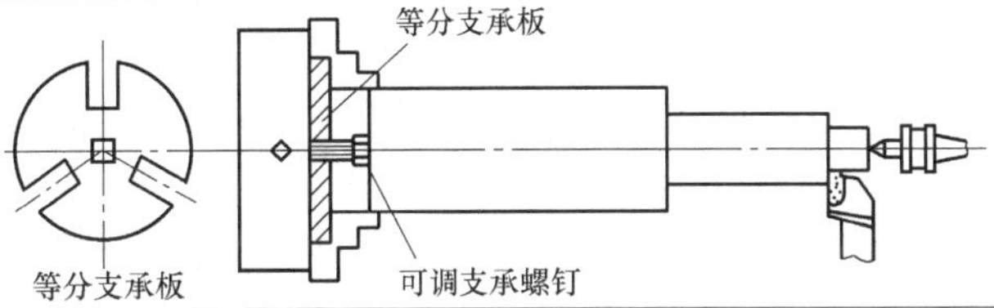 等分支承板 等分支承板　可调支承螺钉
软爪限位支承法	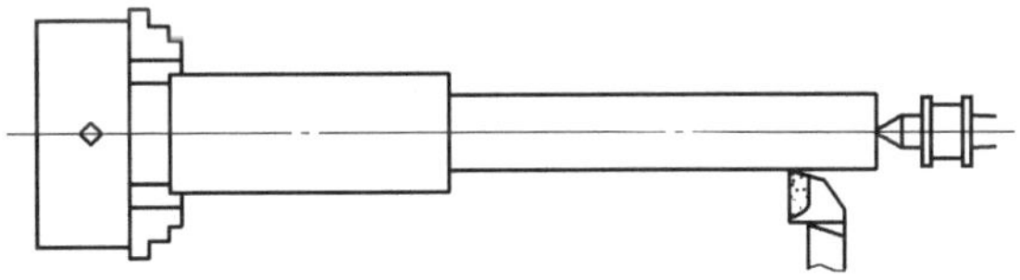

（3）心轴定位装夹　心轴也是车削加工中的夹具之一，心轴装夹是以内孔作为基准来保证工件相互位置精度，如同轴度、垂直度、平行度等。表 2-4 是心轴定位装夹的例子。

表 2-4　心轴定位装夹

心轴类型	示　例
一次性临时心轴	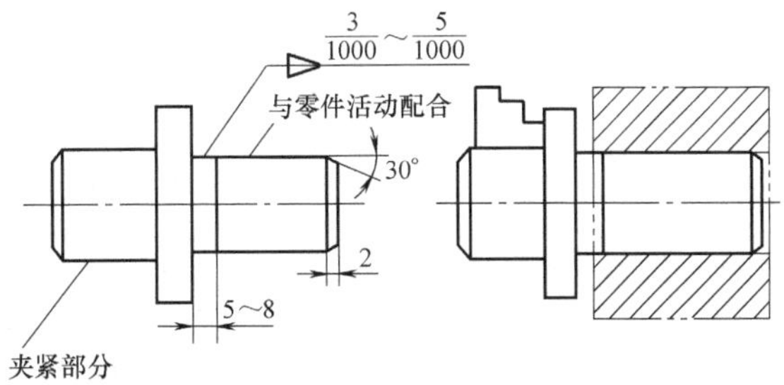 $\frac{3}{1000} \sim \frac{5}{1000}$ 与零件活动配合 30°　2 5～8 夹紧部分
小锥度心轴	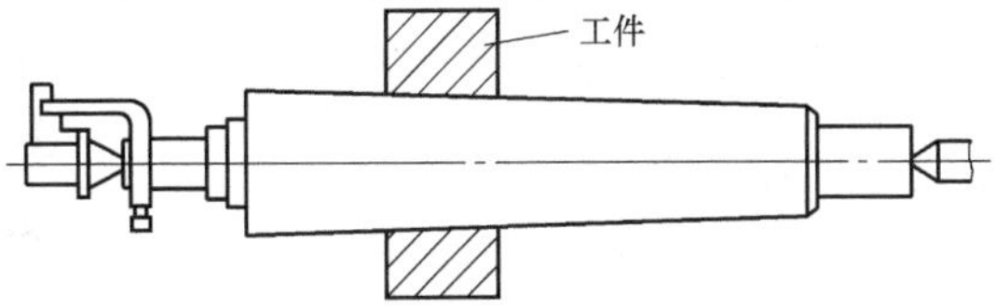 工件

（续）

心轴类型	示　　例
多件串联心轴	 快换垫圈
圆锥心轴	
螺纹心轴	
长套类工件定位心轴	
圆锥和平面组合定位心轴	
花键心轴	D_2　D_1　D_0
装在主轴锥孔中的胀力心轴	30°
装在顶尖间的胀力心轴	

课题 2：轴类零件车削

汽车中轴类零件非常广泛，主要作用是支承和传递运动与转矩。轴类外形大致由外圆、台阶、沟槽、螺纹、圆锥和内孔组成。根据其组成形状不同，轴可分为直轴、阶梯轴、细长轴、偏心轴、曲轴等，如图 2-18 所示。若轴的长径比 $l/d > 1/20$，就称为细长轴。

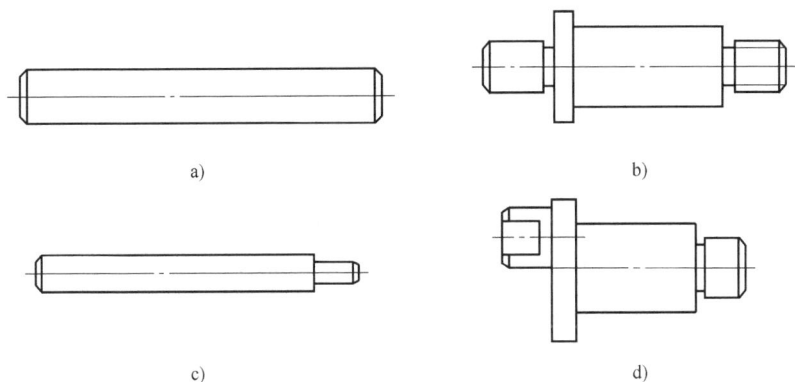

a)   b)

c)   d)

图 2-18   各种类型轴

a）直轴 b）阶梯轴 c）细长轴 d）偏心轴

轴类零件的加工一般采用两端中心孔作为装夹的定位基准，装夹方式有两种，如图2-19所示。

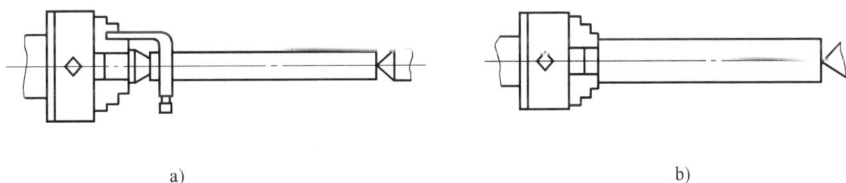

a)   b)

图 2-19   轴类零件的装夹

a）两顶尖装夹 b）一夹一顶装夹

由于轴加工是以两端中心孔作为装夹和定位基准，所以中心孔必须达到形状正确、圆度好、表面粗糙度值低的要求。常用中心孔有两种，如图 2-20 所示。

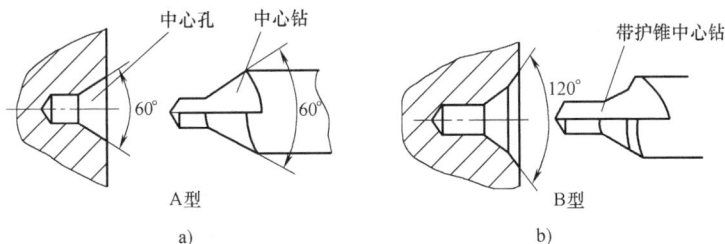

A 型   B 型
a)   b)

图 2-20   中心孔及中心钻

a）A 型中心孔及中心钻 b）B 型中心孔及中心钻

车端面方法如图 2-21 所示。

（1）直轴车削示例 零件图（表2-5）。

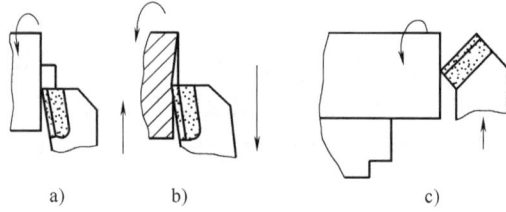

图 2-21 车端面

a) 偏刀粗车端面　b) 偏刀精车端面　c) 弯头车刀车端面

表 2-5 直轴车削

技术要求
1. 热处理调质 250HBW。
2. 未注倒角 C1.2。

工序号	工序	工序内容	加工图
01	热处理	调质 250HBW	
05	车	1) 自定心卡盘装夹车二端面至总长 260mm，钻中心孔	
		2) 工件在两顶尖中安装，找正，锥度误差 <0.05mm	
		3) 车外圆至 $\phi 25^{+0.4}_{+0.3}$ mm，$Ra6.3\mu m$，倒角 $C1.2$	
		4) 工件调头装夹，夹头处垫铜皮，外圆接平，倒角 $C1.2$	
10	钳	研两顶尖孔	

(续)

工序号	工序	工序内容	加工图
15	磨	两顶尖装夹磨外圆	$\phi 25^{-0.065}_{-0.086}$ ⊙ 0.005 $\sqrt{Ra\,0.4}$ C1.2 126 $\sqrt{Ra\,6.3}$ (√)
20	检	按零件图检验	⊙ 0.005 $\sqrt{Ra\,0.4}$ $\phi 25d7^{-0.065}_{-0.086}$ 260 技术要求 1.热处理调质250HBW。 2.未注倒角C1.2。 $\sqrt{Ra\,6.3}$ (√)

（2）车阶梯轴 台阶车削方法如图2-22所示。

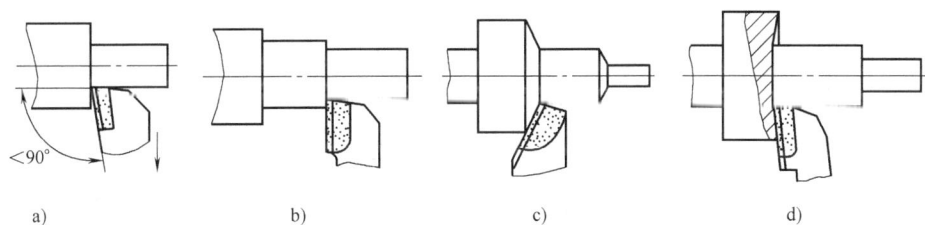

图2-22 台阶车削

a）外圆车削 b）车低台阶 c）粗车高台阶 d）精车高台阶

（3）阶梯轴车削示例 阶梯轴车削见表2-6。

表2-6 阶梯轴车削

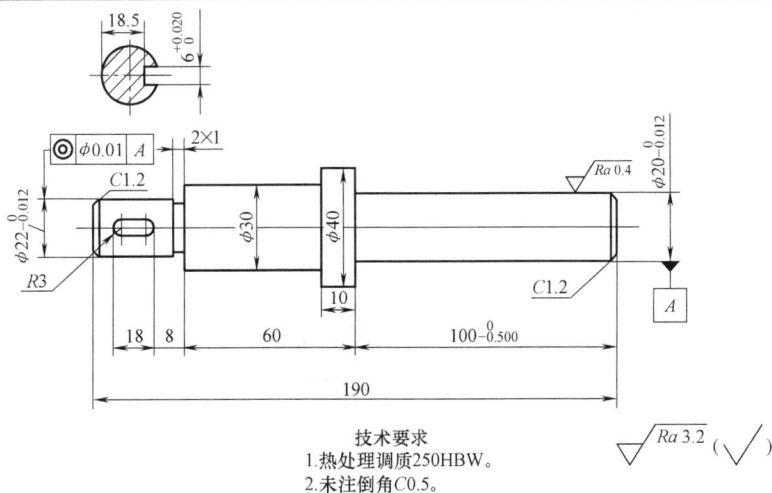

技术要求
1.热处理调质250HBW。
2.未注倒角C0.5。
$\sqrt{Ra\,3.2}$ (√)

（续）

工序号	工序	工序内容	加工图
01	热处理	调质 250HBW	
05	车	1）车两端，保证总长 190mm，钻 ϕ2mm 中心孔	
		2）两顶尖装夹，试车外圆，找正工件，锥度要求 <0.05/100，粗车 ϕ40mm 外圆至 ϕ41mm、ϕ20mm 至 ϕ22mm、长度 $100_{-0.50}^{0}$mm 至 $100_{-1.5}^{-1}$mm	
		3）工件调头装夹，粗车 ϕ22mm、ϕ30mm 外圆，放余量 1.5~2mm。长度尺寸 10mm 车至 12mm，60mm 车至 62mm	
		4）精车 ϕ40mm 外圆至尺寸，精车 ϕ20mm 外圆至 $\phi 20_{+0.3}^{+0.4}$mm，同时光出 ϕ40mm 处端面，取长度 $100_{-0.50}^{0}$mm，倒角 C1.2	
		5）调头精车 ϕ30mm 外圆至尺寸，取长度 10mm，精车 ϕ22mm 外圆至 $\phi 22_{+0.3}^{+0.4}$mm，同时车台阶面，取长度 60mm；车 2×1mm 环形槽至 2×1.2mm，ϕ22mm 端部倒角 C1.2，其余未注倒角 C0.5	
10	检验	按工序图检验，ϕ22mm 为 $\phi 22_{+0.3}^{+0.4}$mm，ϕ20mm 为 $\phi 20_{+0.3}^{+0.4}$mm	
15	铣键槽	按工序图铣键槽	

（续）

工序号	工序	工序内容	加工图
20	检验	按工序图检验铣削质量	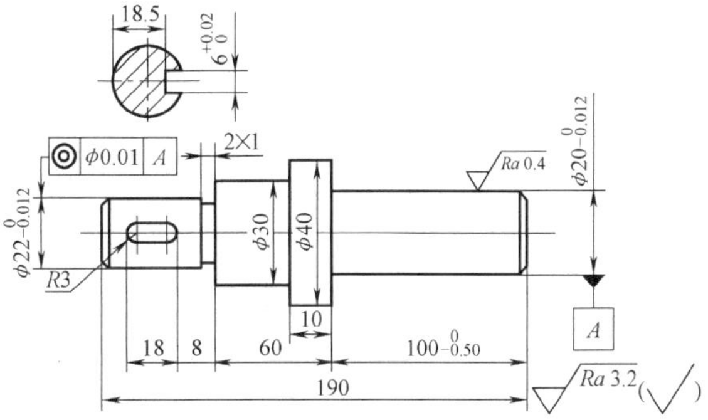
25	钳工	研中心孔	
30	磨	按工序图磨削外圆 ϕ22mm、ϕ20mm 至图样尺寸	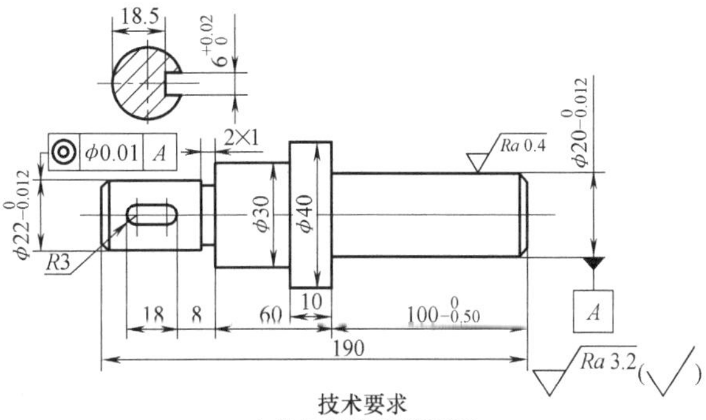 技术要求 1.热处理调质250HBW。 2.未注倒角C0.5。
35	总检	按零件图检验	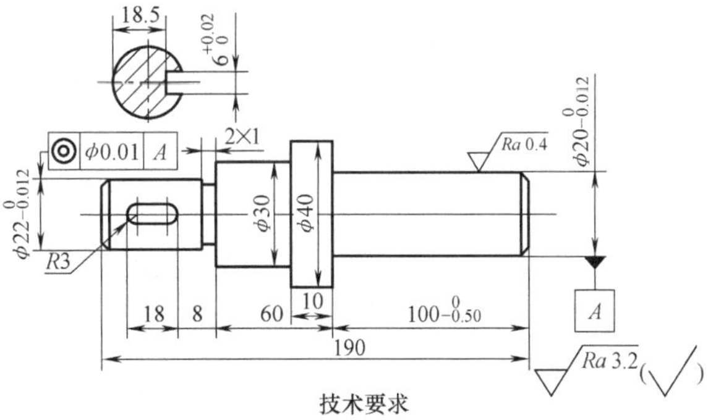 技术要求 1.热处理调质250HBW。 2.未注倒角C0.5。

课题 3：套类零件加工

汽车中有很多零件中间带有孔，长度尺寸大于径向尺寸的称为套。套类零件除了外圆和端面加工外就是内孔，内孔的加工方法如图 2-23 所示。

套类零件车削后应保证外圆与内孔同轴、端面与轴线垂直、两端面平行。套类零件典型车削方法如图 2-24 所示。

衬套加工见表 2-7。

图 2-23　车削中典型孔加工

a）钻孔　b）车通孔　c）车台阶孔　d）车不通孔　e）铰孔

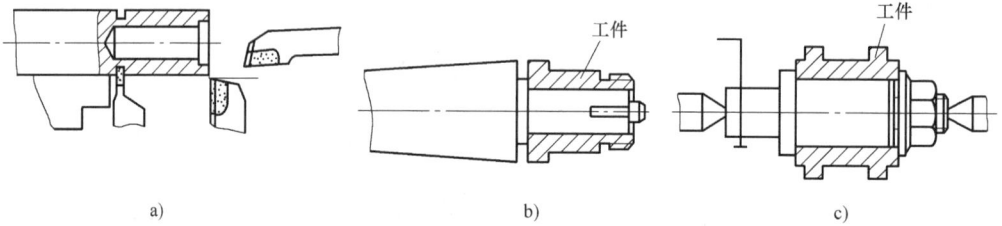

图 2-24　套类零件典型车削方法

a）一次装夹加工工件　b）胀力心轴装夹加工　c）轴向压紧式心轴装夹加工

表 2-7　衬套加工

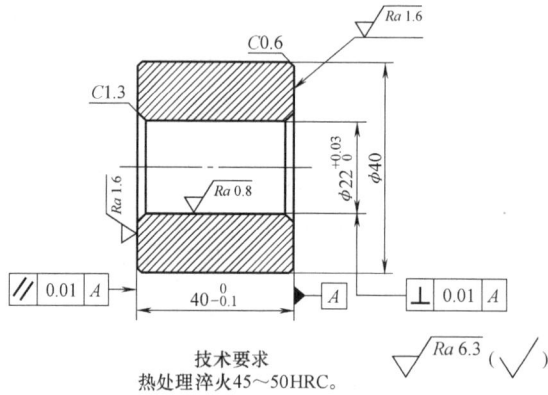

技术要求

热处理淬火 45～50HRC。

工序号	工序	工序内容	加工图
01	车	1）自定心卡盘装夹，钻通孔 $\phi20$mm；车端面见光；车外圆 $\phi40$mm 长 43mm；外圆倒角 $C0.6$；车孔 $\phi 22_{-0.3}^{-0.2}$mm；孔口倒角 $C1.3$	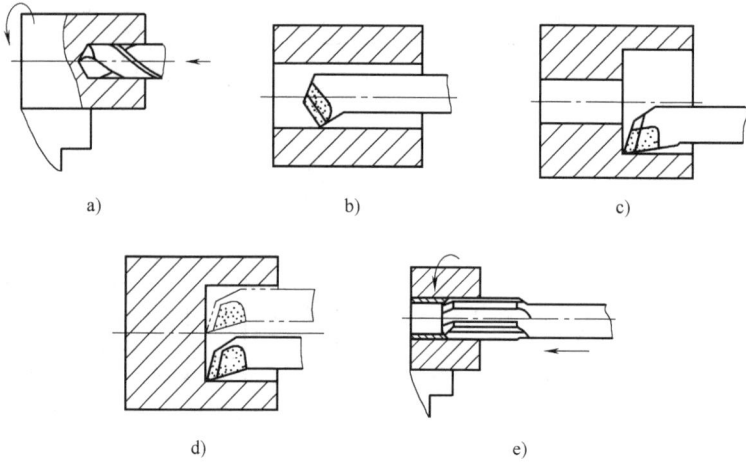

（续）

工序号	工序	工序内容	加工图
01	车	2）工件调头，$\phi40$mm 外圆包铜皮；工件伸出长度及车削顺序同前，切断保证长度不小于 41mm	
		3）自定心卡盘装夹，钻通 $\phi20$mm；车端面见光；车外圆 $\phi40$mm 长 43mm；外圆倒角 $C0.6$；车孔 $\phi22^{+0.3}_{+0.2}$mm；孔口倒角 $C1.3$	
05	热处理	淬火 $45\sim50$HRC	
10	磨	磨孔至尺寸，同时磨出 A 面	
15	磨	以 A 面为基准磨对面保证尺寸 $40^{\ 0}_{-0.1}$mm	见零件图
20	检	按图检验	见零件图

课题 4：盘类零件车削

径向尺寸大于轴向尺寸的回转体零件称为盘类。盘类零件主要有以下几种，如图 2-25 所示，其加工方法与套类相似。

齿轮坯的车削见表 2-8。

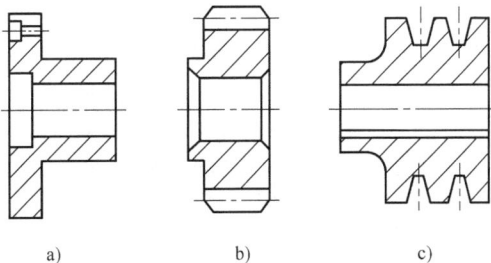

图 2-25　常见盘类零件

a）法兰盘　b）齿轮　c）带轮

表 2-8　齿坯的车削

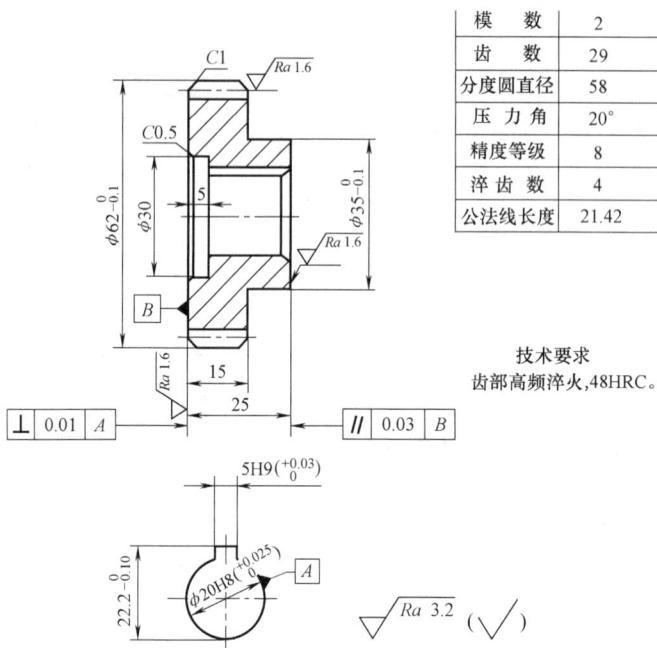

模　　数	2
齿　　数	29
分度圆直径	58
压　力　角	20°
精度等级	8
淬　齿　数	4
公法线长度	21.42

技术要求
齿部高频淬火,48HRC。

工序号	工序	工序内容	加工图
01	车	1) 自定心卡盘装夹，粗车右端面，粗车 $\phi35$mm 外圆至 $\phi37 \times 10$mm	
		2) 按图示调头装夹，钻通孔 $\phi18$mm，粗、半精车 $\phi 62_{-0.1}^{0}$mm 外圆留精车余量；车孔 $\phi20$H8 至尺寸；精车 B 面；车 $\phi30 \times 5$mm 台阶孔至尺寸；倒角，外圆 $C1$，内孔 $C0.5$	

（续）

工序号	工序	工序内容	加工图
01	车	3）胀力心轴装夹、精车外圆，保证外圆与内孔同轴度	
05	滚齿	心轴装夹，按8级精度滚齿	
10	热处理	齿部高频淬火48HRC	
15	研磨	对变形孔进行修正	
20	插键槽		
25	检验	按零件图检验	

课题5：螺纹车削

在汽车中螺纹应用非常广泛，其主要作用是紧固、联接和传动。如图2-26所示，螺纹种类有普通螺纹、矩形螺纹、梯形螺纹。其中，普通螺纹用于联接，矩形螺纹、梯形螺纹用于传动。

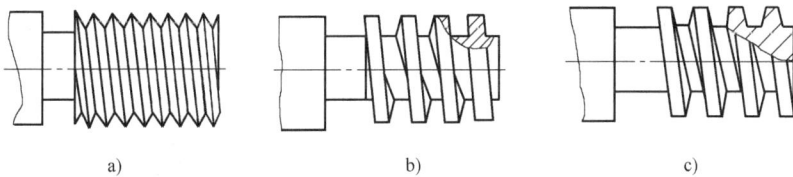

图2-26　螺纹类型

a）普通螺纹　b）矩形螺纹　c）梯形螺纹

根据螺旋方向不同，螺纹有左旋和右旋之分；根据螺旋线数不同有单线和多线螺纹，如图2-27所示。

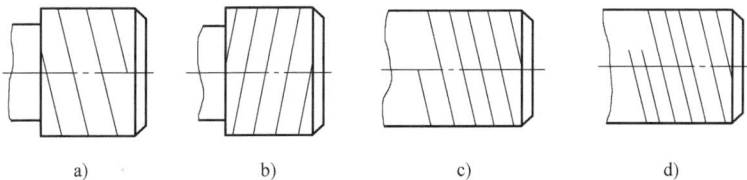

图2-27　螺纹旋向及线数

a）右旋螺纹　b）左旋螺纹　c）单线螺纹　d）多线螺纹

普通螺纹加工常用的是攻螺纹、套螺纹和车螺纹。一般，$M12$ 以下采用套螺纹和攻螺纹，相应的工具为丝锥、板牙。车螺纹用螺纹车刀，螺纹车刀有标准刀片和自制车刀。

（1）套螺纹　套螺纹见表 2-9。

表 2-9　套螺纹

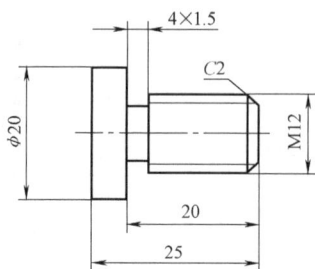

工序号	工序	工序内容	加工图
01	检查工具	检查板牙规格，将板牙装入套螺纹工具内	
05	车	1）车螺纹大径，$d = 12 - 0.12P$，P 为螺纹螺距；倒角 $C2$；车沟槽	
		2）套螺纹，将套螺纹工具装入尾座，摇动手轮，套筒向前移动，使板牙与工件接触，并稍稍用力，工件旋入板牙后，停止手轮摇动，此时工具体 1 会自行向前移动形成套丝，注意切削速度 $v \leqslant 5\text{m/min}$	
		3）倒车，当板牙离轴肩约 $0.5 \sim 1\text{mm}$ 时，应立即倒车，板牙退出	

（续）

工序号	工序	工序内容	加工图
10	检	螺纹环规检验	通端　止端

（2）车螺纹　螺纹车削的基本方法有三种：直进法、斜进法和左右切削法。

1）直进法：横向进刀，逐渐切深至尺寸，适合车削螺距小于2mm的小螺纹或螺纹精车，如图2-28a所示。

2）斜进法：纵横向同时或交叉进给，适于螺距大于2mm的螺纹粗车，如图2-28b所示。

3）左右切削法：螺距较大精车时采用，先车光一面，再车另一面，如图2-28c所示。

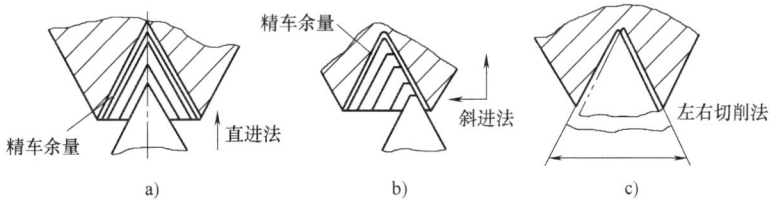

图2-28　螺纹车削方法

a）直进法　b）斜进法　c）左右切削法

螺纹车削见表2-10。

表2-10　螺纹车削

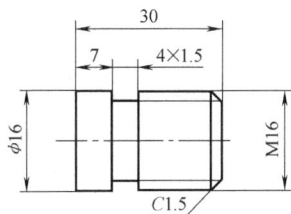

（续）

工序号	工序	工序内容	加工图
01	车	1）自定心卡盘装夹，按图车削外圆、端面、沟槽、倒角	30　4×1.5　7　$\phi16^{-0.2}_{-0.3}$　伸出长度40
		2）用螺纹车刀倒角	
		3）试车螺纹，检验螺距	1　2　进刀　退刀
		4）直进法车螺纹，多次进给车削 粗车：$v=20\text{m/min}$ 精车：$v\leqslant5\text{m/min}$	2　1　3　4

（续）

工序号	工序	工序内容	加工图
01	车	5）切断	
		6）车端面	铜皮

二、铣削与镗削

（一）铣削

1. 铣削基本内容

在机械和汽车制造业中铣削加工应用非常广泛，铣削指在铣床上利用铣刀或镗刀等刀具进行的切削加工。铣削加工的基本内容如图 2-29 所示。

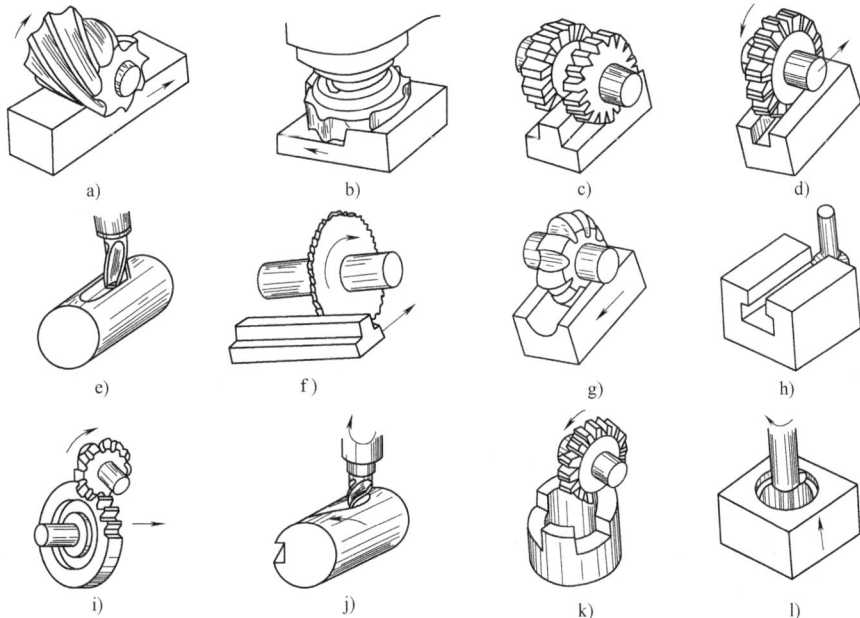

图 2-29　铣削加工基本内容

a）圆柱铣刀铣平面　b）面铣刀铣平面　c）铣台阶　d）铣矩形通槽　e）铣键槽　f）切断

g）铣成形面　h）铣 T 形槽　i）铣齿　j）铣螺旋槽　k）铣离合器　l）镗孔

2. 铣削方式

铣削加工中，刀具的旋转是主运动，刀具、工件的直线运动是进给运动。

根据主切削刃分布的位置不同，铣刀有圆周分布的铣刀和端面分布的铣刀。利用圆周刃进行的铣削称为圆周铣削；利用端面刃进行的铣削称为端面铣削。

（1）圆周铣削方式　圆周铣削可分为顺铣和逆铣。在铣刀与工件已加工面的切点处，铣刀旋转切削刃的运动方向与工件进给方向相同，称为顺铣，如图2-30所示。否则，称为逆铣，如图2-31所示。

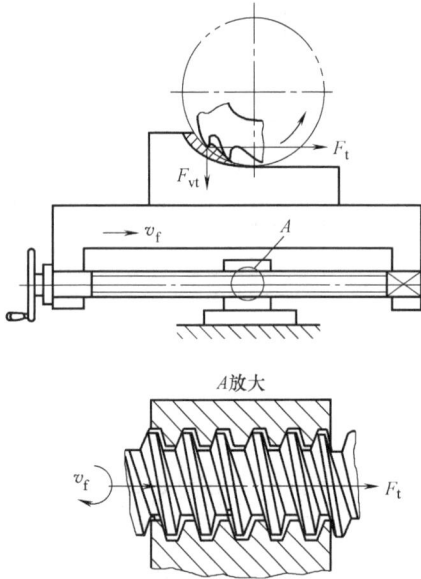

图2-30　顺铣

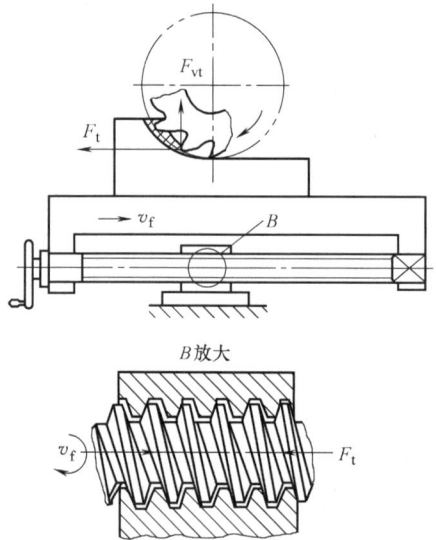

图2-31　逆铣

1）顺铣优点

① 顺铣时，垂直分力始终向下，具有压紧工件的作用，故铣削平稳。

② 顺铣时，切削刃是从切削厚处切到切削薄处，切削刃切入容易，同时对已加工表面的挤压、摩擦小，故刀具磨损小，已加工表面质量高。

③ 顺铣时，消耗在进给运动方向的功率小。

2）顺铣缺点

① 顺铣时，刀具从工件外表面切入，因此当工件有硬皮或杂质时，切削刃易磨损和损坏。

② 顺铣时，由于沿进给运动方向的分力与进给运动方向相同，会拉动工作台。

3）逆铣优点

① 逆铣时，在铣刀进入工件端面后，切削刃不是从工件的外表面切入有硬皮的表面，对刀具的损坏影响小。

② 逆铣时，进给方向的分力与进给运动方向相反，不会拉动工作台。

4）逆铣缺点

① 逆铣时，垂直分力变化大且向上，不利于工件的夹紧，故夹紧力大。

② 逆铣时，切削刃切入由薄变厚，所以切削刃切入时要滑行一段距离，故刀具磨损大。又由于刀具与以加工表面会产生严重的挤压与摩擦，使已加工表面质量变差。

③ 逆铣时，消耗在进给运动方向的功率较大。

顺铣常常用于精加工，逆铣常常用于粗加工。随着机床精度地提高，螺母丝杠间隙缩小，以及现在采用的滚珠丝杠螺母，气压、液压导轨，现代加工中常常选择顺铣。

（2）端面铣削　端面铣削时，根据铣刀与工件之间的相对位置不同而分为对称铣削和非对称铣削。铣刀处在工件对称中心时，称为对称铣削，如图 2-32 所示；否则，称为非对称铣削，如图 2-33 所示。

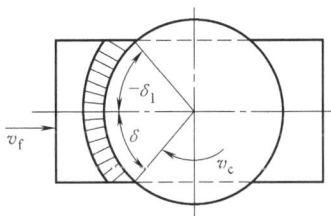

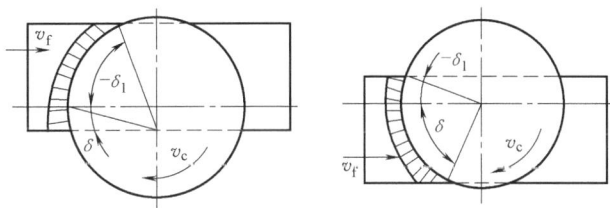

图 2-32　对称铣削　　　　　　　　图 2-33　非对称铣削

非对称铣削中若顺铣占的比例大，则具有顺铣的优缺点；反之，具有逆铣的优缺点。

3. 铣床

铣床是铣削加工所必需的工艺装备。它为铣削加工提供所需的动力和运动，保证加工过程中工件、刀具、夹具的相对正确位置。

（1）铣床的主要类型　根据铣床的结构布局、用途和加工对象的不同，主要有卧式铣床、立式铣床、龙门铣床、工具铣床、数控铣床及数控铣削加工中心等，如图 2-34～图 2-39所示。

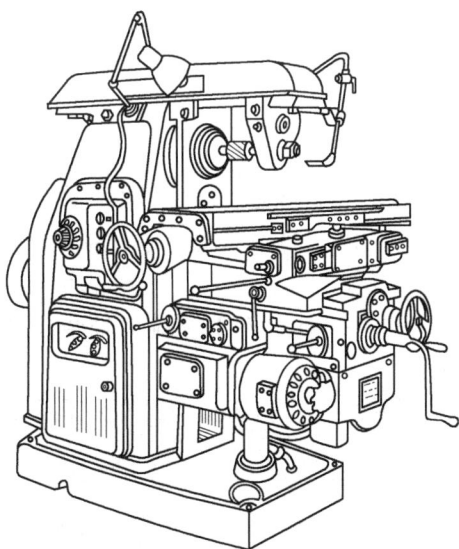

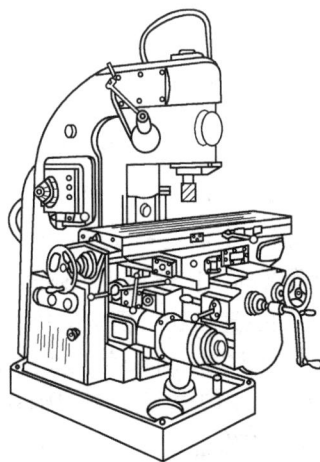

图 2-34　卧式万能升降台铣床　　　　　图 2-35　立式升降台铣床

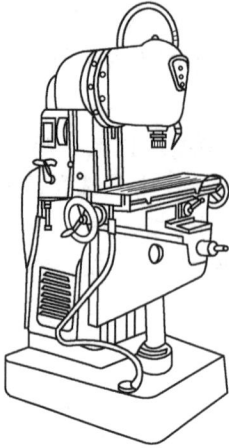

图 2-36　回转头立式铣床

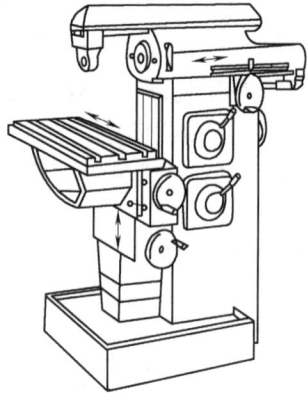

图 2-37　万能工具铣床

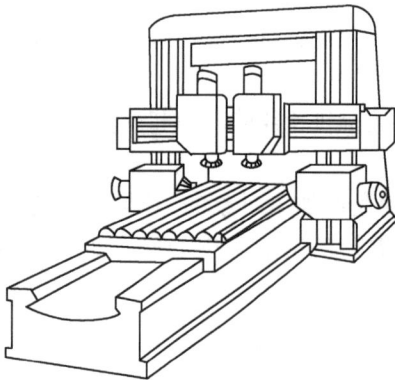

图 2-38　龙门铣床

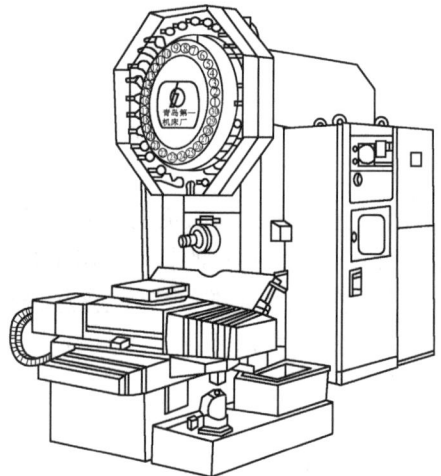

图 2-39　数控铣削加工中心

（2）铣床的组成

1）床身。床身是铣床的主体，属于箱体件，主要起支承作用。大部分的部件都安装在床身上，主轴、主轴变速机构装在床身内部。床身前壁有燕尾形的垂直导轨，升降台可沿导轨上下滑动，床身前面有水平导轨，工作台可左右、前后移动。床身的顶端还有导轨，横梁可以前后移动，当挂上挂架可以支承刀杆。

2）主轴。主轴是一根空心轴，孔的前端是锥孔，锥度一般为 7:24，铣刀轴装在锥孔中。主轴精度高，一般用优质碳素结构钢或合金钢制造。

3）主轴变速机构。由电动机通过变速机构带动主轴旋转，操纵床身外面的变速手柄和转盘，经变速机构，可改变主轴转速。

4）横梁。用于支承铣刀刀轴外端。

5）纵向工作台。用于安装夹具、工件，带动工件纵向移动。工作台上有三条 T 形槽，用于安放 T 形螺钉，工作台前端有一条 T 形槽，用于固定自动挡铁。工作台台面尺寸，根据机床不同，规格也不相同，X62W 工作规格是 1250mm × 320mm。

6）横向工作台。位于纵向工作台的下面，用于带动纵向工作台做横向运动。

7）升降台。用于支承工作台，并带动工作台上下移动。机床进给系统的电动机、变速机构和操纵机构都安装在升降台内。

8）进给变速机构。进给变速机构用于控制工作台移动速度。

4. 铣刀

铣刀是铣削加工的主要工具，其分类如下：

1）按铣刀切削部分材料分为高速钢铣刀和硬质合金铣刀。

2）按铣刀结构分为尖齿和铲齿，如图 2-40、图 2-41 所示，铣削加工中常用的是尖齿，铲齿主要用于成形铣刀。

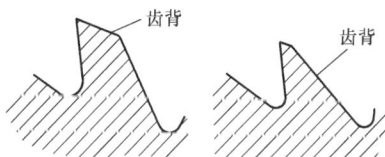

图 2-40　尖齿铣刀　　　　　　　　图 2-41　铲齿铣刀

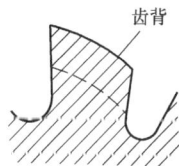

3）按用途分为加工平面用铣刀，一般用面铣刀、立铣刀、圆柱铣刀，如图 2-42 所示。

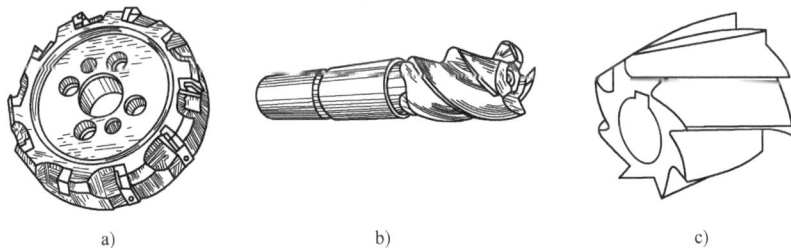

图 2-42　加工平面用铣刀

a）面铣刀　b）立铣刀　c）圆柱铣刀

加工沟槽用铣刀，有立铣刀、三面刃铣刀，如图 2-43 所示。

加工台阶用铣刀，有三面刃铣刀、镶齿三面刃铣刀、立铣刀，如图 2-44 所示。

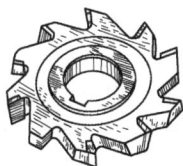

图 2-43　三面刃铣刀　　　　　　　　图 2-44　镶齿三面刃铣刀

加工键槽用铣刀，有键槽铣刀、盘形槽铣刀，如图 2-45 所示。

切断用铣刀，有锯片铣刀，如图 2-46 所示。

加工特形沟槽和特形面铣刀，如成形表面、齿轮等。

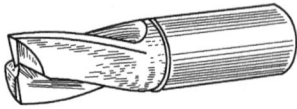
a)

b)

图 2-45　键槽铣刀

a）键槽铣刀　b）盘形槽铣刀

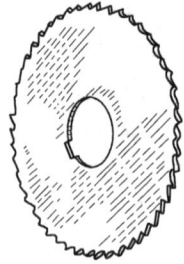

图 2-46　锯片铣刀

5. 铣削夹具

根据夹具的应用范围，铣床夹具有通用夹具和专用夹具。

（1）通用夹具

1）平口钳。平口钳的钳口本身精度及与底座间的位置精度较高，底座下面的定向键能方便地使钳口在工作台上定位。平口钳结构简单，操作方便，夹紧可靠；有固定式和回转式。回转式平口钳的钳身可以绕底座心轴旋转 360°，如图 2-47 所示，可用于平面铣削、台阶面铣削、沟槽铣削。

2）回转工作台。回转工作台除了带动安装其上的工件旋转外，还可完成分度工作。可用来铣削回转面、圆弧形槽、多边形及有分度的槽和孔，如图 2-48 所示。

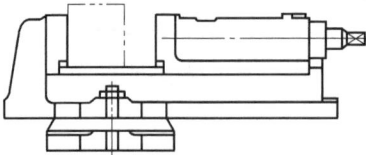

图 2-47　平口钳

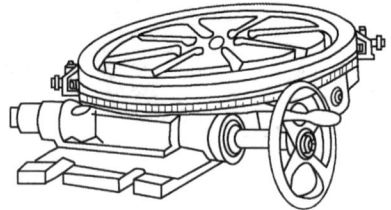

图 2-48　回转工作台

3）分度头。在铣床上用得最多的是 FW250 万能分度头。如图 2-49 所示，分度头通过基座 11 安装在铣床工作台上，回转体 5 支承于底座并可回转 −6°～95°，主轴 2 的前端可装顶尖或卡盘以便于装夹工件。摇动手柄 7 可通过分度头内的传动齿轮带动主轴旋转，脱开内部的蜗杆机构，可直接转动主轴，转过的角度由刻度盘 3 上读出，分度盘 9 为一个有许多均布的同心圆孔的圆盘，插销 6 可帮助确定选好的孔圈，分度叉 8 可方便地调整所需角度。主要用于加工需要等分的柱体、孔、槽等。

（2）专用夹具　铣床的专用夹具是为某一工件的某一工序专门设计的夹具。

图 2-50 所示是将轴瓦铣成两半的专用夹具。将夹具安装在机床上，通过夹具体 5 下面的定向键保证夹具与机床的正确位置。将工件套在定位套 2 上，工件通过端面和内孔定位，再套入开口垫圈 3，通过夹紧螺母 4 夹紧。调整刀具切削位置是通过对刀装置 6 实现的。刀具位置确定后，先铣开一个口子，通过分度装置 7 将工件旋转 180°，铣开对边口子，铣削完成。

图 2-51 所示是加工壳体零件两侧面的铣床夹具。工件以一面两孔定位，用两个联动压板夹紧，定向键确保夹具与机床的正确位置，对刀块保证刀具的加工位置准确。

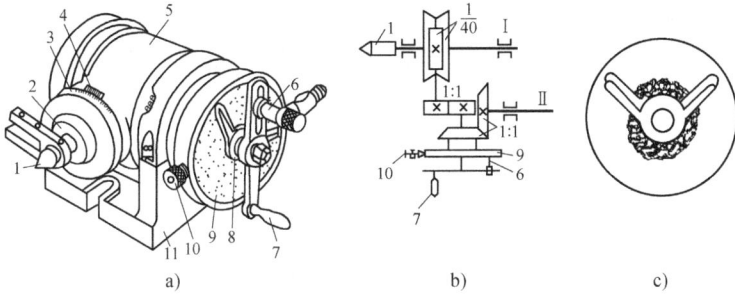

图 2-49 FW250 万能分度头

a) 分度头外形 b) 分度头传动机构 c) 分度叉

1—顶尖 2—主轴 3—刻度盘 4—游标 5—回转体 6—插销 7—手柄 8—分度叉 9—分度盘 10—锁紧螺钉 11—基座

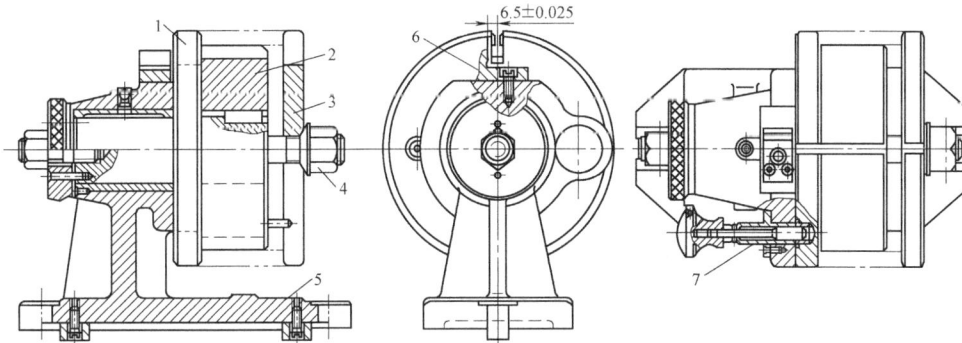

图 2-50 轴瓦铣开夹具

1—转轴 2—定位套 3—开口垫圈 4—夹紧螺母 5—夹具体 6—对刀装置 7—分度装置

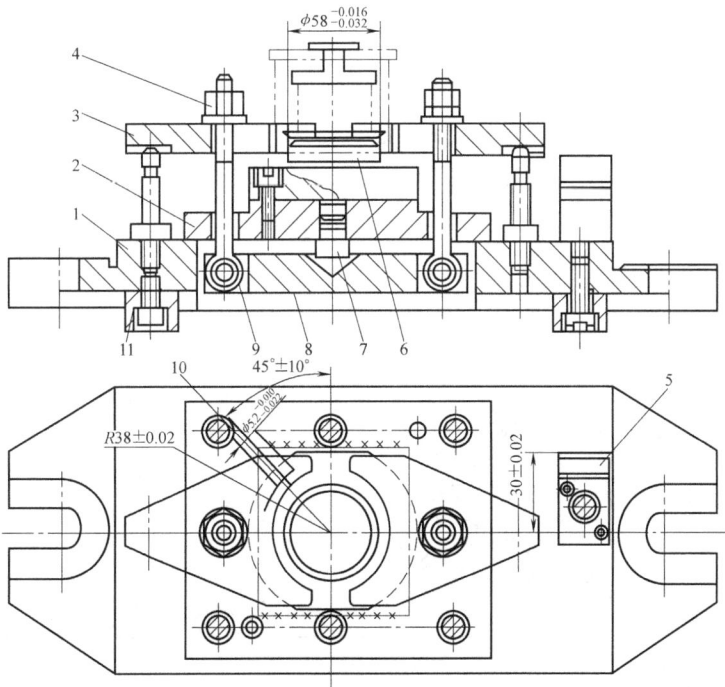

图 2-51 加工壳体的铣床夹具

1—夹具体 2—支承板 3—压板 4—螺母 5—对刀块 6—定位键 7—支承钉
8—回转板 9—活节螺栓 10—菱形销 11—定向键

图 2-52 为一气动双件夹紧铣床夹具。工件以端面和外圆柱表面定位，当压缩空气进入气缸下腔时，活塞 3 上移，活塞杆 4 带动杠杆 5 逆时针转动，通过活节螺栓 6 使压板 2 夹紧工件。

图 2-52　气动双件夹紧铣床夹具

1—定位元件　2—压板　3—活塞　4—活塞杆　5—杠杆　6—活节螺栓

6. 铣削加工

课题 1：平面铣削（表 2-11）

平面铣削是铣削加工的基本技能，可在卧式铣床上加工也可在立式铣床上加工，既可顺铣，也可逆铣。选用铣刀可以是圆柱铣刀、面铣刀和立铣刀。

表 2-11　平面铣削

序号	装　夹	工　作　内　容
	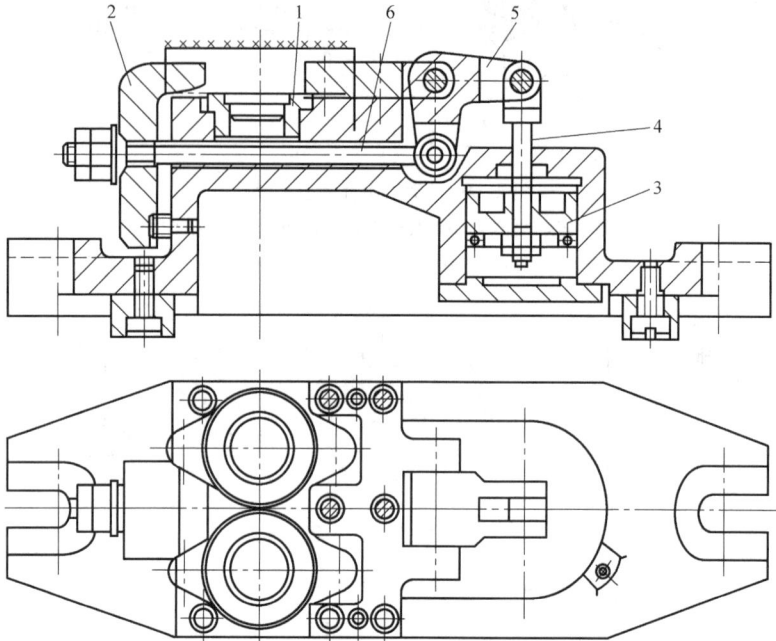	1）用平口钳装夹，在钳口处垫铜皮 2）选择合适的垫铁垫于工件下面，工件应高于钳口，保证铣刀铣削时不碰到钳口 3）工件基本夹紧后用锤子轻轻敲击工件，让工件紧贴垫铁后，再夹紧 4）摇动升降手柄，调整工件与铣刀的位置，锁紧升降手柄 5）开动铣床 6）纵向进给铣削平面

课题 2：铣六面体

六面体的铣削是在平面铣削的基础上进行的，见表 2-12，铣削后要保证相对面的平行度、相邻面的垂直度。

表 2-12　六面体铣削

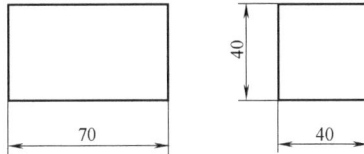

材料　铸铁
比例　1:2

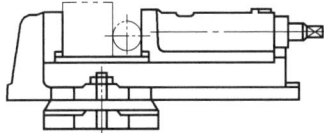

序号	装夹	工作内容
1		检查毛坯，将最不平整的面作为第 1 个铣削面，表面以铣平为度
2		将铣出的面 1 作为基准，紧贴在固定钳口，对面加圆棒，铣削垂直面 2
3		将已铣出的两个面分别紧贴在固定钳口和平行垫铁上，铣削平行面 3
4		夹紧面 2，另一面紧贴垫铁，铣削面 4 保证尺寸（40±0.3）mm
5		铣第 5 面时，将直角尺放在平口钳的水平导轨面上，工件侧面应与直角尺的直边贴合，符合要求后铣削第 5 面
6		铣第 6 面时，将工件倒过来，使这个面与平口钳的水平导轨面贴合，夹紧就可以铣削第 6 面，保证（70±0.5）mm
7	—	铣完后用锉刀去除各边毛刺

课题 3：铣斜面（表 2-13）

斜面铣削的方法有四种：

1）工件划线后在平口钳上倾斜安装。

2）采用倾斜垫铁垫于工件下面安装。

3）圆柱形工件采用分度头装夹。

4）利用专用夹具装夹。

卧铣用圆柱铣刀，立铣用面铣刀。

表 2-13　斜面铣削

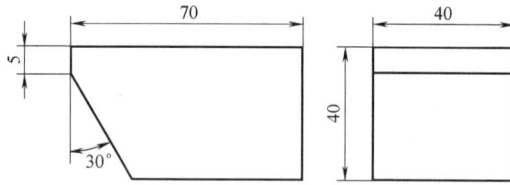

铣削方法	装夹	工作内容
1		将工件斜夹在平口钳上，用划针找正，铣斜面至尺寸
2		扳转立铣头，使立铣头转过的角度与工件基准面与斜面间的角度相同
3		用立铣刀的圆柱面铣斜面，扳转立铣头，使铣头转过的角度等于 90°（基准面与斜面间的夹角）

课题 4：铣槽（表 2-14）

在铣床上可以加工多种形状的沟槽，常见的有：直角槽、角度槽、T 形槽、燕尾槽、键槽等，如图 2-53 所示。

表 2-14　沟槽铣削

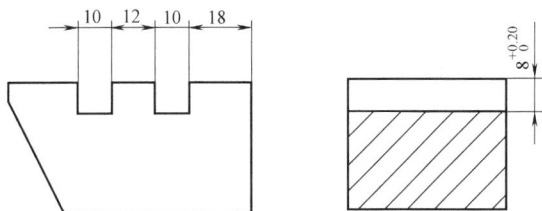

铣削方法	装夹	工作内容
1		立式铣床铣削 1）找正平口钳，使平口钳固定钳口与工作台纵向进给运动方向平行 2）横向进给铣削，不进给方向锁紧 3）分度时消除刻度盘间隙 4）锉刀修磨毛刺
2		卧式铣床铣削 1）按图示装夹 2）先粗铣两侧面，各留 1mm 余量，精铣两侧面，并控制槽距与槽宽 3）各边用锉刀修去毛刺

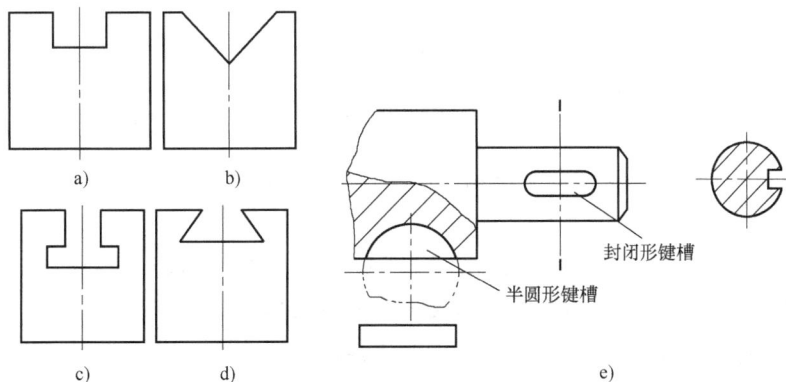

图 2-53　多种形状的沟槽

a）直角槽　b）角度槽　c）T 形槽　d）燕尾槽　e）键槽

（二）镗削

镗削是在镗床上利用镗刀对工件上已有孔的加工。汽车上的某些零件都存在内孔表面，特别是发动机、变速器中内孔表面较多。孔的加工方法较多，主要有：钻、铰、镗、磨、拉等，本节介绍镗孔。

1. 镗床

（1）立式坐标镗床　因机床上安装具有坐标位置的精密测量装置和主轴处于垂直位置而得名。在加工孔时，可按直角坐标来精密定位，因此坐标镗床是精密机床，主要用于高精度的孔。坐标镗床也有立式和卧式之分，立式适于加工轴线与安装基准面垂直的孔，卧式适于加工轴线与安装基准面平行的孔，图 2-54 所示为立式坐标镗床。

（2）卧式镗床　因主轴处于水平位置而得名。图 2-55 所示为一普通卧式镗床，在卧式镗床上可以实现多种运动，因此其工艺范围较广。卧式镗床的主要运动如下：

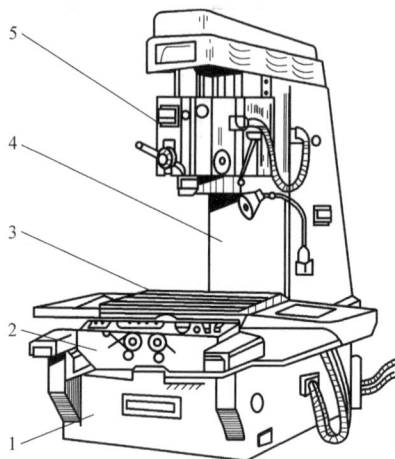

图 2-54　立式坐标镗床
1—底座　2—滑座　3—工作台
4—立柱　5—主轴箱

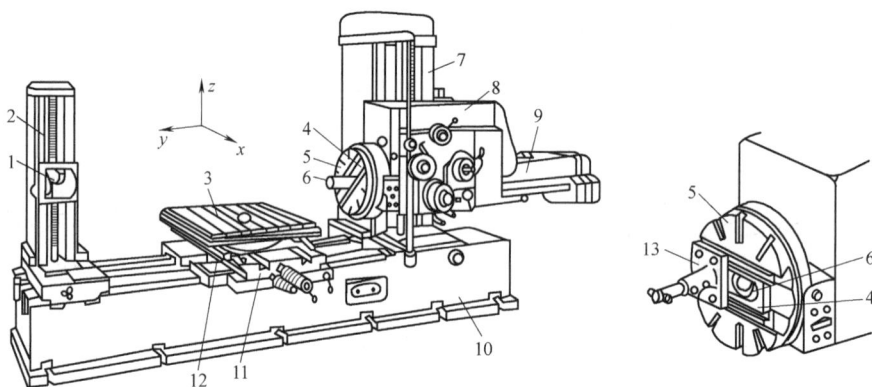

图 2-55　卧式镗床
1—支架　2—后立柱　3—工作台　4—径向刀架　5—平旋盘　6—镗轴　7—前立柱
8—主轴箱　9—后尾筒　10—床身　11—下滑座　12—上滑座　13—刀座

1）主运动。镗轴 6、平旋盘 5 的旋转运动，二者相互独立，各自由不同的传动机构控制。

2）进给运动。镗轴 6 作轴向进给运动；工作台 3 作纵向、横向进给运动；主轴箱 8 作垂直进给运动；平旋盘 5 上的径向刀架 4 作径向进给运动。

3）辅助运动。镗轴 6、主轴箱 8、工作台 3 在进给运动方向上的快速调位运动；后立柱 2 的纵向调位运动；支架 1 的垂直调位运动；工作台的水平转位运动，它们可以手动，也可以机动。

卧式镗床的主要应用范围如图 2-56 所示。

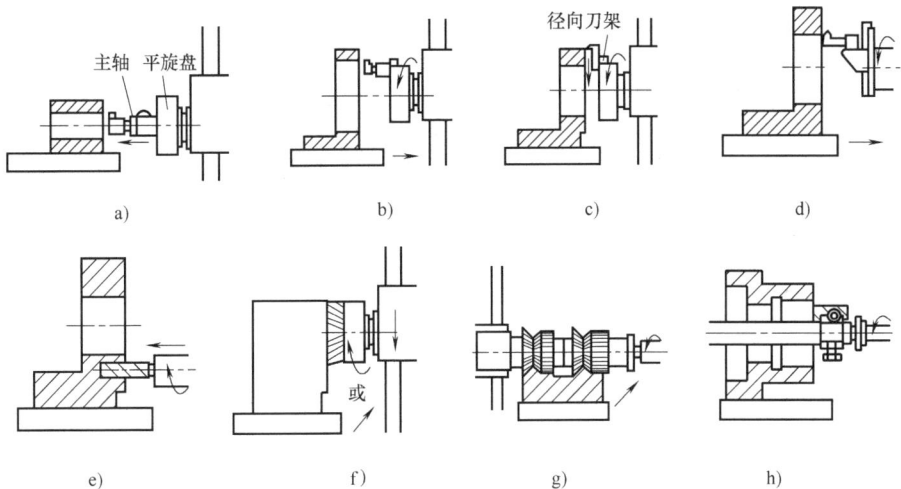

图 2-56　卧式镗床的主要应用范围

a）镗小孔　b）镗大孔　c）镗端面　d）倒角

e）钻孔　f）铣端面　g）铣导轨面　h）镗阶梯孔

2. 镗刀

镗刀种类很多，分类方法亦多。主要有以下几种分类形式：

（1）按刀刃数量分　单刃镗刀、双刃镗刀、多刃镗刀。

（2）按刀具结构分　整体式、装配式、可调式。

（3）按被加工表面性质分　通孔镗刀、不通孔镗刀、阶梯孔镗刀、端面镗刀。

1）单刃镗刀。图 2-57 所示为几种不同结构的普通镗刀单刃镗刀。加工小孔可制造成整体式，加工大孔可制造成机夹式或机夹可转位式。普通单刃镗刀结构简单、制造方便、通用性强，但效率低。

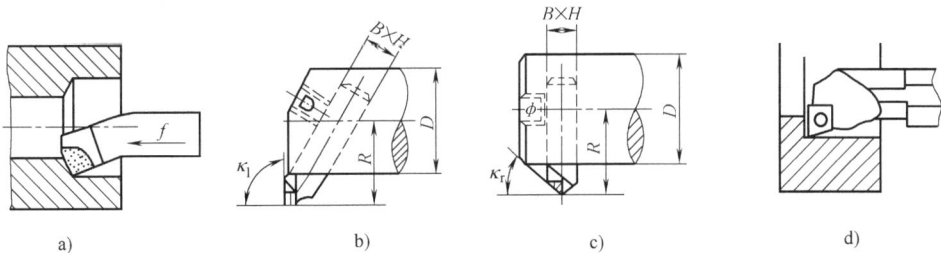

图 2-57　单刃镗刀

a）整体式镗刀　b）机夹式不通孔镗刀　c）机夹式通孔镗刀　d）可转位式镗刀

图 2-58 为微调镗刀，一般在坐标镗床上使用，调节精度高，结构简单、制造方便，精加工常用。

2）双刃镗刀。双刃镗刀属于定尺寸刀具，通过调整两切削刃间的距离达到加工不同直径的孔。常用的有固定式镗刀块和浮动式镗刀块。

图 2-59 为固定式镗刀块。镗刀块通过斜楔或在两个方向倾斜的螺钉等夹紧于镗杆。固定式镗刀块用于粗镗、半精镗直径大于 40mm 的通孔。

图 2-60 为浮动式镗刀。浮动式镗刀装入镗杆的方孔中不需要夹紧，镗孔时通过作用在

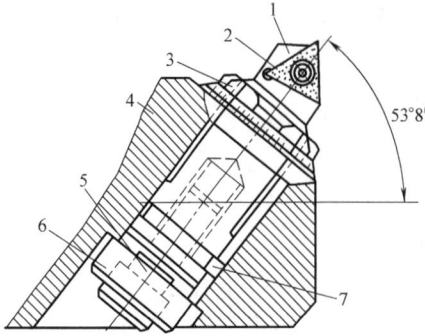

图 2-58　微调镗刀

1—刀体　2—刀片　3—微调螺母　4—镗杆

5—锁紧螺母　6—垫圈　7—导向键

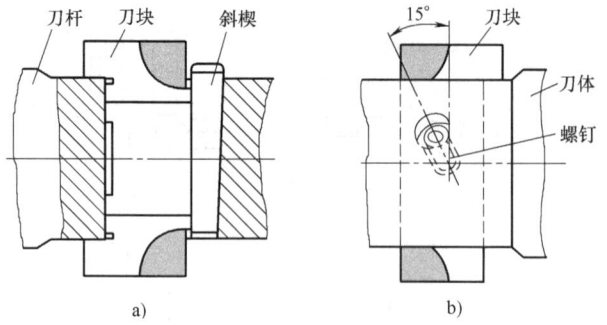

图 2-59　固定式镗刀块

a) 斜楔夹紧　b) 螺钉压紧

两侧切削刃上的切削力来自动平衡刀具切削位置，因此，它能自动补偿由刀具安装误差、机床主轴偏差造成的加工误差。加工精度高，但无法纠正孔的直线度误差。浮动式镗刀结构简单、刃磨方便，制造困难。浮动式镗刀亦有整体式、可调焊接式、可转位式。一般，高速钢制造成整体式，硬质合金制造成可调焊接式和可转位式。

3. 镗床夹具

镗床夹具专门用于在立式、卧式镗床

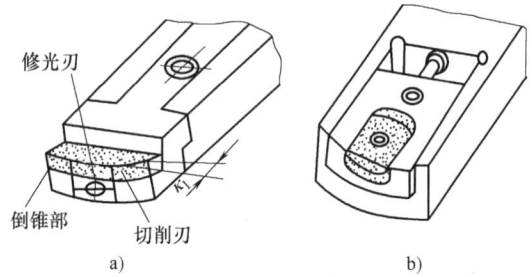

图 2-60　浮动式镗刀

a) 可调焊接式　b) 可转位式

上镗孔，又称镗模。镗模的安装与铣床夹具在铣床上的安装类似，采用定向键安装或在镗模体上找正安装。

图 2-61 所示为镗模架的各种布置形式。其中，图 2-61a 所示为单支承前引导，适于加

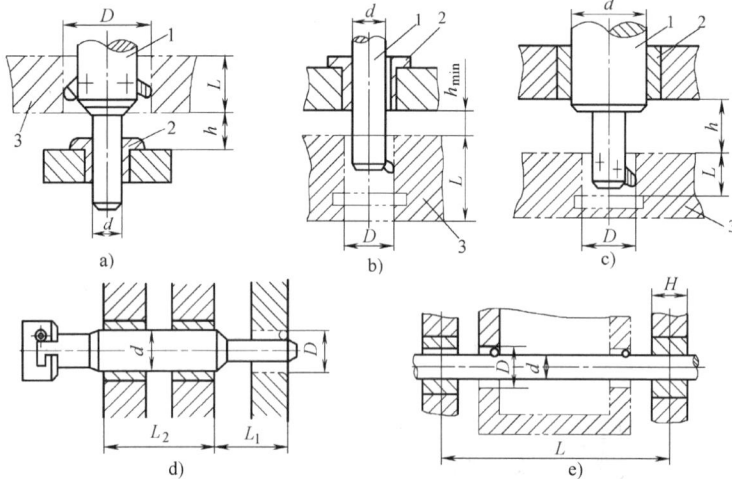

图 2-61　镗模架的布置形式

a) 单支承前引导　b) 单支承后引导（$L > D$）

c) 单支承后引导（$L < D$）　d) 双支承后引导　e) 双支承前后引导

1—镗杆　2—镗套　3—工件

工 D>60mm，L<D 的通孔；图 2-61b、c 所示为单支承后引导，刀杆刚度较好，加工精度较高；图 2-61d 所示为双支承后引导，镗杆与主轴浮动联接，镗削精度由镗模决定；图 2-61e所示为双支承前后引导，适于加工 L>1.5D 的通孔和同轴度要求高的同轴孔系。

例：加工图 2-62 所示的镗模（图 2-63）。

加工两组同轴孔系（2 个 ϕ20H7、ϕ40H7 和 ϕ35H7）用双支承单引导镗模。工件以底面 a、侧面 b 定位于定位板 10 上，端面 e 靠在挡销 9 上作为轴向定位，用四个压板 8 压紧。加工 ϕ20H7 用镗套 3、6 支承；加工 ϕ40H7、ϕ35H7 时，用镗套 4、5 支承。镗套分别装于镗模架 2 和 7 上，镗模架用销定位、螺栓联接在镗模体 1 上。

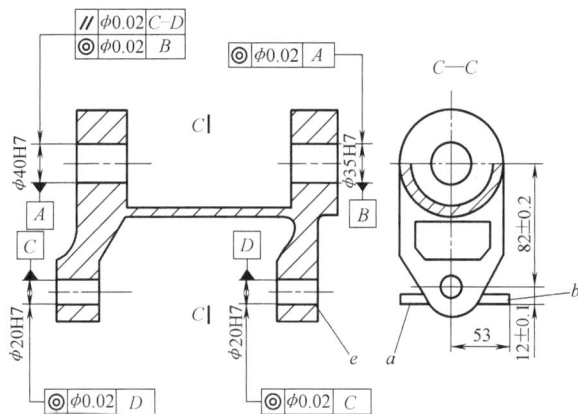

图 2-62　镗孔工序图

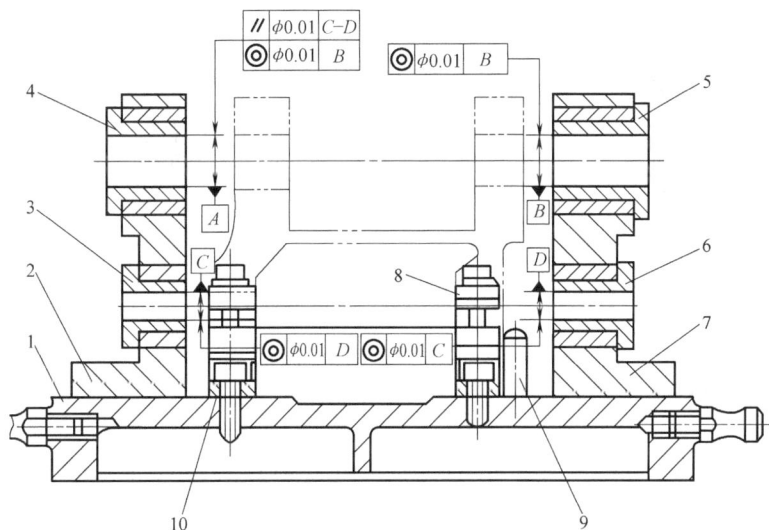

图 2-63　支架壳体孔镗削镗模
1—镗模体　2、7—镗模架　3、4、5、6—镗套
8—压板　9—挡销　10—定位板

三、钻削、铰削和扩孔

（一）钻削

钻削是在钻床上用钻削工具对实体材料加工出孔的一种工艺，如图 2-64 所示。

1. 钻床

钻床的种类很多，主要有台式钻床、立式钻床、摇臂钻床、深孔钻床、中心孔钻床、数控钻床，图 2-65 所示是钻削时常用的几种钻床。

（1）台式钻床　台式钻床是放在操作台上使用的一种小型钻床。加工的孔径一般在 0.1 ~ 12mm，采用手动进给。

（2）立式钻床　立式钻床的主轴中心线固定，加工时靠移动工件的位置使刀具对准孔中心，可实现机动或手动进给。在立式钻床上可完成中、小型零件的钻孔、扩孔、铰孔、攻螺纹、锪孔等工作。

（3）摇臂钻床　摇臂钻床的主轴箱装于可绕立柱回转的摇臂上，并可沿摇臂水平移动，摇臂还可以沿立柱上下移动，所以摇臂钻床主要加工中、大型工件。加工时，工件固定在工作台或底座上，刀具对准工件孔中心是靠调整主轴箱位置来实现的，能完成的工作与立式钻床相同。

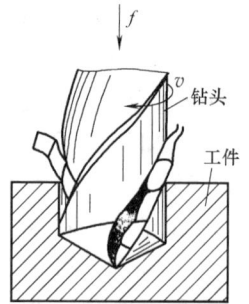

图 2-64　钻削

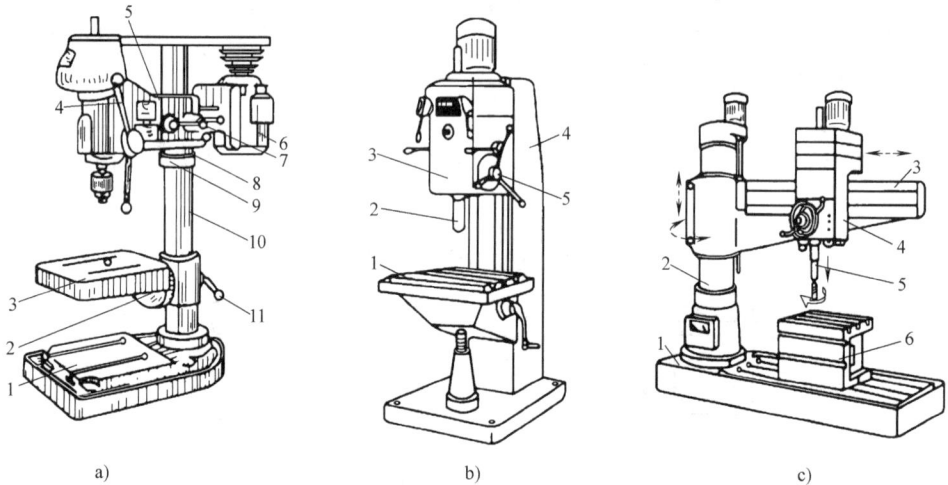

图 2-65　常用钻床

a）台式钻床	b）立式钻床	c）摇臂钻
1—底座　2—螺钉　3—工作台	1—工作台　2—立轴	1—底座　2—立柱
4—进给手柄　5—本体　6—电动机	3—主轴箱　4—立柱	3—摇臂　4—主轴箱
7—手柄　8—螺钉　9—保险环	5—进给操纵手柄	5—主轴　6—工作台
10—立柱　11—锁紧手柄		

2. 钻头

钻床上使用的孔加工刀具主要是钻头。根据用途不同，有在实体材料上加工孔的麻花钻、深孔钻；还有对已有孔进行扩大的扩孔钻。

（1）麻花钻

1）麻花钻的组成。如图 2-66 所示，标准麻花钻由柄部、颈部、刀体组成。

① 柄部。柄部作为钻头的夹持部分，用于与机床的连接并传递扭矩。一般地，小直径的钻头制造成直柄，直径大于 12mm 的钻头制造成锥柄，锥柄后的扁尾是供斜铁从钻套中取出钻头用。

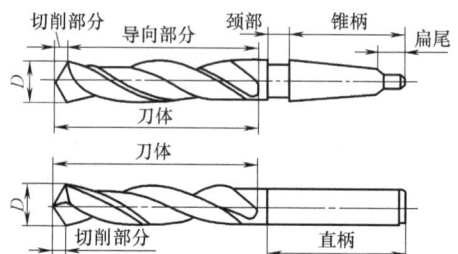

图 2-66　标准麻花钻组成

② 颈部。颈部是刀柄和刀体的连接或过渡部分，供磨削时砂轮退刀和打标记用。

③ 刀体。刀体是钻头的工作部分，又分为切削部分和导向部分。切削部分由两个刀齿组成，刀齿上有前刀面、后刀面、副后刀面、主切削刃、副切削刃，两后刀面相交成横刃，切削部分担负主要切削作用。导向部分由两条螺旋瓣组成，有两条对称的棱带和螺旋槽，棱带起导向和修光作用。由于刀体部分有一定的倒锥，所以避免了棱带与已加工孔壁的摩擦。螺旋槽起到排屑和输送切削液的作用。

2）麻花钻的特点：

① 钻孔时处于半封闭切削，因此，排屑、热量传散、切削液浇注困难。

② 钻头刚性、导向性差。

③ 手工刃磨时，两切削刃很难磨得对称，因此，钻削时易产生摆动及引偏。

3）麻花钻的改进。麻花钻的改进是从两方面入手的，一是从材料方面；二是从结构方面。材料方面就是用硬质合金替代高速钢，小直径钻头用硬质合金制造成整体的，大直径的制造成焊接式或机夹式的，如图 2-67 所示。

结构方面的改进主要是进行修磨，较常采用的修磨方式有：修磨横刃、修磨主切削刃、修磨前刀面、修磨棱带。

经过多年的改进，人们得出了修磨钻头的一整套方法，创造出一种在生产中非常好用的一种钻头——群钻。其修磨秘诀是"三尖七刃锐当先，月牙弧槽分两边，一侧外刃开屑槽，横刃磨低窄又尖。"，如图 2-68 所示。

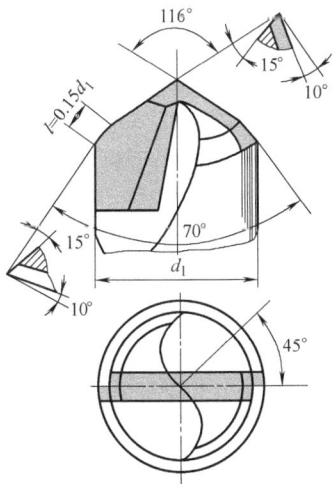

图 2-67 硬质合金钻头

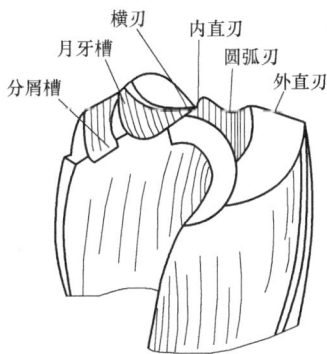

图 2-68 群钻

4）麻花钻的装夹。麻花钻的装夹有两种方式：钻夹头、变径套。

① 钻夹头。钻夹头用于夹持直柄麻花钻，结构如图 2-69 所示。

② 变径套。变径套用于锥柄麻花钻装夹，当柄部莫氏锥度号与机床莫氏锥度号不同时，采用变径套安装。若一个套筒不能满足要求，则可用两个或两个以上的套筒作为过渡连接，如图 2-70 所示。

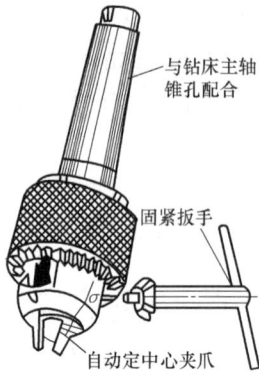

图 2-69　钻夹头

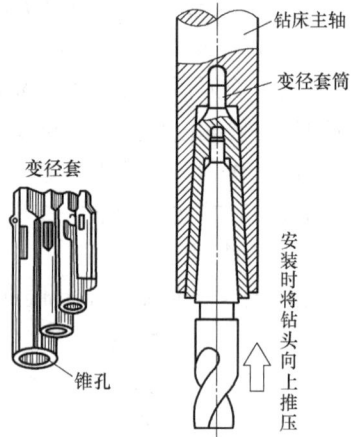

图 2-70　变径套

（2）深孔钻　作为深孔钻必须解决好定心、导向、排屑、冷却、及刀具刚度问题，才能适应深孔加工。常用的深孔钻主要有以下几种：

1）单刃外排屑深孔钻。单刃外排屑深孔钻用于加工直径为 2～20mm，长径比达 100 的小深孔。因其常用于钻削枪管，因此得名"枪钻"，如图 2-71 所示。

2）内排屑深孔钻。图 2-72 所示为内排屑深孔钻。工作时，由浅牙矩形螺纹与钻杆连接，通过刀架带动，经液封头钻入

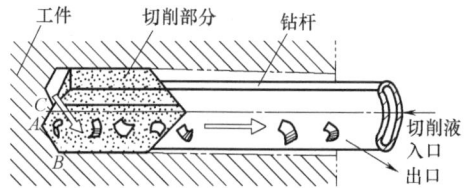

图 2-71　单刃外排屑深孔钻

工件。钻头刀齿交错排列有利于分屑和排屑，在钻杆和工件孔壁之间加入高压切削液，很好地解决了切削区的冷却问题，同时高压液体把切屑从切削区冲出，分布于钻头前端圆周上的硬质合金导条，使钻头支承于孔壁，实现了加工中的导向。

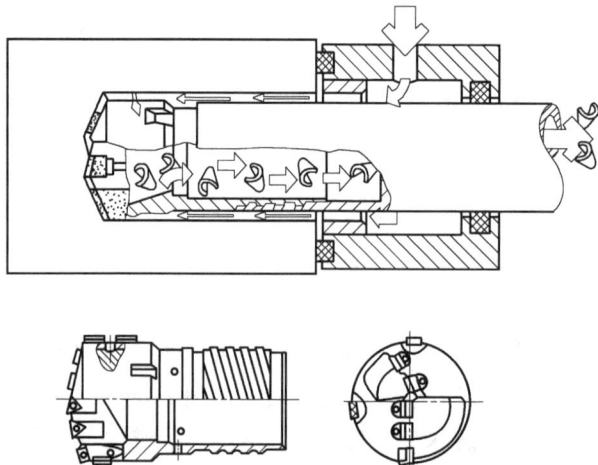

图 2-72　内排屑深孔钻

3）喷吸钻。喷吸钻在切削部分的结构与内排屑深孔钻相同，但钻杆采用了内管、外套

的双层管结构，如图 2-73 所示。工作时，高压切削液从进液口流入连接套，有三分之一液体从内管的月牙喷嘴喷入内管，因月牙缝隙小，在内管内侧产生负压。此时就将切削区的切屑吸过来使切屑能顺利地从切削区排出。切屑排除不完全靠吸，更主要的还是冲出。

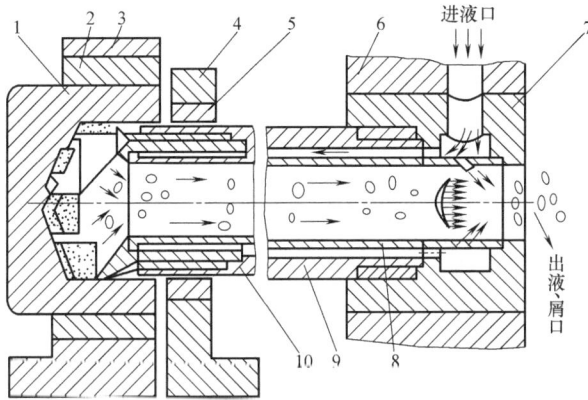

图 2-73　喷吸钻

1—工件　2—卡爪　3—中心架　4—导引架　5—导向架　6—支持架
7—连接管　8—内壁　9—外套　10—钻头

3. 钻夹具

在钻床上和组合机床上用于加工孔的夹具，称为钻夹具，亦称钻模。它的主要作用是控制刀具的位置并引导刀具进给，保证被加工孔的位置精度。钻模种类较多，但结构上都有一个安装钻套的钻模板。根据结构不同，钻夹具主要有以下几种：

（1）固定式钻模　固定式钻模在使用过程中的位置固定不动，在立式钻床上可加工较大单孔，在摇臂钻床上可加工平行孔系。图 2-74 所示为加工圆盘上孔的固定式钻模。

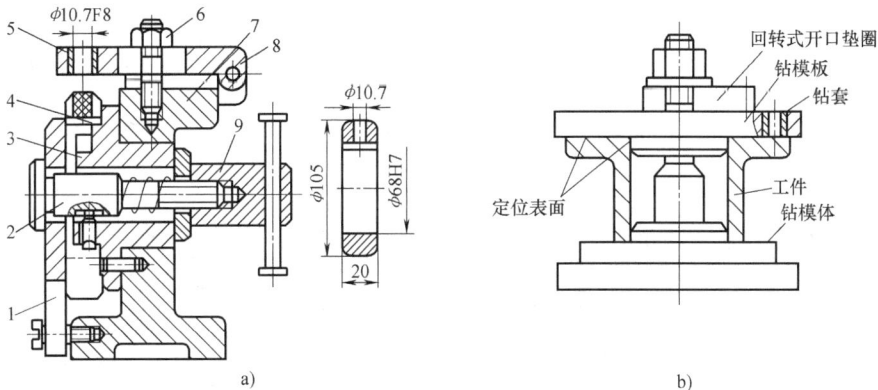

图 2-74　固定式钻模

a）小型盘类零件钻模　b）大型盘类零件钻模

1—钩形垫圈　2—螺杆　3—定位法兰　4—定位件
5—钻套　6—螺母　7—夹具体　8—钻模板　9—螺母

（2）回转式钻模　若对工件上分布在轴向或径向的孔系及不同表面的孔进行加工时，可采用回转式钻模，如图 2-75 所示。

（3）翻转式钻模　翻转式钻模可以和工件一同翻转，方便加工分布在工件上不同表面的孔，主要用于中、小型工件孔的加工，夹具质量不能过大，否则翻转困难，一般在8～10kg，图2-76所示为翻转式钻模。

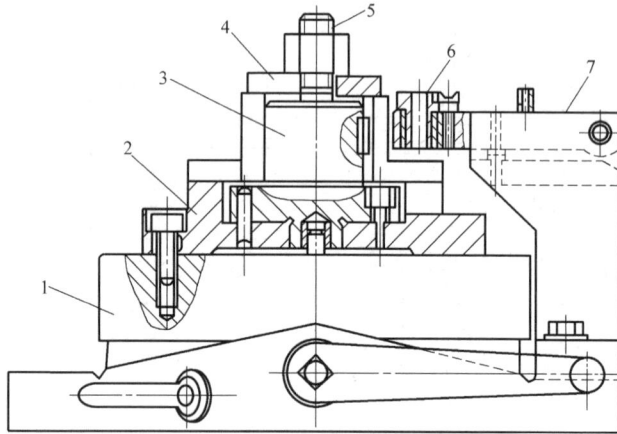

图 2-75　回转式钻模

1—夹具体　2—斜盘　3—定位件　4—开口垫圈
5—螺杆　6—钻套　7—钻模板

（4）盖板式钻模　盖板式钻模用于加工大型工件上的孔，它是将钻模板直接盖在工件上，不用设计专门的夹具体。图2-77所示为加工车床溜板箱 A 面上的孔用的盖板式钻模。

（5）铰链式钻模　铰链式钻模的钻模板可以绕铰链翻转，如图2-78所示。

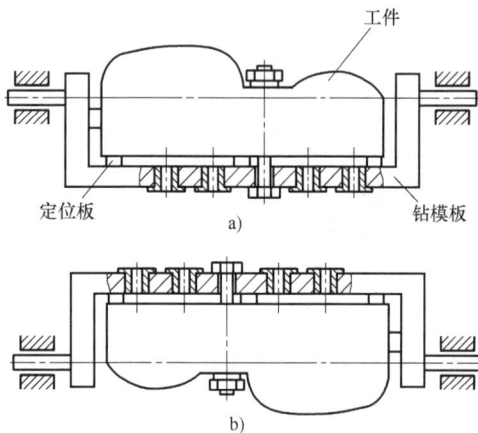

图 2-76　翻转式钻模

a）安装工件　b）翻转加工

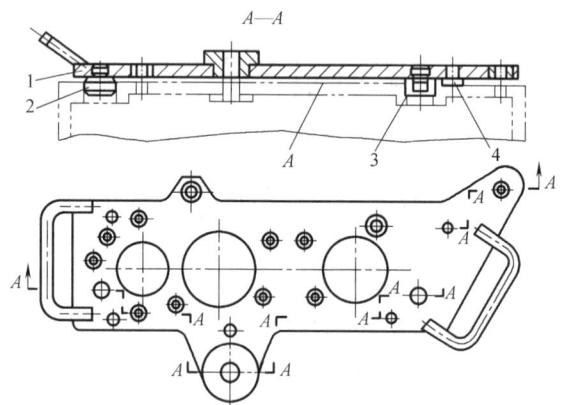

图 2-77　盖板式钻模

1—钻模板　2、3—定位销　4—支承钉

（二）铰削

铰削是利用铰刀对已有孔进行的进一步加工，铰削后尺寸精度、表面质量得以提高。一般铰削用于孔径 <20mm 的孔的半精加工和精加工。

1. 铰刀

（1）铰刀的分类

1）按使用方法不同分为手用铰刀、机用铰刀。

2）按结构、用途和材料分为直柄手用铰刀、可调手用铰刀、高速钢机用铰刀、硬质合金铰刀、带刃倾角铰刀、锥度铰刀，图2-79所示为各种类型铰刀。

（2）铰刀的组成　铰刀由柄部、颈部、工作部分组成，如图2-80所示。工作部分包括切削部分和校准部分，切削部分担负主要的切削工作，校准部分起导向、校准和修光作用。校准部分的后端制造成倒锥形，目的是为了减少校准部分的刀齿与已加工孔壁之间的摩擦，防止孔径扩大。

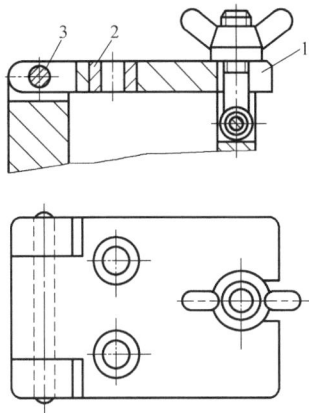

图2-78　铰链式钻模
1—钻模板　2—钻套　3—铰链

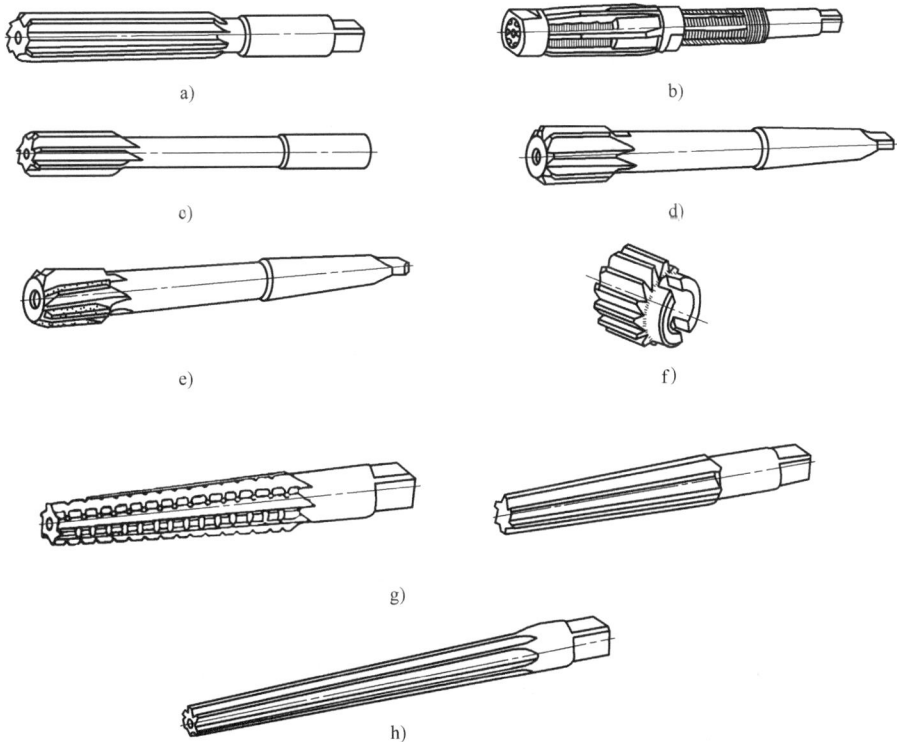

图2-79　各类铰刀
a）直柄手用铰刀　b）可调手用铰刀　c）直柄机用铰刀　d）锥柄机用铰刀
e）硬质合金机用铰刀　f）套式铰刀　g）莫氏锥孔圆锥铰刀　h）1:50锥度铰刀

2. 铰削工艺特点

1）铰削属于定尺寸刀具，由于刀齿数目较多，所以生产效率比其他精加工方法高，但适应性差，一种规格的刀具只能铰削一种直径的孔。

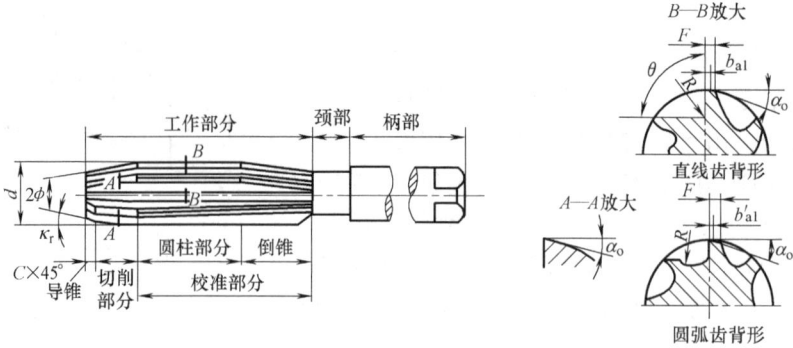

图 2-80　铰刀的组成

2）加工质量高，铰削的余量小，粗铰为 0.15 ~ 0.25mm，精铰余量为 0.05 ~ 0.15mm。为防止产生积屑瘤，铰削切削速度较低。粗铰 $v = 4 ~ 10\text{m/min}$，精铰 $v = 1.5 ~ 5\text{m/min}$。

3）铰削时由于切削厚度小，主切削刃除对工件正常切削外，还对工件产生挤压作用，如图 2-81 所示。

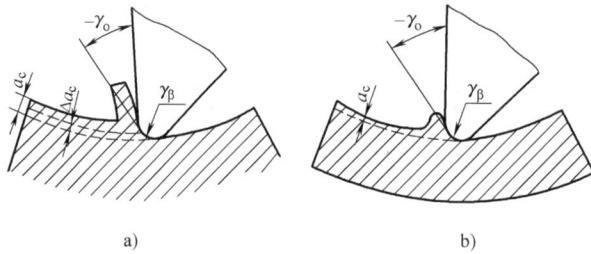

图 2-81　铰刀的工作情况

a）正常切削　b）挤压作用

（三）扩孔

将已有孔径扩大的加工工艺称为扩孔。扩孔必须要在钻孔的基础上完成。

1. 扩孔钻

扩孔钻用于工件上已有孔的扩径加工，如图 2-82 所示。

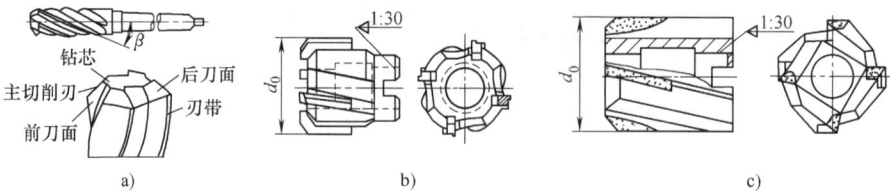

图 2-82　扩孔钻

a）整体式高速钢扩孔钻　b）套式镶嵌硬质合金扩孔钻　c）套式焊接硬质合金扩孔钻

2. 扩孔特点

由于扩孔钻的刀齿一般为 3 ~ 4 个，因此切削平稳，导向性好，刀具刚性较好，生产效率较高，比起钻孔，加工质量可大大提高。

3. 孔加工复合刀具

孔加工复合刀具是由两个或两个以上同类或不同类孔加工刀具组合而成的刀具，亦称组合刀具。它可以集中工序，减少机床数目，提高生产率，在汽车生产中广泛应用。

复合刀具有两类：一类是同类工艺复合刀具，如图 2-83 所示。另一类是不同类工艺复合刀具，如图 2-84 所示。

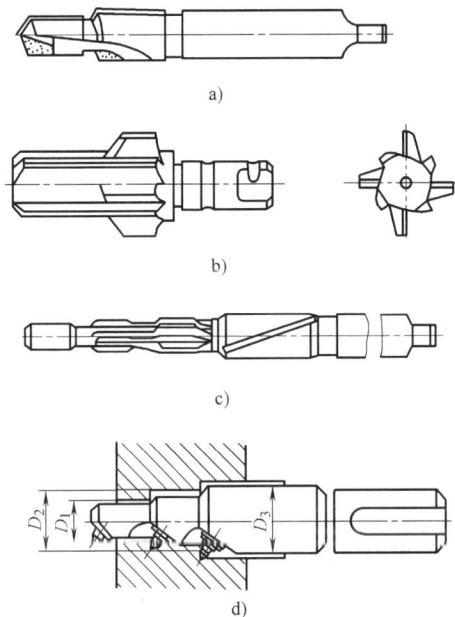

图 2-83　同类工艺复合刀具

a）复合钻　b）复合扩孔钻

c）复合铰刀　d）复合镗刀

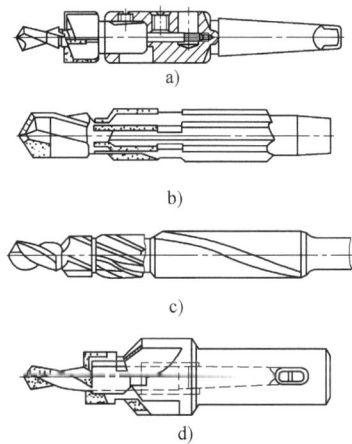

图 2-84　不同类工艺复合刀具

a）钻－扩复合　b）钻－铰复合

c）钻－扩－铰复合　d）钻－扩－锪复合

四、磨削

（一）概述

磨削加工是在磨床上使用砂轮对工件的一种多切削刃的高速切削方法，主要用于零件的精加工，尤其对高硬度的难切削材料，如淬硬钢、硬质合金等。

1. 磨削加工特点

（1）磨削加工精度高　由于去除余量少，一般磨削可获得 IT5～IT7 级精度，表面粗糙度值为 $Ra1.6～0.2\mu m$，若精磨或超精磨，则可获得更低的粗糙度值。

（2）磨削加工范围广　磨削加工适合加工各种表面及多种材料。

（3）砂轮有一定的自锐性　磨粒硬而脆，在切削力作用下破碎、脱落、更新，保持刀具锋利，并在高温下保持切削性能。

（4）磨削速度高　磨削过程中，磨削速度高、磨削温度高、切削效率低，有使工件表面产生烧伤、产生残余应力的倾向。

2. 磨削加工方法

按工件表面形状和砂轮与工件间的相对运动，磨削可以分为：外圆磨削、内圆磨削、平面磨削、无心磨削。

（1）外圆磨削　外圆磨削以砂轮旋转作为主运动，工件旋转、移动（或砂轮径向移动）作为进给运动，可以完成圆柱面、圆锥面、轴肩、球面和特殊形状的外表面的磨削加工。图 2-85 所示为外圆磨削工艺范围。从图中可看出外圆磨削有按不同进给方向实现的纵磨法和横磨法。

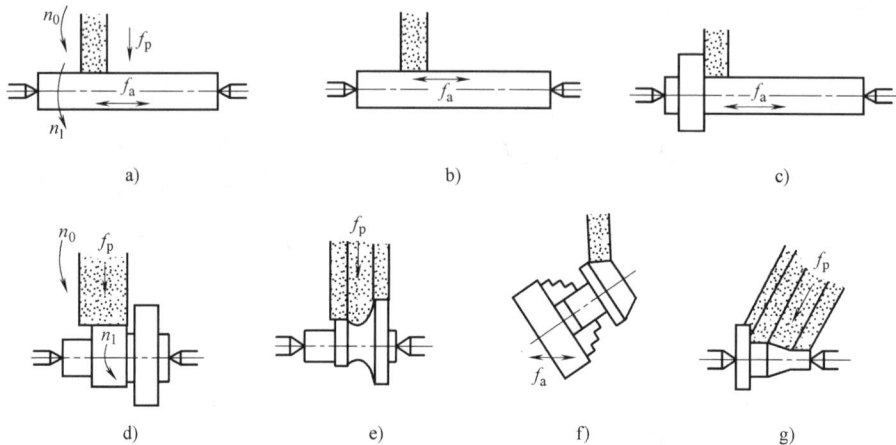

图 2-85　外圆磨削工艺范围

a）纵磨法磨光滑外圆　b）纵磨法磨光滑外锥面　c）混合磨法磨外圆及台阶面
d）横磨法磨短外圆　e）横磨法磨成形面　f）横磨法磨圆锥　g）横磨法磨轴肩和外圆

（2）内圆磨削　普通内圆磨削砂轮做主运动，工件旋转作圆周进给运动，砂轮（或工件）的纵向移动作纵向进给运动，砂轮横向移动作横向进给运动。图 2-86 所示为内圆磨削工艺范围。从图中可看出，内圆磨削有纵磨法和切入法两种。

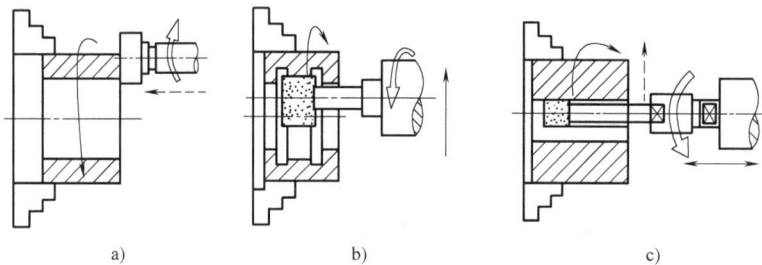

图 2-86　内圆磨削工艺范围

a）纵磨法磨内孔　b）切入法磨内孔　c）磨端面

（3）平面磨削　平面磨削砂轮旋转作主运动，工作台的纵向移动或旋转作进给运动。图 2-87 所示为平面磨削的工艺范围。

（4）无心磨削　无心磨削时，工件不用夹持，直接放于砂轮与导轮之间的托板上，以外圆自身定位，磨削时，砂轮旋转做主运动，导轮旋转带动工件做圆周进给，工件移动做轴向进给。图 2-88 所示为无心磨削。

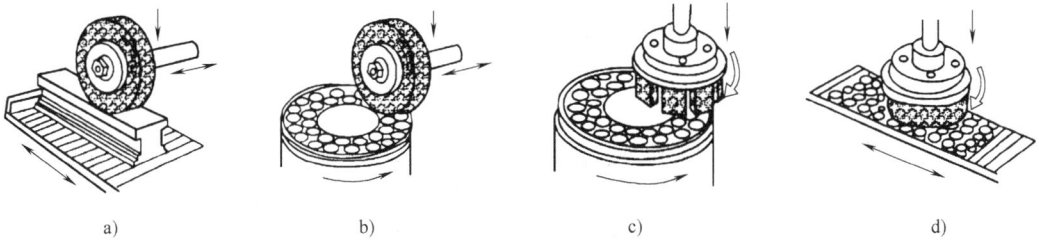

图 2-87　平面磨削工艺范围

a）卧轴矩台平面磨削　b）卧轴圆台平面磨削　c）立轴圆台平面磨削　d）立轴矩台平面磨削

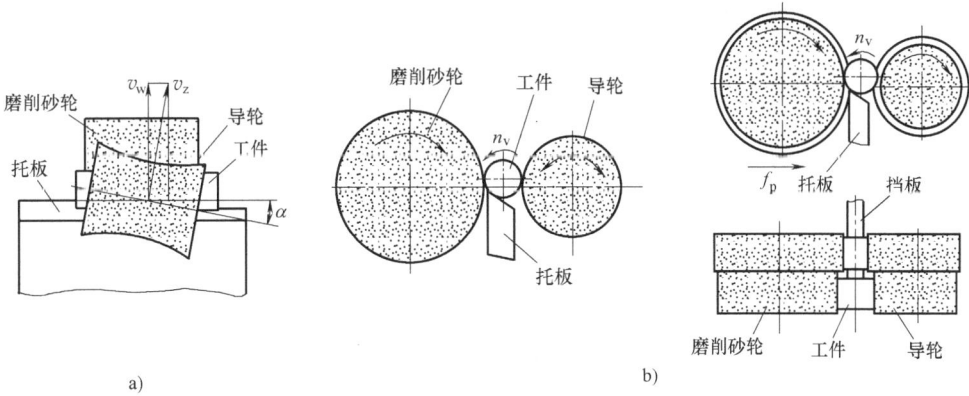

图 2-88　无心磨削

a）贯穿法　b）切入法

（二）磨床

用磨具作为工具进行切削加工的机床统称为磨床。磨床种类很多，主要有：外圆磨床、内圆磨床、平面磨床、工具磨床、刃具磨床及数控磨床，图 2-89 所示为常见的外圆磨床、图 2-90 所示为内圆磨床、图 2-91 所示为平面磨床、图 2-92 所示为数控磨床。

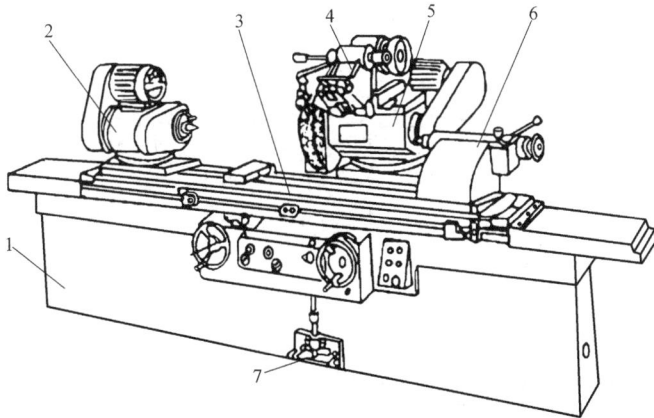

图 2-89　M1432B 型万能外圆磨床

1—床身　2—头架　3—工作台　4—内圆磨装置　5—砂轮架　6—尾架　7—脚踏操纵板

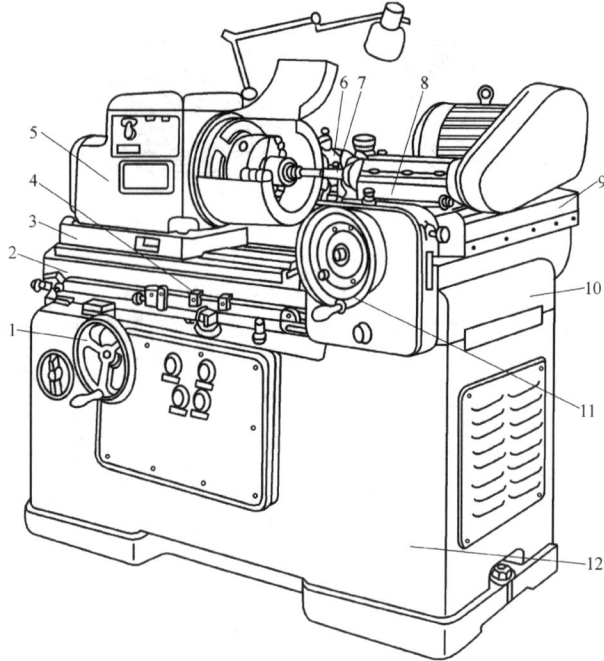

图 2-90　M2110 型内圆磨床

1—手轮　2—工作台　3—底板　4—撞块　5—头架　6—砂轮修整器

7—内圆磨具　8—磨具座　9—床鞍　10—桥板　11—手轮　12—床身

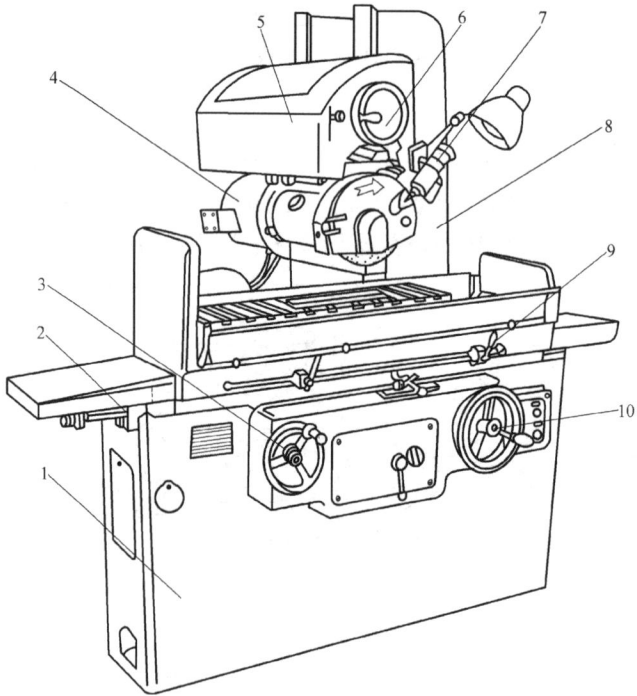

图 2-91　M7120A 型平面磨床

1—床身　2—工作台　3—手轮　4—磨头　5—床鞍　6—手轮

7—砂轮修整器　8—立柱　9—撞块　10—手轮

图 2-92　数控磨床

（三）砂轮

砂轮是以磨料和结合剂按一定比例制成的圆形固结体磨具。由于砂轮的磨料、粒度、结合剂、硬度及组织不同，砂轮的特性差异很大。

1. 砂轮的参数

（1）磨料　磨料在砂轮中起切削作用，因此，磨料应具备：很高的硬度；一定的强度、韧性；较高的耐热性和化学稳定性。常用的磨料有三类：刚玉类、碳化硅类、高硬磨料类。其性能和适用范围见表 2-15。

表 2-15　常用磨料特性及应用

系列	磨料名称	代号	主要成分	颜色	特性	应用
刚玉类	棕刚玉	A	Al_2O_3—95% Ti_2O_3—2%～3%	褐色	硬度大、韧性大，价廉，适应性稳定，2100℃熔融	碳钢、合金钢、铸铁
	白刚玉	WA	Al_2O_3 >99%	白色	硬度高于 A，韧性低于 A，其余同 A	淬火钢、高速钢、高碳及合金钢
碳化硅类	黑碳化硅	C	SiC >95%	黑色有光泽	硬度高于 WA，脆性大，锋利，导热抗电性好，与铁有反应，大于1500℃氧化	铸铁、黄铜、铝、耐火材料、非金属材料
	绿碳化硅	GC	SiC >99%	绿色	硬度、脆性高于 C，其余同 C	硬质合金、宝石、玉石、陶瓷、玻璃
高硬磨料类	氧化硼	CBN	氮化硼	黑色	硬度低于 D，耐磨性好，发热量小，高温与水碱反应	硬质合金、高速钢、高合金钢、不锈钢、高温合金
	人造金刚石	D	碳结晶体	乳白色	硬度高，比天然的略脆，耐磨性好，高温与水碱反应，大于700℃石墨化	硬质合金、宝石、光学材料、石材、陶瓷、半导体

（2）粒度　粒度就是磨料颗粒的大小。按磨料颗粒尺寸大小，将磨粒分为两类：一类为用筛选法确定粒度号的较粗磨料称为磨粒，以其能通过每英寸长度上筛网的孔数作为粒度号，粒度号越大，颗粒越细；另一类为用显微镜测量区分的较细磨料，称为微粉，以实测到的最大尺寸作为粒度号，粒度号越小，磨粒越细。微粉在粒度号前加"W"字母表示。表

2-16 为常用砂轮粒度号及应用。

表 2-16　常用砂轮粒度号及应用

类别	粒度号	应　用
磨粒	8# ~ 24#	粗磨、打毛刺、切断
	30# ~ 46#	一般磨削
	54# ~ 100#	半精磨、精磨、成形磨削
	120# ~ 240#	精磨、超精磨、成形磨削、刃具磨
微粉	W40 ~ W28	研磨、螺纹磨
	W20 ~ W14	超精磨、研磨、超精加工
	W10 ~ W5	研磨、超精加工、镜面磨削

选择粒度号时，一般遵循：粗磨时，以提高生产率为原则，选择粗粒度的磨粒；精磨时，以获得小的表面粗糙度为原则，选择细粒或微粒；磨削接触面积大或加工高塑性材料时，以防止磨削温度过高而引起表面烧伤为原则，选择中、粗磨粒。

（3）结合剂　结合剂起粘结磨粒的作用，它的性能决定了砂轮的硬度、韧性、耐热性和耐腐蚀性，同时对磨削温度、表面质量也有一定的影响。常用结合剂的性能及应用见表 2-17。

表 2-17　常用结合剂的性能及应用

名称	代号	性能	应用
陶瓷	V	气孔率大、易保持廓形、耐冲击、耐热蚀，弹性差	除薄片砂轮外的其他砂轮
树脂	B	强度高于V，弹性好，耐热、耐蚀性差	高速耐冲击砂轮，薄形砂轮
橡胶	R	强度、弹性高于B，吸振，气孔率小，耐热性差，耐油性差	薄片砂轮，精磨、抛光砂轮，无心磨导轮
菱苦土	Mg	自锐性好，结合力小	粗磨砂轮
青铜	J	强度最好，导电性好，磨耗小，自锐性差	金刚石砂轮

（4）硬度　砂轮硬度指在切削力作用下，磨粒从砂轮表面脱落的难易程度。磨粒粘结越牢固，砂轮越硬，反之，越软。

砂轮硬度对磨削效率和磨削质量都有影响。硬度过高，磨粒磨钝后不易脱落，影响磨削效率及质量；硬度过低，砂轮损耗快，不易保持廓形。只有硬度适中才能保证质量和一定的生产率。硬度选择遵循的原则是：磨硬材料选软砂轮；磨软材料选硬砂轮。加工非铁金属选软砂轮，磨接触面积大或薄壁零件及导热性差的材料选软砂轮，精磨、成形磨选硬砂轮。砂轮的硬度分级见表 2-18。

表 2-18　砂轮的硬度分级

等级	超　软			软			中　软		中		中　硬		硬		超　硬
代号	D	E	F	G	H	J	K	L	M	N	P	Q	R	S	T	Y
选择	磨未淬硬钢选 L ~ N；淬火合金钢选 H ~ K；低粗糙度表面选 K ~ L；硬质合金选 H ~ L														

（5）组织 砂轮组织指磨料、结合剂、气孔三者的体积比例关系，用来表示砂轮结构的紧密与疏松的程度。按磨粒在砂轮中占有的体积百分比，砂轮组织分为 0~14 号，砂轮组织号越大，磨粒占的比例越小，组织越疏松，砂轮越不易堵塞，切削液、空气易进入切削区，可减少工件的烧伤，也可提高效率。砂轮的组织号见表 2-19。

表 2-19 砂轮组织号

组织号	0	1	2	3	4	5	6	7	8	9	10	11	12	13	14
磨粒率/%	62	60	58	56	54	52	50	48	46	44	42	40	38	36	34

2. 砂轮形状及标记

（1）砂轮形状 砂轮制造成各种形状，是为了适应在不同磨床上加工不同工件。常用砂轮的形状及应用见表 2-20。

表 2-20 常用砂轮的形状及应用

代号	名称	断面形状	应用	代号	名称	断面形状	应用
1	平形砂轮		磨外圆、内孔、平面、刀具	6	杯形砂轮		端磨平面、刀具后刀面
2	筒形砂轮		端磨平面	11	碗形砂轮		端磨平面、刀具后刀面
4	双斜边砂轮		磨齿轮、螺纹	12	蝶形一号砂轮		磨刀具前刀面
41	薄片砂轮		切断、切槽	—	—	—	—

（2）砂轮标记 砂轮标记印在砂轮端面上，顺序为：形状—尺寸—磨料—粒度号—硬度—组织号—结合剂—最高线速度。如标记：1—600×75×200—WA54Y8B—60 表示平行砂轮，外径 600mm、厚度 75mm、孔径 200mm，白刚玉，粒度号 54#，超硬，8 号组织，树脂结合剂，最高线速度 60m/s。

（四）磨削过程及特点

1. 磨削过程

砂轮上有许许多多磨粒，每颗磨粒相当于一把刀具，担负着切削工作。但磨粒的切削过程与刀具的切削过程又有不同的特点，单个磨粒的典型磨削过程可以分为三个进程，如图 2-93 所示。

第一进程：滑擦。磨粒切削刃与工件接触开始，因切削厚度较小，磨粒刃口有钝圆，磨粒无法从工件表面切下切屑，只能从工件表面滑擦而过，使工件表面产生挤压、弹性变形，磨粒与工件之间产生较大的摩擦，此为滑擦。

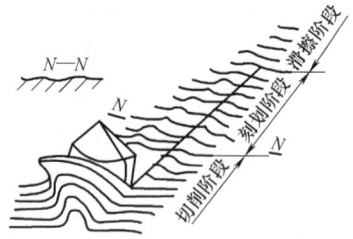

图 2-93 单个磨粒的磨削过程

第二进程：刻划。随着磨粒在工件表面的深入，磨粒对工件的挤压增强，工件表面产生塑性变形，磨粒前方的金属向两边流动而隆起，中间被耕犁出沟槽，此为耕犁、刻划。该进程以磨粒与工件之间的挤压塑性变形为主。

第三进程：切削。随着磨粒在工件表面的进一步深入，切削厚度不断增大，挤压变形进一步增大，工件表层余量产生剪切滑移并形成切屑，此为切削。此进程是磨粒在工件表面进行切削为主。

由于砂轮上的磨粒在圆周或端面上高低不一，磨粒高的经历 2～3 个阶段，即滑擦、刻划、切削，磨粒低的经历 1～2 个阶段，即滑擦、刻划，磨粒更低的只经历最多一个阶段，即滑擦。所以，实际的磨削是滑擦、刻划与切削综合的结果，并且滑擦与刻划占的比例更大。

在磨削工件时，磨粒将对工件产生切削力，可以将切削力分解为三个互相垂直的分力，分别为切向力、径向力、轴向力。由于滑擦、刻划中的挤压作用很强，使得径向切削力较大，工件表面的下一层金属会产生较大的弹性变形，从而使实际磨削深度小于理论磨削深度，径向进给次数增多。因此从磨削力角度出发，磨削出现三个阶段，如图 2-94 所示。

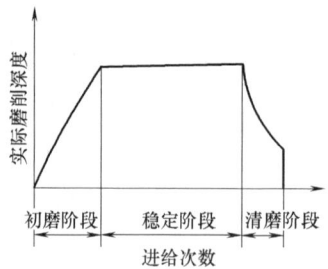

图 2-94 磨削过程三阶段

（1）初磨阶段 由于工艺系统在径向力的作用下，产生弹性变形，在砂轮最初几次径向进给中，实际磨削深度比磨床刻度显示的值要小，工艺系统刚性越差，这种差异越大。此阶段为初磨阶段，实际生产时在初磨阶段增大磨削深度以抵消弹性变形产生的影响，并缩短初磨阶段。

（2）稳定阶段 随着径向进给次数的增加，工艺系统的弹性变形抗力增加，当弹性变形抗力与径向磨削力平衡时，实际磨削深度与刻度显示值相同，此为稳定磨削阶段。

（3）清磨阶段 当刻度显示磨削余量去完时，径向进给停止，径向切削力接近零。此时，又由于弹性变形的恢复，实际磨削量并不为零，而是逐渐减小。所以在无切入的情况下，增加清磨次数，可以使磨削深度逐渐减小为零，这样就可以提高磨削精度和表面质量。

2. 磨削特点

（1）磨料特点

1）工作中，磨粒具有很大的负前角，经过修整的砂轮可达 $-80°～-85°$。

2）磨粒存在较大的钝圆半径。

3）磨粒在砂轮表面上所处位置高低不一。

（2）高的切削热与切削温度 由于磨削时，砂轮的线速度可达 60～120m/s，磨粒与工件表面摩擦严重，会产生大量的热，砂轮的导热性又差，所以在 $1\sim 2ms$ 内在切削区产生高温。磨削区的平均温度高达 $400°\sim 1000℃$，磨削热是造成磨削表面烧伤、残余应力和裂纹的主要原因。

（五）磨削加工中常用夹具

1. 内、外圆磨削夹具

外圆磨削时，常用一夹一顶或两端顶持的装夹方式。因此，自定心卡盘、单动卡盘、心轴、顶尖、花盘等为外圆磨削的常用夹具，如图 2-95 所示。内圆磨削时，要保证孔中心线与机床主轴回转中心一致，所以外圆磨削的常用夹具是自定心卡盘，如图 2-96 所示。

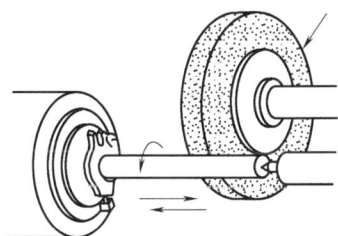

图 2-95 前、后顶尖装夹

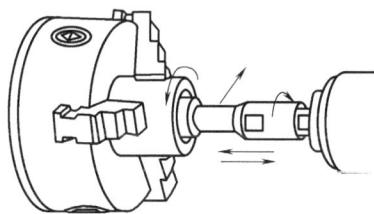

图 2-96 自定心卡盘装夹

2. 平面磨削夹具

平面磨削时常用磁性吸盘、精密平口钳、电磁正弦台、正弦精密平口钳、单向正弦台虎钳。图 2-97 所示为正弦精密平口钳结构，图 2-98 所示为磨削斜面的角度导磁体。

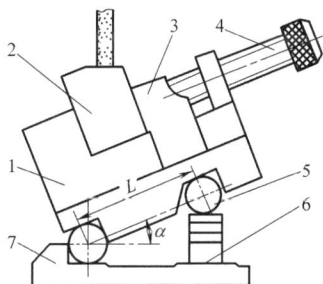

图 2-97 正弦精密平口钳
1—钳身 2—工件 3—活动钳口 4—螺杆
5—圆柱 6—量块 7—底座

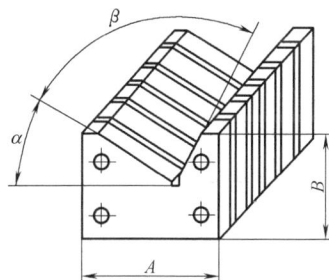

图 2-98 角度导磁体
$\alpha = 15°、30°、45°$
$\beta = 90°$

（六）磨削加工

课题 1：磨外圆柱面（表 2-21）

外圆磨削一般以两端中心孔作为装夹定位基准。由于工件在粗加工时中心孔有一定程度的磨损或碰伤，热处理又会使中心孔产生变形，所以在磨削前应对中心孔进行修正，采用的方法是磨前对中心孔进行研磨，工件装夹如图 2-99 所示。

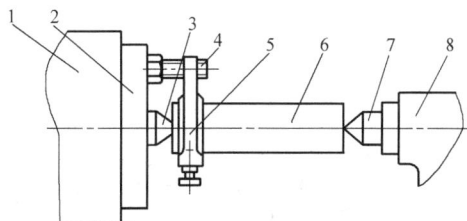

图 2-99 两顶尖装夹
1—头架 2—拨盘 3—前顶尖 4—拨销
5—夹头 6—工件 7—后顶尖 8—尾架

外圆磨削方法主要有两种：

1. 纵磨法

如图 2-100 所示，纵磨法适于磨较长轴类零件外圆，磨削精度较高，磨削效率低。

2. 横磨法

如图 2-101 所示，横磨法适于磨削较短工件外圆，磨削效率高，磨削精度不如纵磨法。

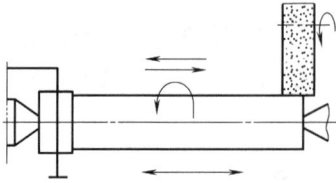

图 2-100 纵磨法磨外圆

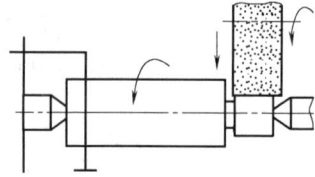

图 2-101 横磨法磨外圆

表 2-21 磨外圆和接头

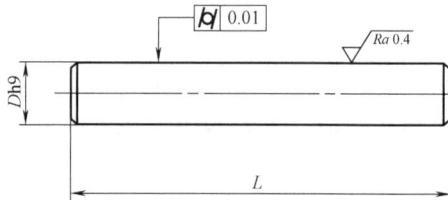

序号	装　夹	工 作 内 容
1		1）将工件两端中心孔擦净，加油，安装在前、后顶尖上 2）校正锥度误差
2		切入法试切 　从火花多少和 a、b 的实测数据来判断锥度误差大小及方向，然后作相应调整
3		切入法试切 　试切完右端后，以同样的刻度试切左端，然后测量两端尺寸，若尺寸一致则进行下一步，若尺寸不一，进行调整，直至相同

（续）

序号	装　夹	工 作 内 容
4		纵磨外圆 当试切正确后，采用纵磨法磨外圆 粗磨时，砂轮横向进给 0.02 ~ 0.05mm 精磨时，砂轮横向进给 0.005 ~ 0.01mm
5	 涂色	磨接头 　工件调头装夹，装夹时垫铜皮，粗磨时采用切入法，待尺寸将到时，在已加工表面涂色，将砂轮逐渐靠近，直至涂色被擦去，并有少许火花出现，再采用纵磨法将接头磨平

课题 2：平面磨削

平面磨削完成后对直线度、平面度有要求，具体见表 2-22。

表 2-22　平面磨削

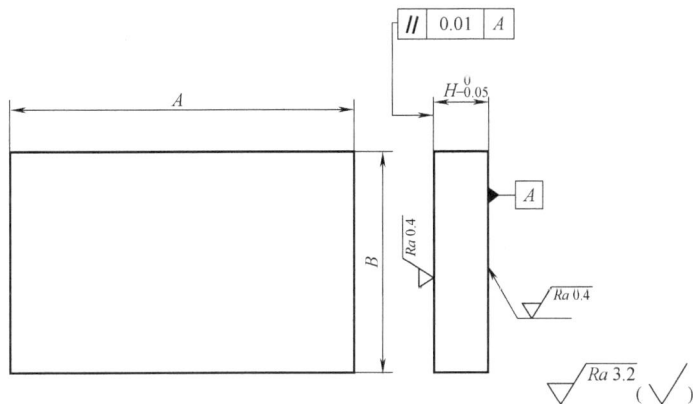

序号	装　夹	工 作 内 容
1	电磁吸盘	1）将工件擦拭干净 2）调整工作台行程
2	电磁吸盘	1）启动砂轮，垂直下降，逐渐接近工件，当与工件表面擦出火花时，开始磨削，纵向进给速度小于 10m/min 　2）砂轮横向间歇进给，直至工件宽度 　3）再进行垂直进给，直至该面达到要求 粗磨时，垂直进给量 0.015 ~ 0.05mm 精磨时，垂直进给量 0.005 ~ 0.01mm
3	退磁	检验，合格再磨其他表面

五、齿形加工

齿轮的加工有无屑加工和切削加工两类。无屑加工主要采用铸造、锻造、挤压、注塑、粉末冶金等方法，无屑加工具有加工生产效率高，耗材少、成本低等特点。但受材料性质、制造工艺水平的影响，加工精度不高，目前主要用在农业机械、矿山机械或传动精度不高的场合。对于有较高传动精度的齿轮仍然采用切削加工。

在齿轮制造中，齿形的获得方法也有两种：成形法和展成法。

（一）成形法加工齿形

成形法加工齿形是利用成形刀具切出齿槽后形成齿面，目前主要是铣齿。在铣床上用盘形齿轮铣刀或指状齿轮铣刀对齿形进行加工。如图 2-102 和 2-103 所示，盘形刀适宜加工模数小于 8 的齿轮，指状刀可以加工大模数直齿轮及斜齿轮、人字齿轮。

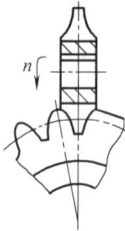

图 2-102　盘形齿轮铣刀铣齿

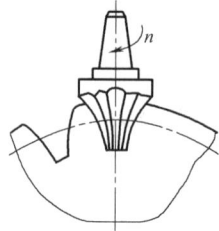

图 2-103　指状齿轮铣刀铣齿

（二）展成法加工齿形

展成法是利用齿轮刀具与被切齿轮的啮合运动，在专用齿轮加工机床上切出齿形的一种方法，它比成形法铣齿应用广泛。插齿和滚齿则是展成法中最常见的两种方法。

1. 插齿

（1）插齿机和插齿刀　插齿是在插齿机（图 2-104）上进行的。插齿机主要由工作台、刀架、横梁和床身等部件组成。

插齿刀很像一个直齿圆柱齿轮，只是齿顶呈圆锥形，以形成顶刃后角 α_0；端面呈凹锥形，以形成顶刃前角 γ_0；齿顶高比标准圆柱齿轮大 $0.25m$，以保证插削后的齿轮在啮合时有径向间隙 C。

（2）插齿原理和插齿运动　插齿加工相当于一对无啮合间隙的圆柱齿轮传动（图 2-105）。插齿时，插齿刀与齿轮坯之间严格按照一对齿轮的啮合速比关系强制传动，即插齿刀转过一个齿，齿轮坯也转过相当一个齿的角度。与此同时，插齿刀做上下往复运

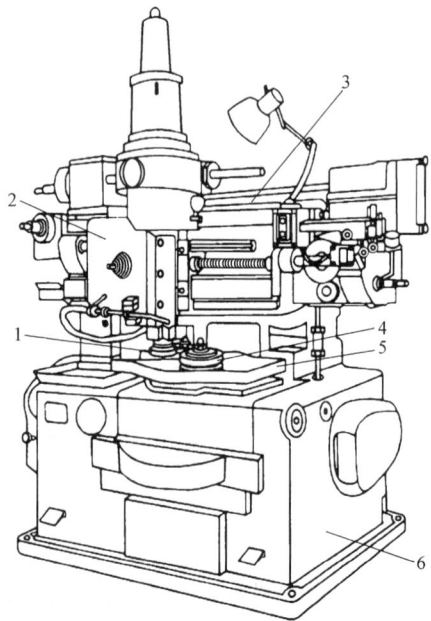

图 2-104　插齿机

1—插齿刀　2—刀架　3—横梁
4—工件　5—工作台　6—床身

动，以便进行切削。其刀齿侧面运动轨迹所形成的包络线，即为被切齿轮的渐开线齿形（图2-106）。

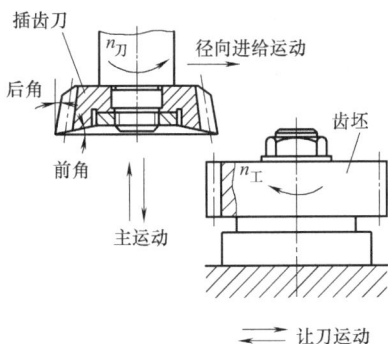

图2-105　插齿刀与插齿加工

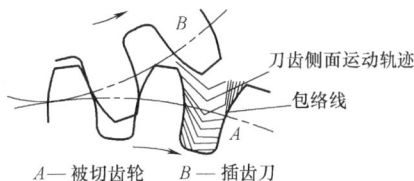

图2-106　插齿时渐开线齿形的形成

插齿需要下列五个运动：

1）主运动。插齿刀的上下往复运动称为主运动。向下是切削行程，向上是返回空行程。插齿速度用每分钟往复行程次数（stir/min）表示。

2）分齿运动。强制插齿刀与齿轮坯之间保持一对齿轮的啮合关系的运动称为分齿运动。即

$$\frac{n_刀}{n_工} = \frac{z_工}{z_刀}$$

式中　$n_刀, n_工$——分别为插齿刀和齿轮坯的转速（r/min）；

　　　$z_刀, z_工$——分别为插齿刀和被切齿轮的齿数。

3）圆周进给运动。在分齿运动中，插齿刀的旋转运动称为圆周进给运动。插齿刀每往复行程一次，在其分度圆周上所转过的弧长（mm/stir）称为圆周进给量，它决定每次行程金属的切除量和形成齿形包络线的切线数目，直接影响着齿面的表面粗糙度。

4）径向进给运动。在插齿开始阶段，插齿刀沿齿轮坯半径方向的移动称为径向进给运动。其目的是使插齿刀逐渐切至全齿深，以免开始时金属切除量过大而损坏刀具。径向进给量是指插齿刀每上下往复一次径向移动的距离（mm/stir）。径向进给运动是由进给凸轮控制的，当切至全齿深后即自动停止。

5）让刀运动。为了避免插齿刀在返回行程中擦伤已加工表面和加剧刀具的磨损，应使工作台沿径向让开一段距离；切削行程开始前，工作台需要恢复原位。工作台所作的这种短距离的往复运动，称为让刀运动。

（3）齿轮坯的安装　插齿时，齿轮坯常用的安装方法有以下两种：

1）内孔和端面定位。如图2-107所示，依靠齿轮坯内孔与心轴之间的正确配合来决定齿轮坯的轴线位置。适用于大批大量生产。

2）外圆和端面定位。如图2-108所示，将齿轮坯套在心轴上（内孔与心轴留有较大的间隙），用千分表找正外圆，以决定齿轮坯轴线位置。适用于单件小批生产。

（4）插齿工作范围　插齿可以加工内、外直齿圆柱齿轮以及相距很近的双联或多联齿轮，如图2-109所示。插齿既适用于单件小批生产，也适用于大批大量生产。

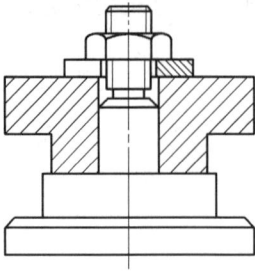

图 2-107 内孔和端面定位

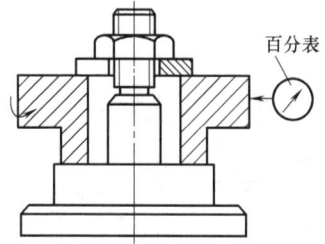

图 2-108 外圆和端面定位

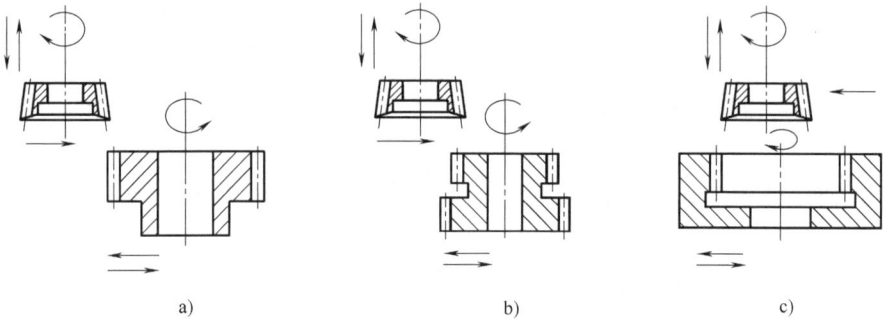

a) b) c)

图 2-109 插齿的主要工作

a) 插外圆柱齿轮 b) 插双联齿轮 c) 插内齿轮

2. 滚齿

（1）滚齿机和齿轮滚刀 滚齿是在专用的滚齿机（图 2-110）上进行的。滚齿机主要由工作台、刀架、支撑架、立柱和床身等部件组成。

滚切齿轮所用的齿轮滚刀如图 2-111 所示。其刀齿分布在螺旋线上，且多为单线右旋，

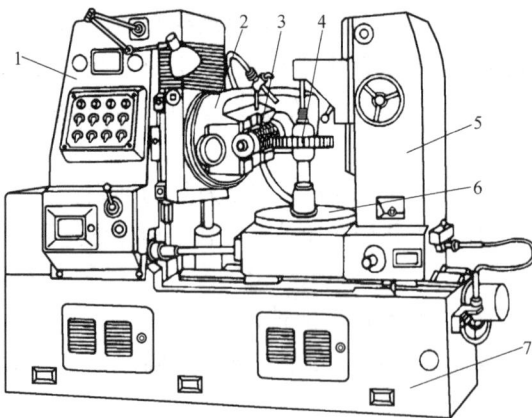

图 2-110 滚齿机

1—立柱 2—刀架 3—滚刀 4—工件

5—支承架 6—工作台 7—床身

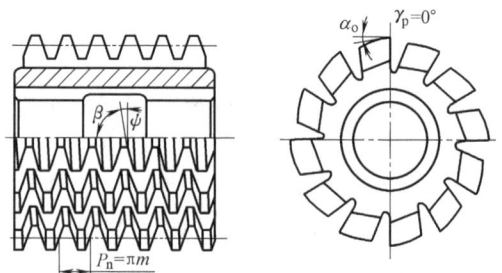

图 2-111 齿轮滚刀

其法向剖面呈齿条齿形。当螺旋升角 $\psi > 5°$ 时，沿螺旋线法向铣出若干沟槽；当 $\psi \leqslant 5°$ 时，则沿轴向铣槽。铣槽的目的是形成刀齿和容纳切屑。刀齿顶刃前角 γ_0 一般为零度。滚刀的刀齿需要铲削，形成一定的后角 α_0，以保证在重磨前刀面后，齿形不变。通常 $\alpha_0 = 10° \sim 12°$。

（2）滚齿原理和滚齿运动　滚切齿轮亦属于展成法，如图 2-112 所示。可将其看作无啮合间隙的齿轮与齿条传动。当滚刀旋转一周时，相当于齿条在法向移动一个刀齿，滚刀的连续转动，犹如一根无限长的齿条在连续移动。当滚刀与齿轮坯之间严格按照齿轮与齿条的传动比强制啮合传动时，滚刀刀齿在一系列位置上的包络线就形成工件的渐开线齿形，如图 2-113 所示。随着滚刀的垂直进给，即可滚切出所需的渐开线齿廓。

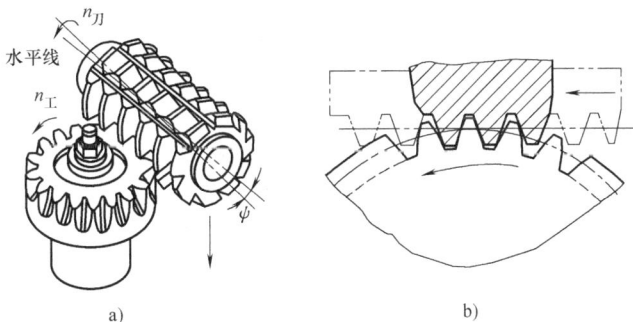

图 2-112　滚切原理
a）滚齿　b）滚刀的法向剖面为齿条齿形

滚切齿轮需要以下三个运动：

1）主运动。滚刀的旋转运动称为主运动，用转速 $n_刀$（r/min）表示。

2）分齿运动。强制齿轮坯与滚刀保持齿轮与齿条的啮合运动关系的运动称为分齿运动。即

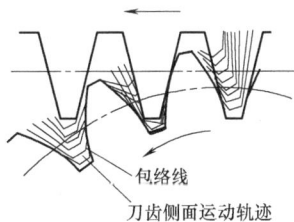

图 2-113　滚齿过程中渐开线齿形的形成

$$\frac{n_刀}{n_工} = \frac{z_工}{K}$$

式中　$n_刀$、$n_工$——分别为滚刀和被切齿轮的转速（r/min）；

$z_工$——被切齿轮的齿数；

K——滚刀螺旋线的线数。

3）垂直进给运动。为了在整个齿宽上切出齿形，滚刀须沿被切齿轮轴向向下移动，即为垂直进给运动。工作台每转一转，滚刀垂直向下移动的距离（mm/r），称为垂直进给量。

滚齿的径向切削深度，是通过手摇工作台控制的。模数小的齿轮可一次切至全齿深，模数大的齿轮可分两次或三次切至全齿深。

（3）滚齿工作范围　滚齿时，为保证滚刀螺旋齿的切线方向与轮齿方向一致，滚刀的刀轴应扳转相应的角度，以适应加工的需要。

滚切直齿圆柱齿轮时，如图 2-114 所示，滚刀刀轴相对水平面应扳转 ψ 角（即滚刀的螺旋升角）。

滚切螺旋齿圆柱齿轮时，应根据滚刀与被切齿轮的旋向、滚刀螺旋升角 ψ 和被切齿轮

的螺旋角 β 确定刀轴扳转的角度。图 2-115 所示为右旋滚刀滚切右旋齿轮，刀轴扳转 $\beta-\psi$ 角。图 2-116 所示为右旋滚刀滚切左旋齿轮，刀轴扳转 $\beta+\psi$ 角。滚切过程中滚刀垂直向下进给，由 a 点切入、b 点切出。但轮齿为 ac 方向。为使滚刀由 a 点到达 b 点时，工件上 c 点也同时到达 b 点，被切齿轮还需要有一个附加转动 n'。根据螺旋线的形成原理可知，若被切齿轮的导程为 L，在滚刀垂直进给 L 距离的同时，被切齿轮应多转或少转一转。附加转动 n' 就是根据这一关系，通过调整滚齿机内部有关配换齿轮得到的。

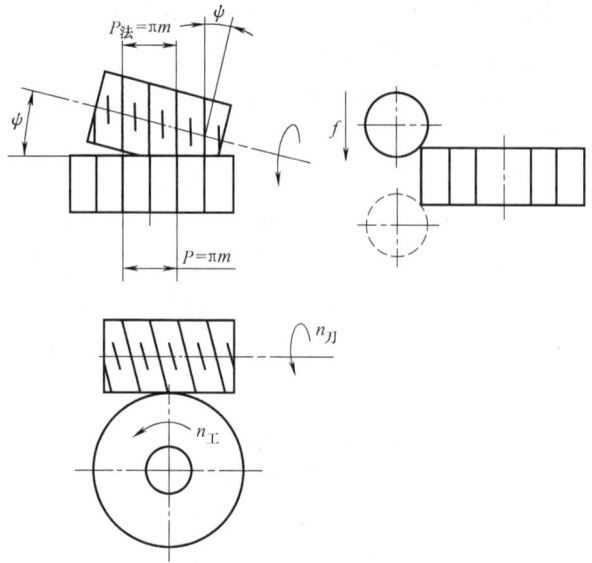

图 2-114 右旋滚刀滚切直齿圆柱齿轮

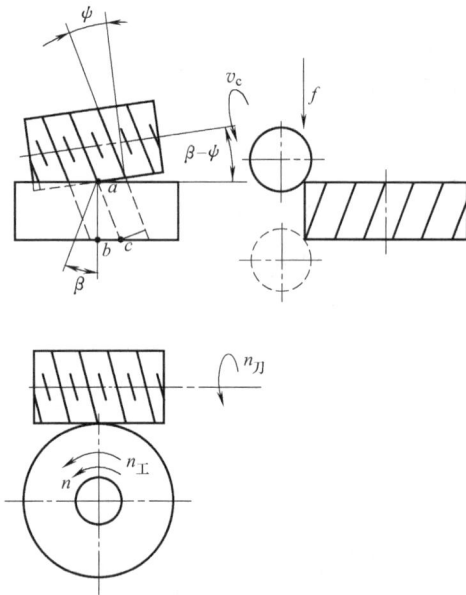

图 2-115 右旋滚刀滚切右旋齿轮

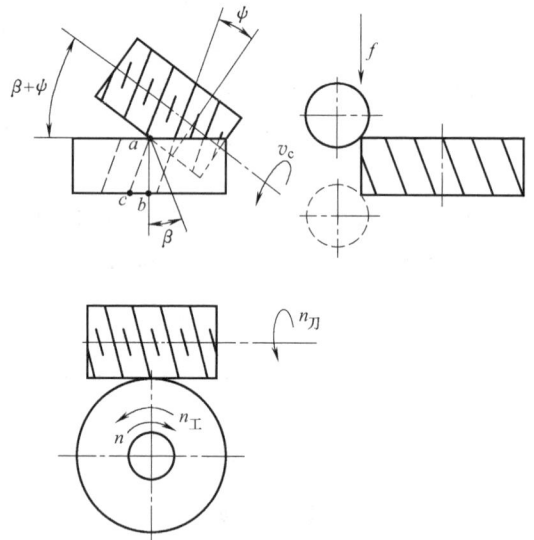

图 2-116 右旋滚刀滚切左旋齿轮

滚切蜗轮需用蜗轮滚刀。滚切时，相当一对无啮合间隙的蜗杆传动。滚刀相当于蜗杆，如图 2-117 所示，但是沿轴向或法向铣出沟槽，以形成切削刃，在强制啮合运动的过程中，包络出蜗轮轮齿的相应齿形。

蜗轮滚刀的模数 m、压力角 α、螺旋升角 ψ 以及螺旋齿的旋向与被切蜗轮相啮合的蜗杆一致，只是外径较蜗杆顶圆直径 d_a 大 $0.4m$，以保证切出的蜗轮与蜗杆啮合时有 $0.2m$ 的径向间隙。

　　滚切蜗轮的方法如图 2-118 所示，蜗轮滚刀应水平放置，其轴线应处于蜗轮的中心平面内。蜗轮滚刀由蜗轮齿顶开始切削，被切蜗轮作径向进给运动，以逐渐切至全齿深。

　　3. 滚齿与插齿分析比较

　　（1）加工原理相同　滚齿与插齿均属展成法。因此，选择刀具时，只要求刀具的模数和压力角与被切齿轮一致，与齿数无关（最少齿数 $z \geqslant 17$）。

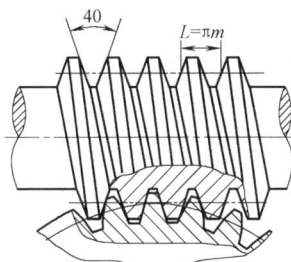

图 2-117　蜗杆齿形

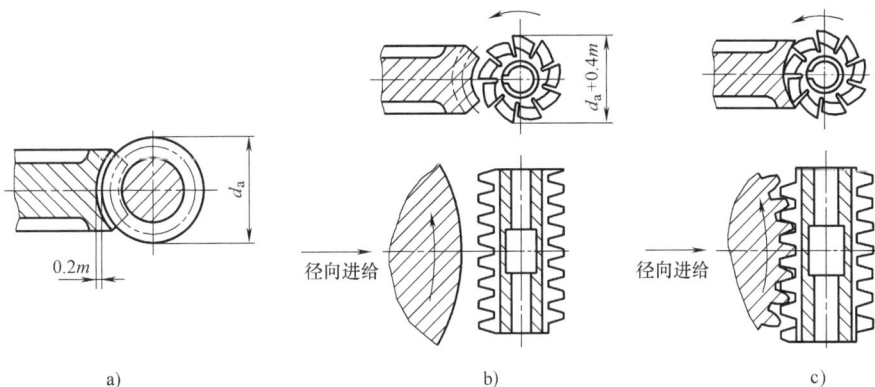

图 2-118　滚切蜗轮的方法

a）蜗轮蜗杆剖面　b）滚切蜗轮的起始位置　c）滚切蜗轮终止位置

　　（2）加工精度和齿面粗糙度基本相同　精度为 IT8 ~ IT7 级，表面粗糙度值为 $Ra1.6\mu m$ 左右。

　　（3）分齿精度和齿形精度略有不同　插齿的分齿精度略低于滚齿，而滚齿的齿形精度略低于插齿，这是由于插齿刀的制造误差、安装误差以及刀轴旋转误差等因素，导致插齿刀在旋转一周的过程中引起被加工齿轮的分齿不均匀；滚刀的制造误差、安装误差以及刀轴旋转误差等因素，容易使滚刀在旋转一周的过程中造成被加工齿轮的齿形误差。

　　（4）插齿后的齿面粗糙度略优于滚齿　由于插齿刀沿轮齿的全长是连续切削，且插齿可调整圆周进给量，使形成齿形的包络线的切线数目较多，以造成插齿后的齿面粗糙度值 Ra 较小（$1.6\mu m$）；而滚齿的轮齿全长是由滚刀刀齿多次断续切出的圆弧面组成，且滚齿形成齿形包络线的切线数目又受滚刀开槽数所限，从而造成滚齿后齿面粗糙度值 Ra 较大，为 $3.2 \sim 1.6\mu m$。

　　（5）滚齿的生产效率高于插齿　滚齿为连续切削，插齿不仅有返回空行程，而且插齿刀的往复运动，使切削速度的提高受到限制。

　　（6）加工范围不同　螺旋齿轮在滚齿机上加工比插齿机方便且经济；内齿轮和小间距的多联齿轮受结构所限，只能插齿不能滚齿，而对于蜗轮和轴向尺寸较大的齿轮轴，只能滚齿不能插齿。

　　（7）生产类型相同　滚齿和插齿在单件小批及大批大量生产中均被广泛应用。

（三）齿形精加工

滚齿和插齿一般加工中等精度 IT8～IT7 级的齿轮。对于 IT7 级精度以上或经淬火的齿轮，在滚齿、插齿加工之后还需要进行精加工，以进一步提高齿形的精度。常用的齿形精加工方法有剃齿、珩齿、磨齿和研齿。这里仅介绍剃齿、珩齿。

1. 剃齿

剃齿是用剃齿刀在剃齿机上进行的，主要用于加工滚齿或插齿后未经淬火（35HRC 以下）的直齿和螺旋圆柱齿轮。剃齿精度可达 IT7～IT6 级，表面粗糙度值 Ra 可达 $0.8～0.4\mu m$。

剃齿刀的形状类似一个高精度、高硬度的螺旋齿圆柱齿轮，齿面开有许多小沟槽以形成切削刃（图 2-119）。在与被加工齿轮啮合运转的过程中，剃

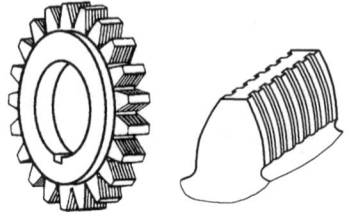

图 2-119　剃齿刀

齿刀齿面上众多的切削刃从工件齿面上剃下细丝状的切屑，提高了齿形精度并减小了齿面粗糙度 Ra 值。

剃削直齿圆柱齿轮的原理和方法如图 2-120 所示，属于一对螺旋齿轮"自由啮合"的展成加工。齿轮固定在心轴上，并安装在剃齿机的双顶尖间，由剃齿刀带动，时而正转，时而反转；正转时剃削轮齿的一个侧面，反转时则剃削轮齿的另一个侧面。由于剃齿刀的切削齿呈螺旋状（螺旋角为 β），当它与直齿轮啮合时，其轴线应偏斜 β 角。剃齿刀高速旋转时，A 点的圆周速度 v_A 可分解为沿齿轮圆周切线方向的分速度 v_{An} 和沿齿轮轴线方向的分速度 v_{At}。v_{An} 使工件旋转，v_{At} 为齿面相对滑动速度，即剃削速度。为了剃削轮齿全齿宽，工作台需带动齿轮作纵向往复直线运动。为了剃去全部余量，工作台在每往复行程终了时，剃齿刀需作径向进给运动。进给量一般为 $0.02～0.04mm/r$。

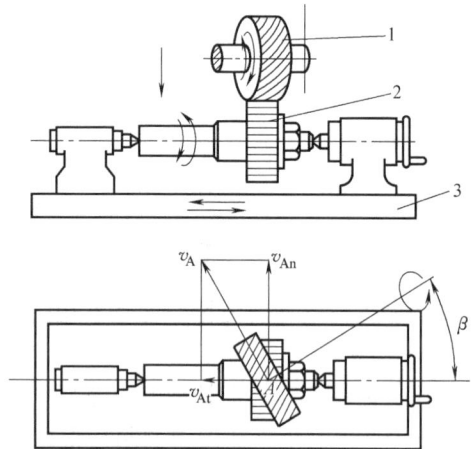

图 2-120　剃削直齿圆柱齿轮
1—剃齿　2—工件齿轮　3—工作台

剃齿主要提高齿形精度和齿向精度，降低齿面粗糙度。由于剃齿加工时没有强制性的分齿运动，故不能修正被切齿轮的分齿误差。因此，剃齿前的齿轮多采用分齿精度较高的滚齿加工。剃齿的生产效率很高，多用于大批大量生产。剃齿余量一般为 $0.08～0.12mm$，模数小的取小值，反之取大值。

2. 珩齿

珩齿是用珩磨轮在珩齿机上进行的一种齿形精加工方法，其原理和方法与剃齿相同。被加工齿轮齿面粗糙度值 Ra 可达 $0.4～0.2\mu m$。

珩磨轮是用金刚砂或白刚玉磨料与环氧树脂等材料合成后浇铸而成的，可视为具有切削能力的"螺旋齿轮"，如图 2-121 所示。当模数 $m>4$ 时，采用带齿芯的珩磨轮；模数 $m<4$

时，珩磨轮则不带齿芯。

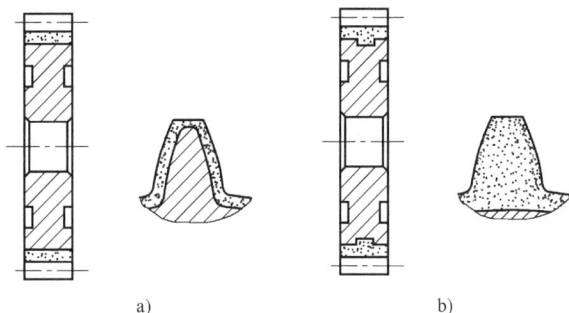

图 2-121 珩磨轮结构

a）带齿芯珩磨轮 b）不带齿芯珩磨轮

珩磨时，珩磨轮的转速比剃齿刀高得多，一般为 1000 ~ 2000r/min，当珩磨轮以高速带动被珩磨齿轮旋转时，在相啮合的轮齿齿面上产生相对滑动从而实现切削加工，珩齿具有磨削、剃削和抛光的综合作用。

珩齿主要用于消除淬火后的氧化皮和轻微磕碰而产生的齿面毛刺与压痕，可有效地降低表面粗糙度和齿轮噪声。对修整齿形和齿向误差的作用不大，珩齿可作为 IT7 级或 766 级淬火齿轮的滚—剃—淬火—珩加工工艺的最后工序。

习 题

一、填空

1. 车削加工时主轴带动工件旋转作＿＿＿＿＿＿＿＿运动，刀具的直线运动为＿＿＿＿＿＿＿运动。

2. 在铣刀与工件已加工面的切点处，铣刀旋转切削刃的运动方向与工件＿＿＿＿＿＿＿方向相同，称为＿＿＿＿＿＿＿＿。

3. 钻削是在＿＿＿＿＿＿＿＿上用钻削工具对实体材料加工出＿＿＿＿＿＿＿的一种工艺。

4. 铰削是利用＿＿＿＿＿＿＿对＿＿＿＿＿＿＿进行的进一步加工。

5. 磨削加工是在＿＿＿＿＿＿＿＿上使用砂轮对工件的一种多切削刃的高速切削方法，主要用于零件的＿＿＿＿＿＿＿加工。

6. 齿轮的加工有＿＿＿＿＿＿＿＿加工和＿＿＿＿＿＿＿＿加工两类。

二、选择

1. 床身的作用是（ ）。

A. 支承和安装其他部件 B. 夹持工件 C. 安装刀具

2. 车床夹具的作用是（ ）。

A. 保证定位和夹紧工件 B. 安装刀具 C. 检验工件精度

3. 立铣刀的切削刃分布在（ ）。

A. 端面 B. 圆周 C. 端面和圆周

4. 双刃镗刀是（ ）。

A. 可调尺寸刀具 B. 定尺寸刀具 C. 量具

5. 立式钻床主轴轴线处于（ ）。

A. 水平位置   B. 与水平方向稍倾   C. 铅垂位置

6. 扩孔是（   ）。

A. 在实体材料上加工孔   B. 孔径不变精度提高   C. 对已有孔进行扩大

7. 砂轮是（   ）。

A. 刀具   B. 不是刀具   C. 夹具

8. 砂轮粒度是指（   ）。

A. 磨粒的材料   B. 磨粒的颜色   C. 磨粒的大小

9. 滚齿加工是（   ）。

A. 成形加工   B. 展成加工   C. 无屑加工

10. 滚切齿轮只需（   ）。

A. 主运动   B. 垂直进给运动

C. 主运动、分齿运动、垂直进给运动

11. 图示的成形表面加工是在（   ）。

A. 车床上完成的   B. 铣床上完成的

C. 钻床上完成的

12. 图示加工为（   ）。

A. 粗车端面   B. 精车端面

C. 镗孔

13. 图示为（   ）。

A. 立铣刀   B. 面铣刀

C. 圆柱铣刀

14. 图示为（   ）。

A. 铣端面   B. 钻孔

C. 铣槽

15. 台式钻床加工孔径一般（   ）。

A. ≤12mm   B. ＞12mm   C. 任意孔

16. 图示为（   ）。

A. 钻头

B. 机用铰刀   C. 手用铰刀

17. 磨粒具有很大的（   ）。

A. 负前角   B. 正前角   C. 刃倾角

18. 磨削区温度（   ）。

A. 高   B. 低   C. 一般

19. 插齿可以加工（   ）。

A. 内、外直齿圆柱齿轮   B. 螺旋齿轮   C. 蜗轮

20. 图示为（   ）。

A. 剃齿刀   B. 插齿刀

C. 滚刀

三、判断

1. 车削主要用于加工回转体表面。　　　　　　　　　　　　　　　（　　）
2. 车床上只能加工外圆柱表面。　　　　　　　　　　　　　　　　（　　）
3. 铣削主要用于加工孔。　　　　　　　　　　　　　　　　　　　（　　）
4. 铣床工艺范围很广，可以加工内外圆柱表面、平面及成形表面。　（　　）
5. 钻削用于加工平面。　　　　　　　　　　　　　　　　　　　　（　　）
6. 铰削用于精加工小孔。　　　　　　　　　　　　　　　　　　　（　　）
7. 磨削用于精加工。　　　　　　　　　　　　　　　　　　　　　（　　）
8. 磨削只用于磨平面。　　　　　　　　　　　　　　　　　　　　（　　）
9. 铣削齿轮的铣刀是成形刀具。　　　　　　　　　　　　　　　　（　　）
10. 珩齿是精加工齿轮。　　　　　　　　　　　　　　　　　　　（　　）

四、简答

1. 车床有哪些主要组成部件，其功用有哪些？
2. 车削加工中工件常见的装夹方式有哪些，各有哪些特点？
3. 铣削方式有哪两种，各自的优缺点有哪些？
4. 指出镗模架的布置形式有哪些？
5. 指出麻花钻的改进方法？
6. 简答磨削的特点？

任务二　汽车制造中的机械加工工艺

　　任务分析：任何一种产品都有各自的生产过程。生产过程是指由原材料到制成产品之间的各个相互联系的劳动过程的总和。它包括：原材料的采购、运输、保存；生产技术准备（工装、工具、专用装备的准备等）。汽车制造亦应如此，其制造过程可表示为：毛坯制造→零件的加工→部件和产品的装配→检验→涂装 →试车→包装等。

　　生产过程中，直接改变工件形状、尺寸、物理性质和装配过程等的主要过程称为工艺过程。工艺过程又可分为：铸造、锻造、冲压、焊接、机械加工、热处理、镀涂、装配等工艺过程。其中直接改变工件形状、尺寸的过程称为机械加工工艺过程。

　　工件可以采用不同的工艺过程来达到加工要求，工厂根据工件产量、设备和技术条件所规定采用的工艺过程，并将有关内容写成工艺文件，这种文件就称为"工艺规程"。

　　工艺规程的内容包括三项：加工工艺路线（工艺流程）、工序卡、检验卡。在制订工艺规程中必须满足一定的原则，即目标的科学性、方案实施的可行性、技术方面的先进性、劳动方面的安全性。

　　在汽车零件的加工过程中应确定工件在机床或夹具中如何定位；各类零件采用的定位元件有哪些，以及零件毛坯获得的方法、零件各个表面的加工方法及取得的相应精度、加工余量、工序间尺寸及其公差的确定、尺寸链计算。

　　任务实施：通过讲练结合，理论与实践结合，达到理论与动手能力相互融通，通过校内机加实践使学生更加系统和更加深入地了解本项目的内容，理解所学内容，通过实践具备工艺编制能力和实际动手能力。

学习和掌握的知识：学习和需要掌握的知识分述如下。

1. 汽车制造生产过程的概念

（1）生产过程　任何一种产品都有各自的生产过程。生产过程是指由原材料到制成产品之间的各个相互联系的劳动过程的总和。它包括：原材料的采购、运输、保存；生产技术准备（工装、工具、专用装备的准备等）；毛坯制造；零件的加工；部件和产品的装配、检验、试车、油漆和包装等。

汽车生产和其他产品一样，必须将上述生产过程中各个组成环节，作为一个"系统"来进行科学合理的全面安排，才能获得良好的技术和经济效果。

汽车的现代化生产往往是由许多工厂联合完成，这样做，有利于零、部件的标准化和组织专业化的生产，从而在保证质量的前提下，提高生产率，降低生产成本。

一个工厂的生产过程，又可分为各个车间或分厂的生产过程。一个车间的成品，往往又供应给其他车间作为"原材料"使用。

（2）工艺过程　在车间生产过程中，不仅包括一些直接改变工件形状、尺寸、物理性质和装配等主要过程，还包括运输、保管、磨刀、设备维修等辅助过程。

生产过程中，直接改变工件形状、尺寸、物理性质和装配过程等的主要过程称为工艺过程。工艺过程又可分为：铸造、锻造、冲压、焊接、机械加工、热处理、镀涂、装配等工艺过程。其中直接改变工件形状、尺寸的过程称为机械加工工艺过程。

工件可以采用不同的工艺过程来达到加工要求，工厂根据工件产量、设备和技术条件所规定采用的工艺过程，并将有关内容写成工艺文件，这种文件就称为"工艺规程"。工艺规程一旦制订，有关工作人员必须严格按照工艺规程办事，以达到优质、高效、低耗地完成工艺要求的目的。

2. 工艺过程的组成

要编制工艺规程，就要了解工艺过程的组成。工艺过程的基本组成部分是工序。

（1）工序　一个或一组工人，在同一工作地对一个或同时对几个相同工件所连续完成的那部分工艺过程称为工序。工序有四个特征：操作者不变；工作地（或设备）不变；工作对象不变；工作是连续完成的。满足四个特征为同一工序，否则为不同工序。

图 2-122 所示圆盘零件，当零件数量较少时，工序划分见表 2-23，当零件数量大时，工序划分见表 2-24。

（2）工步　同一工序中，加工表面、刀具、切削用量中的转速和进给量保持不变的条件下所完成的工作称为工步。其特征是：工序不变；加工表面不变；刀具不变；转速和进给量不变。满足四个特征为同一工步，否则为不同工步。

图 2-122　圆盘零件

（3）工位　同一工序中，工件在机床上所占据的每一个位置，称为工位。如圆盘零件加工三个 $\phi 8$ 孔时可采用分度装置或圆工作台装夹，钻完一个孔后就分度一次，接着钻下一个孔，依次类推。工件每钻一个孔就占据一个工位。

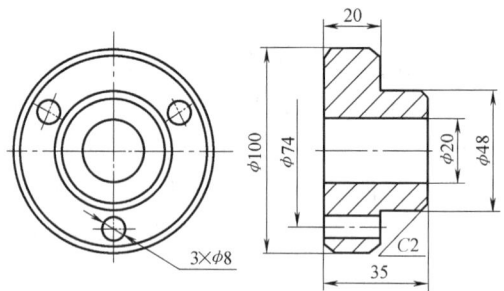

（4）走刀 一个工步中，若加工表面余量不能一次去除，则每次刀具去除一层金属所做的工作称为一次走刀，每个工步可以有一次走刀或多次走刀。

（5）安装 进行每道工序或工步之前，工件应有正确的定位和夹紧，称这项工作为安装。一道工序中，工件可以安装数次，但安装次数越多，除增加辅助时间外，还会降低工件的加工精度。因此，应尽量减少安装次数。

表 2-23　圆盘零件单件小批生产机械加工工艺过程

工序号	工序名称	安装	工步	工序内容
1	车	1		自定心卡盘夹持小端外圆
			1	车大端端面
			2	车大端外圆至 ϕ100mm
			3	钻 ϕ20mm 孔
			4	倒角
		2		工件调头，自定心卡盘夹持大端外圆
			1	车小端端面，保证尺寸 35mm
			2	车小端外圆至 ϕ48mm，保证尺寸 20mm
			3	倒角
2	钻	1	1	夹具装夹工件 依次加工三个 ϕ8mm 孔
			2	在夹具中修去孔口的锐边、毛刺

表 2-24　圆盘零件大批生产机械加工工艺过程

工序号	工序名称	安装	工步	工序内容
1	车	1		自定心卡盘夹持小端外圆
			1	车大端端面
			2	车大端外圆至 ϕ100mm
			3	钻 ϕ20mm 孔
			4	倒角
2	车	1		以大端面及胀胎心轴定位
			1	车小端端面，保证尺寸 35mm
			2	车小端外圆至 ϕ48mm，保证尺寸 20mm
			3	倒角
3	钻	1	1	夹具装夹工件 依次加工三个 ϕ8mm 孔
4	钳	1	1	修去孔口的锐边、毛刺

3. 工艺规程的内容

工艺规程的内容包括三项：加工工艺路线（工艺流程）、工序卡、检验卡。

工艺规程的制订，往往需要有零件图、产品图纸、产品生产类型、企业生产条件、技术手册等，在充分考虑质量问题、技术性、经济性、高效低耗及劳动条件等原则后，进行比较协调。

4. 生产类型

产品零件能否满足优质、高效、低耗的要求，往往与产品的生产类型有关。生产类型不同，则生产过程不同，其综合效果亦不相同。

（1）生产纲领 生产纲领指企业在计划期内生产产品的产量和进度计划，计划期往往为一年，故又称年产量。零件的生产纲领可以用下式计算

$$N = Q \times n(1 + \alpha + \beta)$$

式中 N——零件年产量；

Q——产品年产量；

n——该零件在产品中的件数；

α——该零件的备品率；

β——该零件的废品率。

（2）生产类型 不同的生产纲领对所采用的加工方法、制造装备等的要求均不相同，即生产类型不同。表 2-26 为生产纲领与生产类型关系。因此，生产纲领的大小对零件的制造过程及组织管理有着重要的影响。根据专业化程度不同，生产类型分为以下几种：

1）单件生产。单件生产指年产量很小的产品，对于汽车生产来说，一般不会超过 1000 辆，见表 2-25。其特点是：品种多，数量少，一般在新产品试制中经常出现。

2）成批生产。成批生产指产品具有一定的数量，分批投入生产，生产呈周期性重复。设备选用通用与专用相结合，工装也采用通用与专用相结合。

成批生产一般又可分为小批、中批、大批三种。小批生产工艺可按单件生产来制订，大批可按大量来制订。

3）大量生产。产品产量很大，品种单一固定，如标准件生产属于此种类型。大量生产广泛采用专用设备和专用工装，一般在自动生产线上加工，自动化程度高，效率高，质量稳定，成本相对较低。

各种生产类型的工艺特点见表 2-26。

表 2-25　生产纲领与生产类型的关系

汽车种类 生产类型		小轿车及 1.5t 以下轻型载货汽车（辆/年）	载货汽车	
			2~6t	8~15t
单件生产		10 以下	10 以下	10 以下
成批生产	小批	2000 以下	1000 以下	500 以下
	中批	2000~10000	1000~10000	500~5000
	大批	1000~50000	1000~30000	5000~10000
大量生产		50000 以上	30000 以上	10000 以上

表 2-26　各种生产类型的工艺特点

工艺特征	生产类型		
	单件小批生产	中批生产	大批大量生产
加工对象	经常变换	周期性变化	固定不变
零件的互换性	用修配法、钳工修配，无互换性	大部分具有互换性，常采用分组装配、调整装配、修配法相结合	具有广泛的互换性，少数装配精度要求较高时采用分组装配和调整装配

（续）

工艺特征	生产类型		
	单件小批生产	中批生产	大批大量生产
毛坯的制造方法与加工余量	铸件用木模手工造型，锻件用自由锻或胎模锻，毛坯精度低，加工余量大	部分采用金属模铸造或模锻，毛坯精度和加工余量中等	广泛采用金属模机器造型，模锻，毛坯精度高，加工余量少
加工设备及布置形式	通用机床，按机床类型采用机群式布置	部分通用机床和高效机床，按工件类型分段排列设备	广泛采用高效专用机自动机床，按流水线布置
工艺装备	大多采用通用夹具及机床附件、通用刀具、万能量具，按划线或试切法达到要求	广泛采用夹具，部分靠找正装夹，较多采用专用量具和刀具	广泛采用专用高效夹具、复合刀具、专用量具，运用调整法达到精度
对工人的技术要求	需要技术水平高的技术工人	需要一定技术水平的工人	对调整技术要求高，操作水平要求低
工艺文件	有工艺过程卡，关键工序有工序卡	有工艺过程卡，关键零件有工序卡	有工艺过程卡、工序卡，关键工序有调整卡、检验卡
成本	较高	中等	较低

一、机械加工工艺规程的设计

机械加工工艺规程设计是在充分考虑现有生产条件、生产纲领、工人技术水平及零件材料等基础上，从提出的各种方案中，通过分析比较，从中选择最佳方案，并在生产实践中不断完善，制订出合理的工艺规程。

（一）制订工艺规程的原则

1. 目标的科学性

机械加工所追求的目标是"优质、高效、低耗"，但质量与生产效率、经济性之间往往会出现矛盾，所以必须遵循"质量第一，效益优先，效率争先"这一法则。

2. 方案实施的可行性

充分考虑零件的现有生产条件、生产纲领制订工艺规程，使其切实可行，并注意到环保。

3. 技术方面的先进性

有可持续发展的观点，在通过必要的工艺试验的基础上，积极采用国内外适用的先进技术和工艺。

4. 劳动方面的安全性

在工艺方案中确保工人的人身安全，并创造良好的文明生产条件，采取自动化、机械化等措施以减轻工人的劳动强度。

（二）制订工艺规程的原始资料

1. 技术性图样与说明性技术文件

技术性图样与说明性技术文件包括零件图、装配图，针对技术设计中的产品结构、工作原理、技术性能等方面的说明书，产品验收标准等。

2. 产品的生产纲领

生产纲领的大小不同，所采用的加工方法和使用的设备亦不同。

3. 毛坯资料

包括各种毛坯的制造方法，各种钢材、型材的品种规格，毛坯图等。

4. 现场生产条件

包括毛坯的生产能力、技术水平或协作单位情况，现有加工设备、工艺装备状况等。

5. 同类产品的工艺资料

包括工艺手册、图册、国际标准和国家标准等。

（三）制订工艺规程的步骤

1. 准备阶段

1）全面了解零件的功用和使用要求，根据部件图和装配图了解零件的作用，及其对整机性能的影响。

2）熟悉和了解生产纲领和现有生产条件，生产纲领确定后，就基本确定了生产类型、投产批量、批次，确定工艺手段、设备、工艺装备等。在编制工艺规程时，为了使所编工艺规程具有先进性，提高加工质量、生产效率，编制人员应尽量采用新工艺、新方法、新材料、新技术。特别是多品种产品，更应该积极采用成组技术，柔性加工技术等。

2. 工艺分析阶段

对被加工零件进行工艺性分析是编制工艺规程的主要阶段之一。通过工艺分析，编制人员既要充分领会，而且还要严格执行零件设计图提出的要求。工艺分析内容主要有：

1）检验图样的完整性与正确性。

2）审查零件的结构工艺性。通过结构形状的分析，可以归纳出加工该零件的方法。一般将零件的类型分为以下几种：

① 轴类零件。如汽车前后桥的传动轴、曲轴、发动机气阀、凸轮轴等，这类零件通常以两端中心孔定位，采用车削、磨削为主进行加工。

② 盘类零件。如法兰盘、轴承端盖、盘状齿轮等，通常以中心孔、端面为定位基准，采用车削加工为主。

③ 箱体类零件。如发动机缸盖、缸体、变速器箱体等，这类零件外形复杂，体积和重量较大，壁薄又不均匀，以平面和孔加工为主，所以常采用一面两孔定位，加工方式以铣、镗、钻铰为主。

④ 叉架类零件。如连杆、拨叉等，这类零件通常采用铣削和镗削加工方法。

通过零件工艺分析，找出尺寸及其公差、形状和位置公差等设计不合理的要求，找到不合理的结构设计，与设计人员共同研究解决问题。

3. 分析零件所用材料和技术要求

选用材料在满足使用要求的前提下，考虑经济性、工艺性和资源、环保等问题。根据技术要求采用适当的热处理，合理安排热处理位置。

4. 毛坯的选用

毛坯的选材由零件的使用性能和结构等因素决定，毛坯的制造方法则决定于产品的生产纲领、零件材料、零件结构形状等。常见毛坯的种类有以下几种：

（1）铸件　对形状复杂的毛坯，一般采用铸造。目前，大多数铸件采用砂型铸造，对尺寸精度要求较高的小型铸件，也采用特种铸造，包括压力铸造、金属型铸造、熔模铸造、离心铸造。

（2）锻件　对于受力较大且复杂的零件通常用锻造的方法获得毛坯。锻造可以获得均匀连续的纤维组织，通过锻造可以消除原始组织中的一些缺陷。对于单件小批生产或大型锻件可采用自由锻，大批大量生产的中小型锻件可采用模锻，模锻可提高生产效率，节约材料。

（3）焊接件　焊接件用于单件小批生产的大型零件及样机试制，特别是箱型零件，优点是制造简单、生产周期短、节约材料，但抗振性差、变形大、存在内应力等缺陷。

（4）冲压件　冲压生产率高、尺寸精度稳定。冲压件可以不加工或进行精加工，适于大批大量生产的中小型壁厚较小的零件。

（5）冷挤压件　冷挤压生产出的毛坯精度高，表面质量好，但对材料要求高，适于大批量制造形状简单的小型零件。

（6）型材　型材主要有棒材、线材、板材，既可制作大型零件也可制作小型零件，制作方便。

（7）粉末冶金　粉末冶金是以金属粉末为原材料，在压力机上通过模具压制成形后高温烧结而成，零件精度高、生产率高、表面质量好、成本高，适于大批大量压制形状简单的小型零件。

5. 工艺路线的拟订

工艺路线是指从确定毛坯制造到成品制成所经历的工序先后顺序，主要内容包括：

1）确定工序集中与分散程度、确定安装方式、定位基准、确定各个表面的加工方法和划分加工阶段等。

2）根据本工序加工内容绘制夹具草图，对拟订的加工顺序做必要的修改。

3）确定各工序所用设备。

4）确定各工序的加工余量、工序尺寸及其公差。

5）确定切削用量、时间定额。

6）确定关键、重要工序的技术检验要求及检验方法。

7）填写工艺文件。

二、工件的定位与基准

（一）定位与基准的概念

1. 定位

确定工件在机床或夹具中占有正确位置的过程，称为工件的定位。为避免在加工过程中受到切削力、重力、惯性力等其他外力的作用而破坏定位，应将工件夹固。工件定位后将其固定，使其在加工过程中保持定位位置不变的操作，称为夹紧。将工件定位后固定、夹紧的过程，称为装夹。

2. 基准

用来确定零件上几何要素间的几何关系所依据的那些点、线、面称为基准。根据作用不同，基准分为两大类：

（1）设计基准　设计时，设计图样所采用的基准，称为设计基准。

（2）工艺基准　工艺过程中采用的基准称为工艺基准。它包括工序基准、定位基准、测量基准、装配基准、对刀基准。

1）工序基准：工序图上，用于确定本工序被加工表面尺寸、位置的基准。工序基准可以是实际表面，也可以是中心线，因此，工序基准可以是实际存在的也可以是假想的。

2）定位基准：工件在机床或夹具中装夹时，使工件占有正确位置所采用的基准。作为定位基准的点、线、面可以是实际存在的也可以是假想的，而假想的是通过实际表面来体现的。如工件在车床上用三爪夹持，夹持的是外圆表面，定位是轴线。

3）测量基准：测量时，用于确定被测要素的尺寸、位置所采用的基准。

4）装配基准：装配时，用来确定零件或部件在产品中相对位置所采用的基准。

5）对刀基准：在加工过程中，调整刀具与机床夹具相对位置所采用的基准。

（二）定位基准的选择

在机械加工的第一道工序中，只能用毛坯上未经加工的表面作为定位基准，这种定位基准称为粗基准。在随后的工序中，用加工过的表面作为定位基准，则称为精基准。有时，为便于安装和保证所需的加工精度，在工件上制造出专门供定位用的表面，这种定位基准称为辅助基准。

1. 粗基准的选择

粗基准选择的要求应能保证加工面与非加工面之间的位置要求及合理分配各加工面的余量，同时要为后续工序提供精基准。一般按下列原则选择：

1）为了保证不加工表面与加工表面之间的位置要求，应选不加工表面作为粗基准（图2-123a、b）。如果零件上有多个不加工表面，则应以其中与加工表面相互位置要求较高的表面作为粗基准。如图2-123b所示，该零件有三个不加工表面，若表面4与表面2所组成的壁厚均匀度要求较高时，则应选择表面2作为粗基准来加工台阶孔。

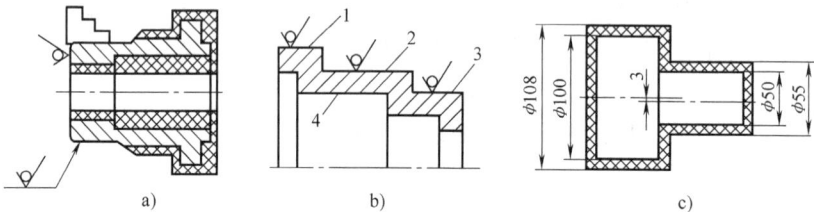

图2-123　粗基准选择

a）以不加工表面为粗基准　b）以与加工表面相互位置要求较高的表面为粗基准
c）保证各主要加工面都有足够的余量

2）合理分配各加工面的余量。在分配余量时，应考虑以下两点：

① 应保证各主要加工面都有足够的余量。为满足这一要求，应选择毛坯余量最小的表面作为粗基准，如图2-123c所示的锻轴毛坯，应选择$\phi55$mm外圆表面作为粗基准。

② 对于工件上的某些重要表面（如床身导轨面和箱体的重要孔等），为了尽可能使其加工余量均匀，则应选择重要表面作为粗基准。如图2-124所示的车床床身，导轨表面是重要表面，要求耐磨性好，且在整个导轨表面内具有大体一致的力学性能。因此，加工时应选择

导轨表面作为粗基准加工床腿底面，然后再以床腿底面为精基准加工导轨平面。

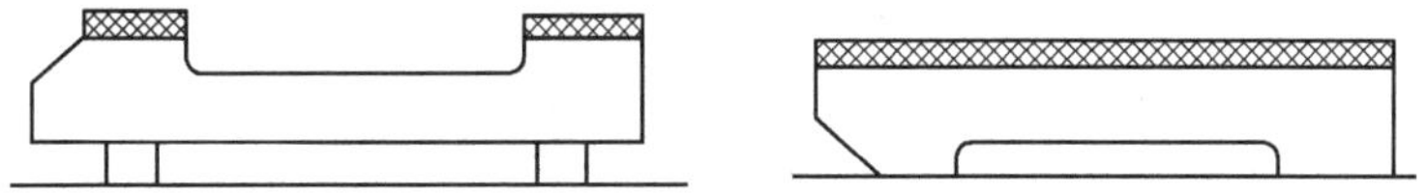

图 2-124　床身加工粗基准选择

3）粗基准应避免重复使用。在同一尺寸方向上，粗基准通常只允许使用一次，以免产生较大的定位误差。如图 2-125 所示的小轴加工，如重复使用 B 面去加工 A、C 面，则必然会使 A 面与 C 面的轴线产生较大的同轴度误差。

4）作为粗基准的表面应平整，没有浇口、冒口或飞边等缺陷，以便定位可靠。

2. 精基准的选择

选择精基准时应从整个工艺过程来考虑如何保证工件的尺寸精度和位置精度，并使装夹方便可靠。其选择的原则如下：

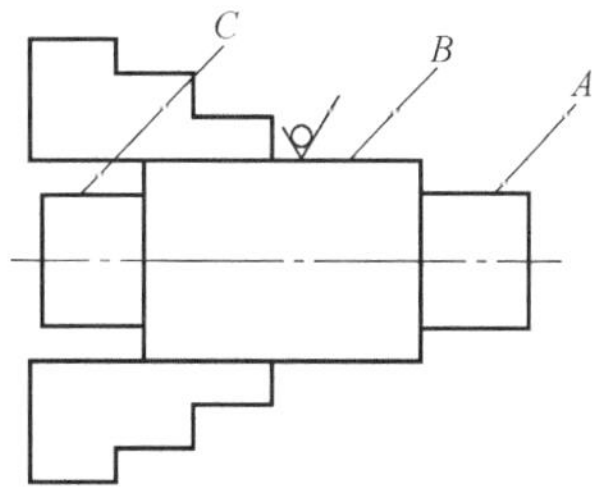

（1）基准重合原则　选择加工表面的设计基准为定位基准，称为基准重合原则。采用基准重合原则可以避免由定位基准与设计基准不重合引起的基准不重合误差，零件的尺寸精度和位置精度能可靠地得到保证。如图 2-126 所示，A 面是 B 面的设计基准；B 面是 C 面的设计

图 2-125　重复使用粗基准示例

基准。以 A 面定位，用调整法分别铣削 B 面和 C 面，对于 B 面来说，符合基准重合原则；而对于 C 面来说，定位基准与设计基准不重合。此时，设计尺寸 $C_0^{+\delta_c}$ 则为由上工序尺寸 a 和本工序尺寸 b 间接保证，工序尺寸的公差 δ_b 就会小于设计尺寸 C 的公差 δ_c，增加了加工的难度。

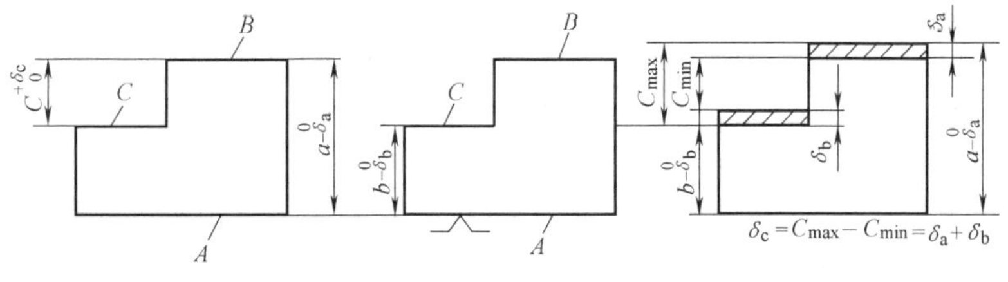

图 2-126　设计基准与定位基准的关系

在数控机床上装夹的工件应力求使设计基准、工艺基准与编程原点重合，以减少基准不重合误差和数控编程中的计算工作量。

（2）基准统一原则　在零件的加工过程中尽可能地采用统一的定位基准，称为基准统一原则。这样能最大限度地保证各加工表面间的位置精度，避免基准转换产生的误差，并可使各工序所使用夹具的结构相同或相似，简化夹具的设计和制造。如轴类零件，采用两顶尖孔作为统一的定位基准；一般箱体零件常采用一个大平面和两个距离较远的孔为统一的精基准；圆盘和齿轮零件常用一端面和短孔为精基准。

基准重合和基准统一原则是选择精基准的两个重要原则，但有时会遇到两者相互矛盾的情况。这时对尺寸精度较高的加工表面应服从基准重合原则，以免使工序尺寸的实际公差减小，给加工带来困难。除此以外，主要考虑基准统一原则。

（3）自为基准原则 当精加工或光整加工工序要求余量小而均匀，应选择加工表面本身作为定位基准，称为自为基准原则。该加工表面与其他表面之间的相互位置精度则由先行工序保证。图2-127所示磨削床身导轨面，就是以导轨面本身为基准来找正定位。此外，拉孔、浮动铰孔、浮动镗孔、无心磨及珩磨等都是自为基准的例子。

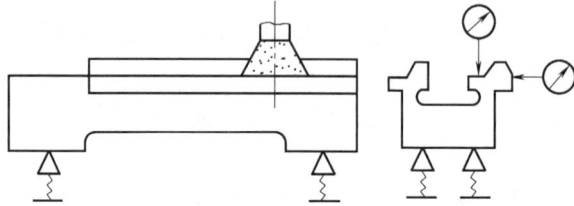

图2-127　自为基准的导轨磨削

（4）互为基准原则 对于相互位置精度要求很高的表面，可以采用互为基准反复加工的方法，称为互为基准原则。如车床主轴为保证主轴轴颈与前端锥孔的同轴度要求，常以主轴轴颈和锥孔互为基准反复加工。又如加工精密齿轮时，当把齿面淬硬后，需要进行磨齿，因其淬硬层较薄，故磨削余量要小而均匀。为此，就需先以齿面分度圆为基准磨内孔，再以内孔为基准磨齿面。这样加工不仅可以使磨齿余量小而均匀，而且还能保证齿轮分度圆对内孔有较小的同轴度误差。

（5）便于装夹原则 所选精基准应能保证工件定位准确、稳定，夹紧方便可靠。精基准应该是精度较高、表面粗糙度较小、支承面积较大的表面。

3. 辅助基准的选择

选择辅助基准时应尽可能使工件安装定位方便，便于实现基准统一，便于加工。如工艺搭子、主轴零件加工用的两顶尖孔等。这些结构在零件工作时没有任何作用，只是由于工艺上的需要设计的，有些可在零件加工完毕后给予切除。

（三）工件的安装

1. 工件的安装要求

为保证工件质量要求，工件安装的基本要求如下：

1）一个工件应能在夹具中迅速占据一个固定的正确位置，一批工件应能占据同一个正确位置。

2）夹具在机床上安装应有正确的位置。

3）刀具相对于夹具应有正确的位置。

2. 工件的装夹方式

工件的装夹方式有两种：

（1）找正装夹 找正装夹是一种简单易行的方法，常用在单件小批生产中，它分为直接找正装夹法和划线找正装夹法。

1）直接找正装夹法。对于形状简单的工件，可以采用直接找正定位的装夹方法。即用划针、百分表等测量工具直接在机床上找正工件的位置。例如，车削图 2-128 所示的套筒类工件内孔。若加工时只要求被加工内圆面 A 的加工余量均匀，这时可将工件装在单动卡盘中，用划针直接指向被加工表面 A，慢慢回转单动卡盘，调整至表面 A 与划针间的间隙大致相等，即实现了正确装夹。如果加工要求为被加工内圆面 A 与外圆面 B 同轴，则应按外圆 B 找正。

2）划线找正装夹法。对于形状复杂（如箱体零件）或要求对正精度相对高的零件，采用直接找正装夹法会顾此失彼，这时就有必要按照工序图的加工要求，在毛坯上划出中心线、对称线及各待加工表面的加工位置线，然后按照划好的线找正工件在机床上的位置进行加工。如在图 2-129 所示的工件上加工孔，首先按孔的位置尺寸划线；然后将划好线的工件装在台虎钳中夹持，将钻头对准已划出的孔中心位置钻孔。

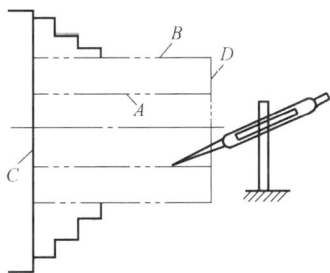

图 2-128 套筒的直接找正

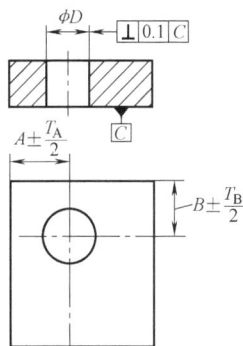

图 2-129 划线找正

找正装夹法，通常是与单动卡盘、机用台虎钳等通用机床夹具结合起来进行的。找正装夹法简便易行，但效率较低，劳动强度大，找正精度不稳定（因为它取决于找正方法、找正工具和操作工人技术水平）。对于产品试制、单件生产、产量不大的加工场合，仍不失为一种经济而合理的装夹方法。

（2）机床专用夹具装夹法 机床专用夹具是指为某零件的某道工序而专门设计制造的夹具。在生产实际中，对于大批量生产的中小尺寸工件，常采用机床专用夹具来实现工件的装夹。夹具以一定的位置（用定位键）安装在机床上，工件按定位原则（后边介绍）定位并夹紧在夹具中，不需要人工现场找正。这样既保证了工件的定位精度稳定，而且装卸方便迅速、生产效率高、工人劳动强度低，是当前最常用的装夹方法。图 2-130 所示的钻床夹具就是专门为加工图 2-129 中工件的孔而设计的机床专用夹具。

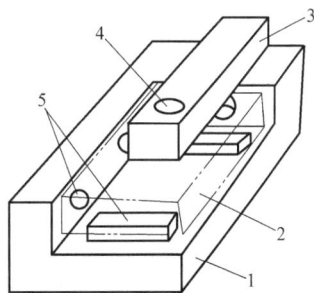

图 2-130 专用夹具装夹
1—夹具体 2—工件 3—钻模板
4—钻套 5—定位元件

工件的加工要求是钻孔，其中心线相距两工序基准面的距离分别为 A 和 B，孔的轴线垂直于底面。机床专用夹具主要适用于产品相对稳定而产量较大的场合。目前，为适应多品种、中小批量生产的需要，已经出现了许多新颖的现代机床夹具，如组合夹具、可调整夹具和成组夹具等。由上述分析可知，机床专用夹具除了具有保证加工精度稳定、提高生产率、减轻工人劳动强度的作用外，还有扩大机床加工范围的作用。如在卧式车床刀架上安装镗孔夹具，在车床主轴上安装镗刀，可对箱体轴承座孔进行加工。

（四）机床夹具

工件进行加工时，必须装夹，装夹用的工艺装备就是夹具。

1. 机床夹具的组成

对于不同的工件和不同的工序，机床夹具的实际结构是千差万别的。机床专用夹具是为某零件的某道工序而专门设计制造的，但总的来说机床夹具由以下几个部分组成：

（1）定位装置　定位装置的作用是使工件在夹具中占据正确的位置。如图 2-131 所示，钻后盖上的 $\phi 10mm$ 孔，其钻夹具如图 2-132 所示。夹具上的圆柱销 5、菱形销 9 和支承板 4 都是定位元件，通过它们使工件在夹具中占据正确的位置。

（2）夹紧装置　夹紧装置的作用是将工件压紧夹牢，保证工件在加工过程中受到外力（切削力等）作用时不离开已经占据的正确位置。图 2-132 中的螺杆 8（与圆柱销合成一个零件）、螺母 7 和开口垫圈 6 就起到了上述作用。

（3）对刀或导向装置　对刀或导向装置用于确定刀具相对于定位元件的正确位置。如图 2-132 中钻套 1 和钻模板 2 组成导向装置，确定了钻头轴线相对定位元件的正确位置。铣床夹具上的对刀块和塞尺为对刀装置。

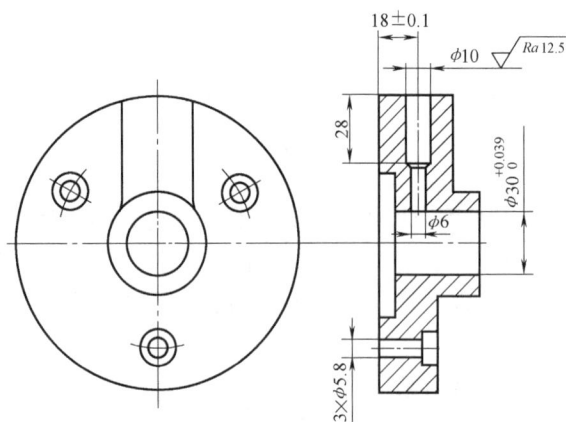

图 2-131　后盖径向孔工序图

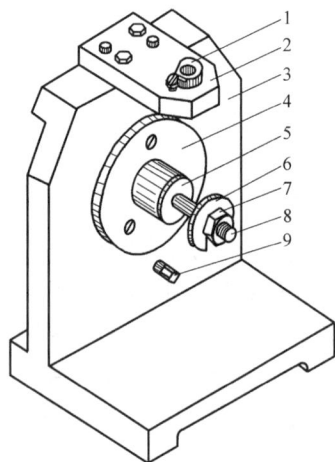

图 2-132　后盖钻夹具

1—钻套　2—钻模板　3—夹具体　4—支承板
5—圆柱销　6—开口垫圈　7—螺母
8—螺杆　9—菱形销

（4）连接元件　连接元件是确定夹具在机床上正确位置的元件。如图 2-132 中夹具体 3 的底面为安装基准面，保证了钻套 1 的轴线垂直于钻床工作台以及圆柱销 5 的轴线平行于钻床工作台。因此，夹具体可兼作连接元件。车床夹具上的过渡盘、铣床夹具上的定位键都是连接元件。

（5）夹具体　夹具体是机床夹具的基础件，如图 2-132 中的件 3，通过它将夹具的所有元件连接成一个整体。

2. 其他装置或元件

它们是指夹具中因特殊需要而设置的装置或元件。如需加工按一定规律分布的多个表面时，常设置分度装置；为能方便、准确地定位，常设置预定位装置；对于大型夹具，常设置吊装元件等。

上述各组成部分，不是每个夹具都必须完全具备的。一般来说，定位装置、夹紧装置、夹具体则是夹具的基本组成部分。

3. 机床夹具的分类

机床夹具是夹具中的一类。对于夹具的分类，到目前为止还没有一个统一的标准，通常按下述方法进行分类：

（1）工艺过程　按工艺过程的不同，夹具可分为机床夹具、装配夹具、焊接夹具等。

（2）机床种类　按机床种类的不同，机床夹具又可分为车床夹具、铣床夹具、钻床夹具、镗床夹具、齿轮机床夹具、数控机床夹具、自动机床夹具、自动线随行夹具以及其他机床夹具等。

（3）所采用的夹紧动力源　按所采用的夹紧动力源的不同，夹具可分为手动夹具、气动夹具、液压夹具、气液增力夹具、电磁夹具以及真空夹具等。

（4）夹具结构和通用化程度　按夹具结构和通用化程度的不同，夹具可分为通用夹具、专用夹具、组合夹具、可调夹具、拼装夹具。下面着重讨论按夹具结构与夹具零部件通用性程度来分类的机床夹具。

1）通用夹具。已经标准化的，可加工一定范围内不同工件的夹具，称为通用夹具，如自定心卡盘、机床用平口钳、万能分度头、磁力工作台等。这些夹具已作为机床附件由专门工厂制造供应，只需选购即可。

2）专用夹具。专为某一工件的某道工序设计制造的夹具，称为专用夹具。专用夹具一般在批量生产中使用，如图2-133所示连杆铣槽夹具。

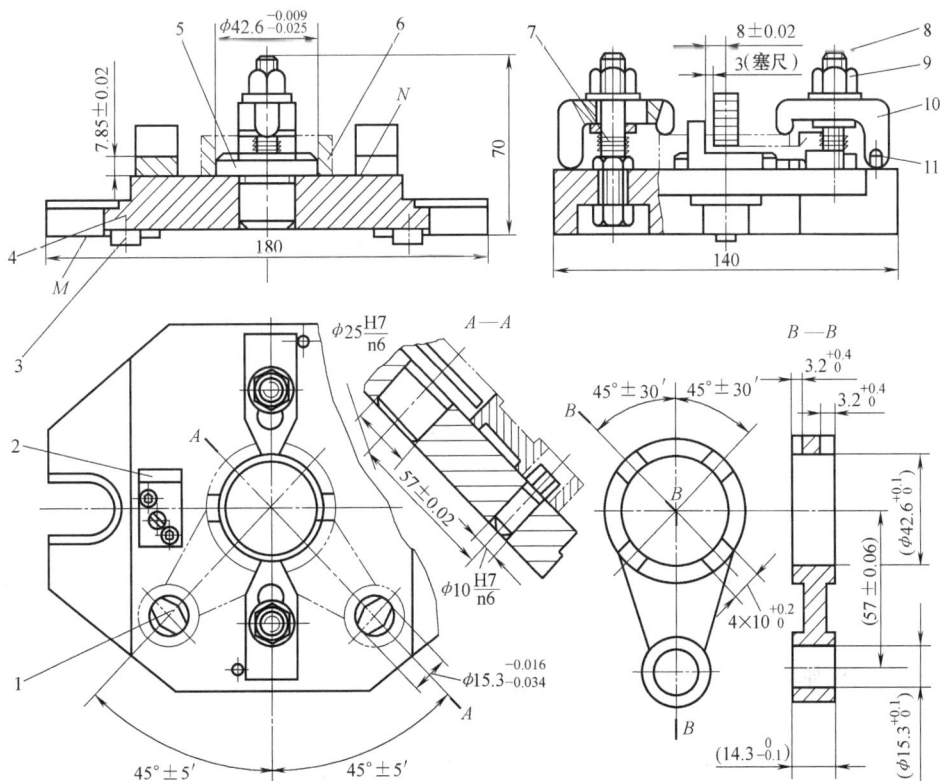

图 2-133　连杆铣槽夹具

1—菱形销　2—对刀块　3—定位键　4—夹具底板　5—圆柱销　6—工件　7—弹簧　8—螺栓　9—螺母　10—压板　11—止动销

3）组合夹具。采用标准的组合夹具元件、部件，专为某一工件的某道工序组装的夹具，称为组合夹具。

4）可调夹具。夹具的某些元件可调整或可更换，以适应多种工件加工的夹具，称为可调夹具。它还分为通用可调夹具和成组夹具两类。

5）拼装夹具。用专门的标准化、系列化的拼装夹具零部件拼装而成的夹具，称为拼装夹具。它具有组合夹具的优点，但比组合夹具精度高、效能高、结构紧凑。它的基础板和夹紧部件中常带有小型液压缸。此类夹具更适合在数控机床上使用。

（五）工件的定位

1. 工件的定位原理

（1）工件的自由度 一个尚未定位的工件，其空间位置是不确定的，这种位置的不确定性可描述如下。如图 2-134 所示，将未定位工件（双点画线所示长方体）放在空间直角坐标系中，工件可以沿 x、y、z 轴移动，称为工件沿 x、y 和 z 轴的移动自由度，用 $\vec{X}$、$\vec{Y}$、$\vec{Z}$ 表示；也可以绕 x、y、z 轴转动，称为工件绕 x、y 和 z 轴的转动自由度，用 $\widehat{X}$、$\widehat{Y}$、$\widehat{Z}$ 表示。用以描述工件位置不确定性的 $\vec{X}$、$\vec{Y}$、$\vec{Z}$、$\widehat{X}$、$\widehat{Y}$、$\widehat{Z}$ 称为工件的六个自由度。

工件定位的实质就是要限制对加工有不良影响的自由度。设空间有一固定点，工件的底面与该点保持接触，那么工件沿 z 轴的移动自由度便被限制了。如果按图 2-135 所示设置六个固定点，工件的三个面分别与这些点保持接触，工件的六个自由度便都被限制了。这些用来限制工件自由度的固定点，称为定位支承点，简称支承点。

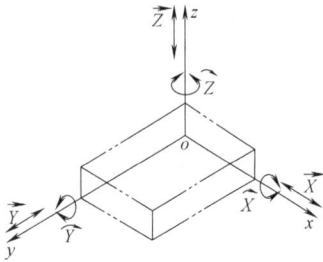

图 2-134 工件的六个自由度　　　　图 2-135 六点定则支承点布置形式

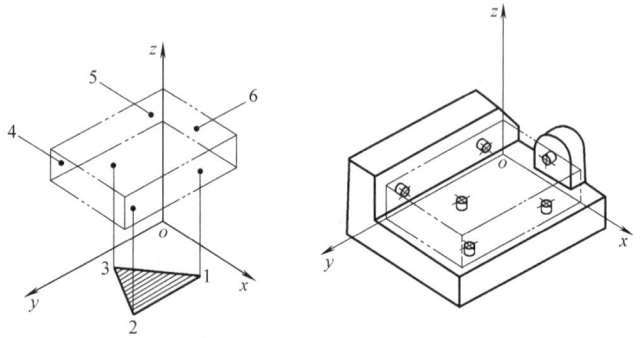

无论工件的形状和结构怎么不同，它们的六个自由度都可以用六个支承点限制，只是六个支承点的分布不同罢了。

（2）六点定则 用合理分布的六个支承点限制工件六个自由度的法则，称为六点定则。支承点的分布必须合理，否则六个支承点限制不了工件的六个自由度，或不能有效地限制工件的六个自由度。例如，图 2-135 中工件底面上的三个支承点限制了 $\vec{Z}$、$\widehat{X}$、$\widehat{Y}$，它们应放成三角形，三角形的面积越大，定位越稳。工件侧面上的两个支承点限制 $\vec{X}$、$\widehat{Y}$，它们不能垂直放置，否则，工件绕 z 轴的转动自由度 $\overset{\curvearrowright}{Z}$ 便不能限制。

　　六点定则是工件定位的基本法则，用于实际生产时，起支承点作用的是一定形状的几何体，这些用来限制工件自由度的几何体就是定位元件。

　　常见定位元件所能限制的自由度见表 2-27。

表 2-27　常见定位元件所能限制的自由度

工件定位基准面	定位元件	定位简图	定位元件特点	限制的自由度
平面	支承钉			$1、2、3—\vec{Z}、\overset{\curvearrowright}{X}、\overset{\curvearrowright}{Y}$ $4、5—\vec{Y}、\overset{\curvearrowright}{Z}$ $6—\vec{X}$
	支承板			$1、2—\vec{Z}、\overset{\curvearrowright}{X}、\overset{\curvearrowright}{Y}$ $3—\vec{Y}、\overset{\curvearrowright}{Z}$
				$1、2—\vec{Z}、\overset{\curvearrowright}{X}、\overset{\curvearrowright}{Y}$ $3—\vec{Y}、\overset{\curvearrowright}{Z}$

（续）

工件定位基准面	定位元件	定位简图	定位元件特点	限制的自由度
圆孔	圆柱销		短销（短心轴）	$\vec{X}$、$\vec{Y}$
			长销（长心轴）	$\vec{X}$、$\vec{Y}$、$\widehat{X}$、$\widehat{Y}$
	锥销		单锥销	$\vec{X}$、$\vec{Y}$、$\vec{Z}$
			1—固定锥销 2—活动锥销	1—$\vec{X}$、$\vec{Y}$、$\vec{Z}$ 2—$\vec{X}$、$\vec{Y}$
外圆柱面	支承板或支承钉		支承钉（短支承板）	$\vec{Z}$（或$\widehat{Y}$）
			长支承板（两颗支承钉）	$\vec{Z}$、$\widehat{Y}$
	V 形块		短 V 形块	$\vec{Y}$、$\vec{Z}$

（续）

工件定位基准面	定位元件	定位简图	定位元件特点	限制的自由度
外圆柱面 z o y x	V 形块		长 V 形块	$\vec{Z}$、$\vec{Y}$ $\hat{Z}$、$\hat{Y}$
	定位套		短套	$\vec{Y}$、$\vec{Z}$
			长套	$\vec{Y}$、$\vec{Z}$、 $\hat{Y}$、$\hat{Z}$
	半圆套		短半圆套	$\vec{Y}$、$\vec{Z}$
			长半圆套	$\vec{Y}$、$\vec{Z}$ $\hat{Y}$、$\hat{Z}$
	锥套		单锥套	$\vec{X}$、$\vec{Y}$、$\vec{Z}$
			1—固定锥套 2—活动锥套	$\vec{X}$、$\vec{Y}$、$\vec{Z}$ $\hat{Y}$、$\hat{Z}$

2. 加工要求与限制自由度的关系

（1）完全定位　工件的六个自由度都被限制了的定位称为完全定位。

（2）不完全定位　工件被限制的自由度少于六个，但能保证加工要求的定位称为不完全定位。

工件定位时，以下几种情况允许不完全定位：

1）加工通孔或通槽时，沿孔轴和槽长方向的自由度可以不限制。

2）轴对称工件，绕轴的转动自由度可以不限制。

3）加工平面时，可以不限制沿 x、y 轴的移动自由度和绕 z 轴的转动自由度。

（3）重复定位　当工件的一个或几个自由度被重复限制称为重复定位。若重复定位对加工要求产生有害影响的，称为不可用重复定位；若重复定位不但不产生有害影响，反而可增加工件的装夹刚度的定位，称为可用重复定位。不可用重复定位绝对不允许，可用重复定位在生产中应用很广。

满足加工要求应限制的自由度见表 2-28。

表 2-28　满足加工要求应限制的自由度

序号	加工位置	限制的自由度	序号	加工位置	限制的自由度
1		$\vec{X}$、$\vec{Z}$	5		$\vec{Y}$、$\vec{Z}$、$\hat{X}$、$\hat{Z}$
2		$\vec{Z}$、$\hat{Y}$	6		$\vec{X}$、$\vec{Z}$、$\hat{X}$、$\hat{Y}$、$\hat{Z}$
3		$\vec{Z}$、$\hat{X}$、$\hat{Y}$	7		$\vec{X}$、$\vec{Z}$、$\hat{X}$、$\hat{Z}$
4		$\vec{X}$、$\vec{Y}$、$\hat{X}$、$\hat{Y}$	8		$\vec{X}$、$\vec{Y}$、$\hat{X}$、$\hat{Y}$、$\hat{Z}$

（续）

序号	加工位置	限制的自由度	序号	加工位置	限制的自由度
9		$\vec{X}$、$\vec{Z}$、$\hat{X}$、$\hat{Y}$、$\hat{Z}$	11		$\vec{X}$、$\vec{Z}$、$\hat{Z}$、$\hat{X}$、$\hat{Y}$
10		$\vec{X}$、$\vec{Y}$、$\hat{X}$、$\hat{Y}$、$\hat{Z}$	12		$\vec{X}$、$\vec{Y}$、$\vec{Z}$、$\hat{X}$、$\hat{Y}$、$\hat{Z}$

（六）常用定位元件

上面已经分析过保证加工要求所必须限制的自由度。这些自由度是如何被限制的呢？下面详细分析这个问题。

工件在机床上或夹具中定位时，其自由度是通过工件的定位基准（或基准面）与机床或夹具定位元件相接触或配合而被限制的。不同结构的定位基准（或基准面）与不同结构类型的定位元件相接触或配合，所能限制的自由度是不同的。定位元件到底有哪些类型呢？它们又是如何限制工件的自由度的呢？下面以定位基准（或基准面）的不同类型为例来介绍各种常用的定位元件及其所限制的自由度（数量和方向）。

工件上常用的定位基准（或基准面）主要有平面、内圆面、外圆面、内锥面、外锥面及成型面（如渐开线表面）等。

夹具中常用的定位元件主要有：支承钉、支承板、定位销（心轴）、定位套、V形块等。

夹具中的定位元件是确定工件正确位置的重要零件，它经常要与工件的定位基准（或基准面）接触或配合。为了提高定位精度，延长夹具的使用寿命，对夹具的定位元件提出以下几点要求：

1）要有一定的精度。定位元件的制造精度直接影响被定位工件的加工精度。因此，对定位元件的尺寸及几何公差都提出了严格的要求。一般定位元件的尺寸及位置公差应当控制在被定位工件相应尺寸及位置公差的 $1/5 \sim 1/2$。

2）要有良好的耐磨性。在加工过程中，工件的定位基准（或基准面）都要与定位元件接触或配合，因此定位元件很容易引起磨损。为了能较长期地保持定位元件的定位精度，它必须具有良好的耐磨性。

3）要有足够的刚性。为保证在受到夹紧力、切削力等力的作用下不致发生较大的变形而影响加工精度，定位元件必须具有足够的刚性。

1. 工件以平面定位时的定位元件

（1）主要支承 工件以平面作为定位基准的情况是非常多见的，这时工件的定位平面是与定位元件相接触而实现定位的。与其接触的定位元件主要有下列几种：

1）支承钉。如图 2-136 所示，列出了三种支承钉的结构形式，其中 A 型为平头支承钉，常常用于支承精基准平面。B 型为球头支承钉，常常用于支承粗基准平面。C 型为齿纹平面支承钉，与定位面间的摩擦因数较大，从而增大了定位的可靠性。但槽中易积屑，多用于侧面定位。支承钉的结构已标准化，使用时可直接查阅相关标准。

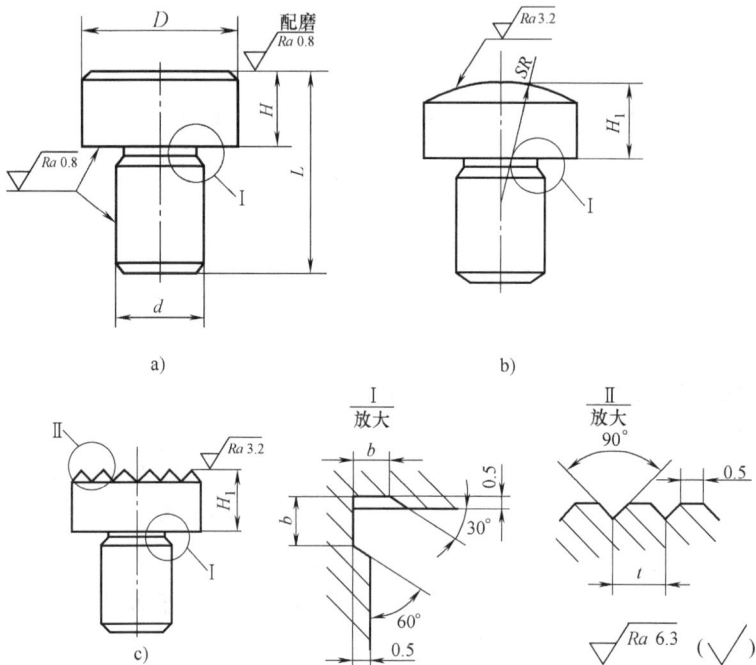

图 2-136 支承钉结构
a）A 型 b）B 型 c）C 型

通常将一个支承钉视为一个支承点，能限制一个自由度（一个移动或转动），所限制自由度的方向随定位系统的情况而定。

2）支承板。支承板的结构形式如图 2-137 所示。A 型结构简单，但埋头螺钉处容易积屑，清理切屑比较麻烦，适宜用于侧面和顶面定位；B 型支承板在螺钉孔处开有斜凹槽，易于保持工作面清洁，适用于底面定位。单个支承板限制二个自由度（一个移动，一个转动），支承板多用于支承已加工过的平面。

当要求几个支承钉或支承板在装配后等高时，可采用装配后一次磨削法，以保证它们的限位基准面在同一平面内。

工件以平面定位时，除采用上面介绍的标准支承钉和支承板之外，还可根据工件定位平面的不同形状设计相应的支承板。

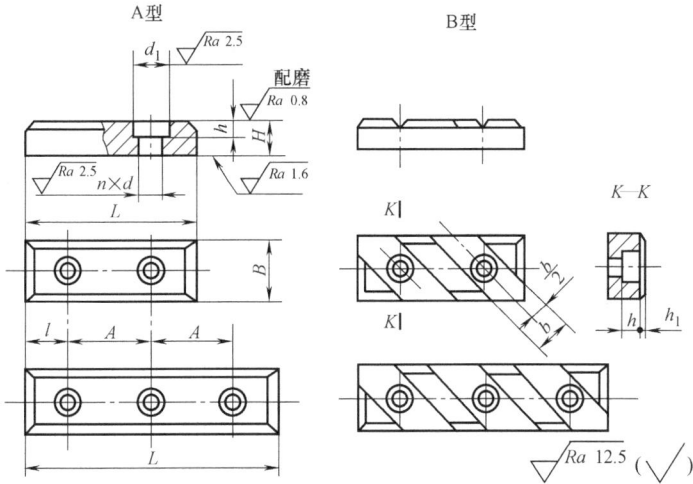

图 2-137 支承板结构

3）可调支承。在工件定位过程中，支承钉的高度需要调整时，采用图 2-138 所示的可调支承。

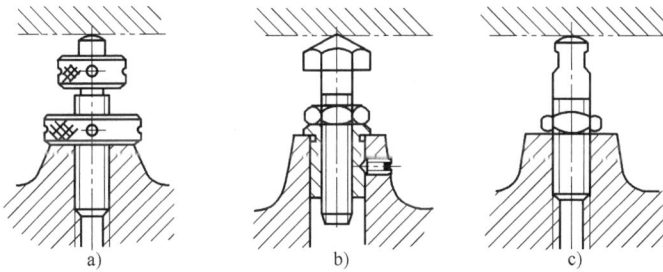

图 2-138 可调支承

如图 2-139 所示，工件为砂型铸件，先以 A 面定位铣 B 面，再以 B 面定位镗双孔。铣 B 面时，若采用固定支承，由于定位基准面 A 的尺寸和形状误差较大，铣完后，B 面与两毛坯孔（图 2-139a 中的双点画线）的距离尺寸 H_1、H_2 变化也大，致使镗孔时余量很不均匀，甚至余量不够。因此，图中采用了可调支承，定位时适当调整支承钉的高度，便可避免出现上述情况。对于小型工件，一般每批调整一次；工件较大时，常常每件都要调整。

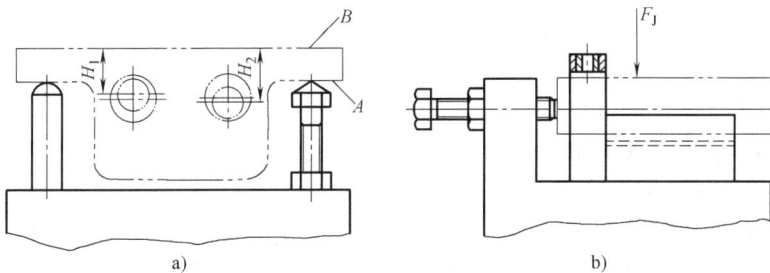

图 2-139 可调支承应用

a）可调支承用于粗基准定位　b）可调支承用于调整尺寸

在可调夹具上加工形状相同而尺寸不等的工件时，也可用可调支承。如图 2-139b 所示，在轴上钻径向孔时，对于孔至端面的距离不等的几种工件，只要调整支承钉的伸出长度便可加工。

4）自位支承（浮动支承）。在工件定位过程中，能自动调整位置的支承称为自位支承，或浮动支承。图 2-140a、b 所示是两点式自位支承，图 2-140c 所示为三点式自位支承。这类支承的工作特点是：支承点的位置能随着工件定位基准面的不同而自动调节，定位基准面压下其中一点，其余点便上升，直至各点都与工件接触。接触点数的增加，提高了工件的装夹刚度和稳定性，但其作用仍相当于一个固定支承，只限制工件一个自由度。自位支承适用于工件以毛坯面定位或刚性不足的场合。

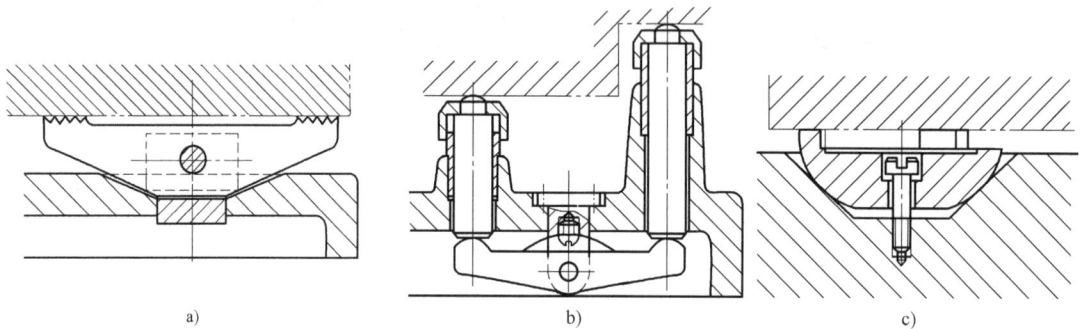

图 2-140　自位支承
a）摆动式三点自位支承　b）柱塞式两点自位支承　c）摆动式三点自位支承

（2）辅助支承　辅助支承用来提高工件的装夹刚度和稳定性，不起定位作用。

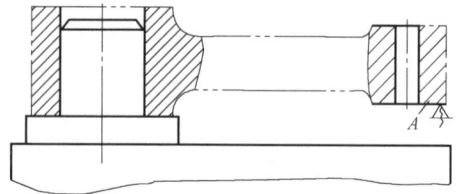

如图 2-141 所示，工件以内孔及端面定位，钻右端小孔。若右端不设支承，工件装夹好后，右边为一悬臂，刚性差。若在 A 处设置固定支承，属不可用重复定位，有可能破坏左端的定位。在这种情况下，宜在右端设置辅助支承。工件定位时，辅助支承是浮动的（或可调的），待工件夹紧后再固定下来，以承受切削力。

图 2-141　辅助支承应用

辅助支承的结构有如下几种：

1）螺旋式辅助支承。如图 2-142a 所示，螺旋式辅助支承的结构与可调支承相近，但操作过程不同，前者不起定位作用，后者起定位作用，且结构上螺旋式辅助支承不用螺母锁紧。

2）自动调节支承。如图 2-142b 所示，弹簧 2 推动滑柱 1 与工件接触，转动手柄通过顶柱 3 锁紧滑柱 1，使其承受切削力等外力。此结构的弹簧力应能推动滑柱，但不能顶起工件，不会破坏工件的定位。

3）推引式辅助支承。如图 2-142c 所示，工件定位后，推动手轮 4 使滑销 5 与工件接触，然后转动手轮使斜楔 6 开槽部分胀开而锁紧。

2. 工件以圆孔定位时的定位元件

工件以圆孔内表面作为定位基准面时，常用以下定位元件。

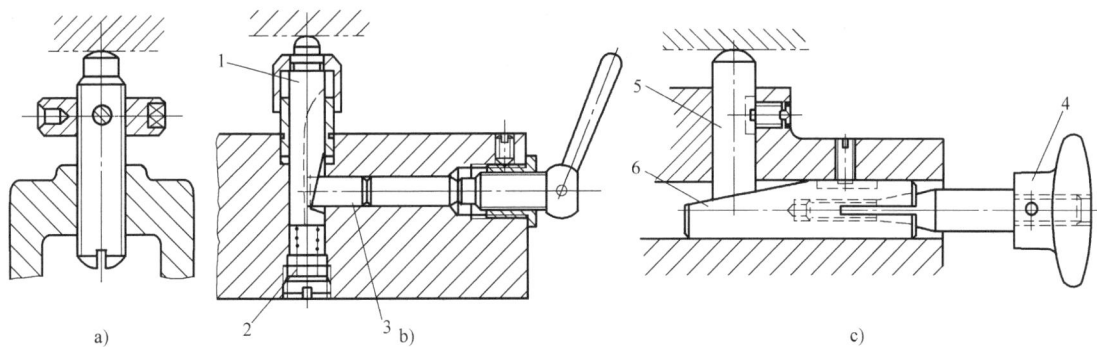

图 2-142 辅助支承结构

a）螺旋式辅助支承 b）自动调节支承 c）推引式辅助支承

（1）定位销 图 2-143a 所示为固定式定位销。图 2-143b 所示为可换定位销。A 型称为圆柱销，B 型称为菱形销，其尺寸见表 2-29。定位销直径 D 为 3～10mm 时，为避免使用中折断或热处理时淬裂，通常把根部倒成圆角 R。夹具体上应有沉孔，使定位销的圆角部分沉

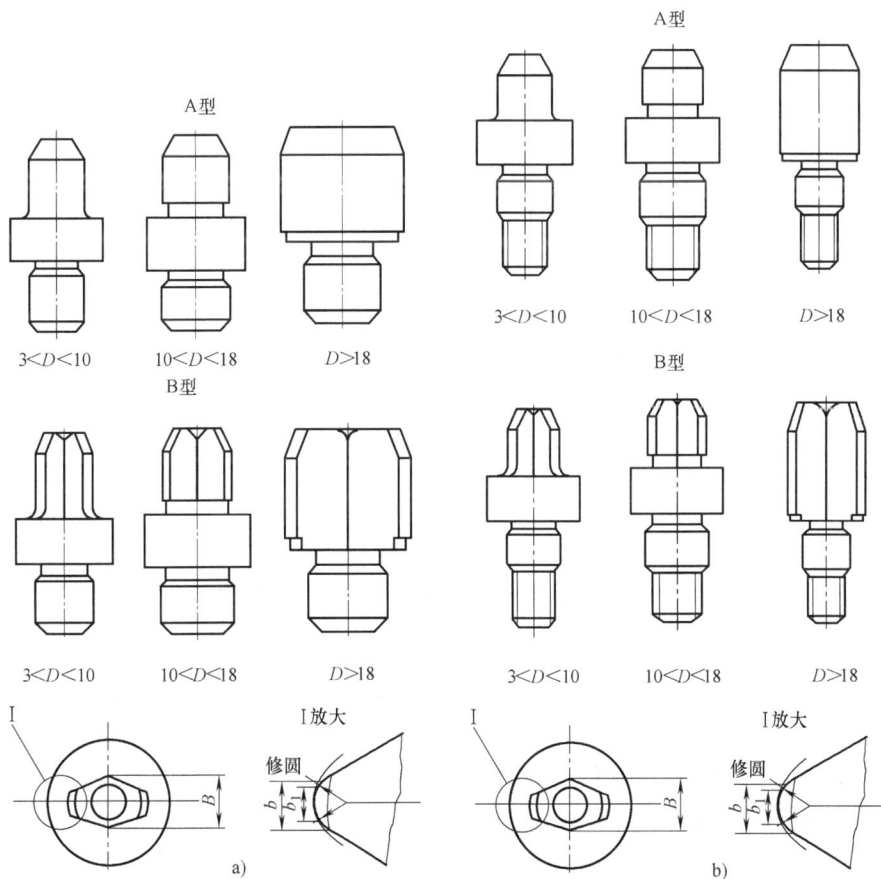

图 2-143 定位销

a）固定式定位销 b）可换定位销

入孔内而不影响定位。大批大量生产时，为了便于定位销的更换，可采用可换式定位销。为便于工件装入，定位销的头部有 15°倒角。定位销有关参数可查相关夹具标准或相关夹具手册。

表 2-29　菱形销尺寸　　　　　　　　单位：mm

D	>3~6	>6~8	>8~20	>20~24	>24~30	>30~40	>40~50
B	$d-0.5$	$d-1$	$d-2$	$d-3$	$d-4$	$d-5$	
b_1	1	2	3			4	5
b	2	3	4	5		6	8

注：D 为菱形销限位基面直径，其余尺寸如图 2-141。

（2）圆柱心轴　圆柱心轴在很多工厂中有自己的厂标，图 2-144 所示为常用圆柱心轴的结构形式。

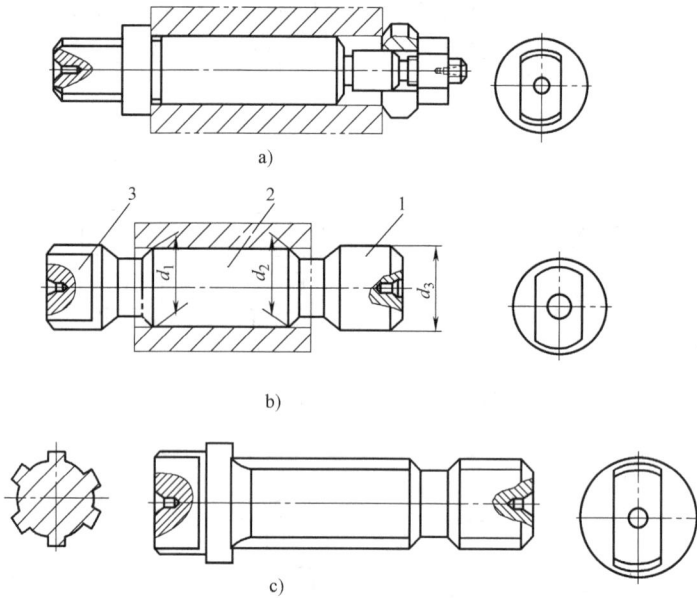

图 2-144　圆柱心轴
a）间隙配合心轴　b）过盈配合心轴　c）花键心轴
1—引导部分　2—工作部分　3—传动部分

图 2-144a 所示为间隙配合心轴。心轴的限位基准面一般按 h6、g6 或 f7 制造，装卸工件方便，但定心精度不高。为了减少因配合间隙而造成的工件倾斜，工件常以孔和端面联合定位，因而要求工件定位孔与定位端面之间、心轴限位圆柱面与限位端面之间都有较高的垂直度，最好能在一次装夹中加工出来。

图 2-144b 所示为过盈配合心轴，由引导部分 1、工作部分 2、传动部分 3 组成。引导部分的作用是使工件迅速而准确地套入心轴，其直径为 d_3 按 e8 制造，d_3 的公称尺寸等于工件孔的最小极限尺寸，其长度约为工件定位孔长度的一半。工作部分的直径按 r6 制造，其公称尺寸等于孔的最大极限尺寸。当工件定位孔的长度与直径之比 $L/d > 1$ 时，心轴的工作部

分应稍带锥度，这时，直径 d_1 按 r6 制造，其公称尺寸等于孔的最大极限尺寸；直径 d_2 按 h6 制造，其公称尺寸等于孔的最小极限尺寸。这种心轴制造简单、定心准确、不用另设夹紧装置，但装卸工件不便，易损伤工件定位孔，因此，多用于定心精度要求高的精加工。

图 2-144c 是花键心轴，用于加工以花键孔定位的工件。当工件定位孔的长径比 $L/d > 1$ 时，工作部分可稍带锥度。设计花键心轴时，应根据工件的不同定心方式来确定定位心轴的结构，其配合可参考上述两种心轴。

心轴在机床上的常用安装方式如图 2-145 所示。

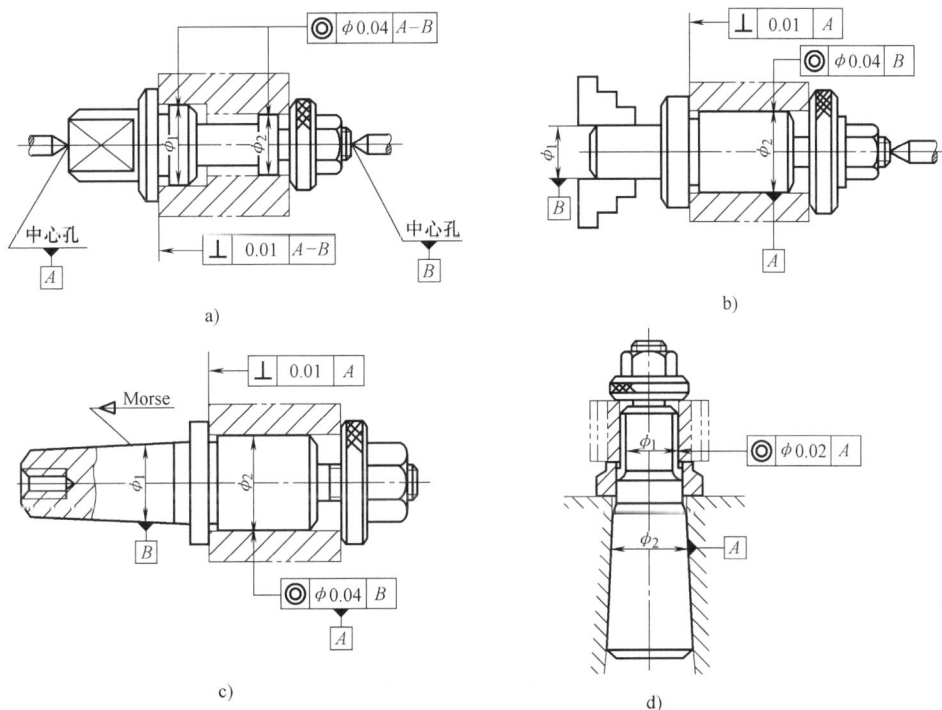

图 2-145　心轴在机床上的安装

a）两顶尖安装　b）卡盘与顶尖安装

c）主轴锥孔与拉杆安装　d）锥孔安装

为保证工件的同轴度要求，设计心轴时，夹具总图上应标注心轴各限位基准面之间、限位圆柱面与顶尖孔或锥柄之间的位置精度要求，其同轴度可取工件相应同轴度的 $1/2 \sim 1/3$。

（3）圆锥销　图 2-146 所示为工件以圆孔在圆锥销上定位的示意图，它限制了工件的 $\vec{X}$、$\vec{Y}$、$\vec{Z}$ 三个自由度。图 2-146a 所示为用于粗定位基准面或孔径较大的工件，图 2-146b 所示为用于精定位基准面及孔径较小的工件。

工件在单个圆锥销上定位容易倾斜，圆锥销一般与其他定位元件组合定位，如图 2-147 所示。图

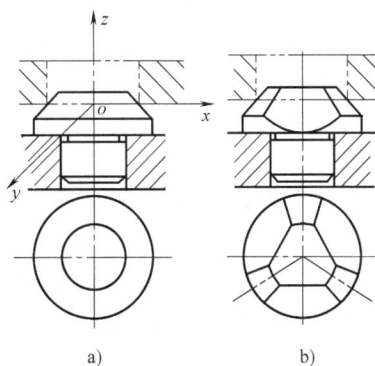

图 2-146　圆锥销

a）削边圆锥销　b）光面圆锥销

2-147a所示为圆锥—圆柱组合心轴，锥度部分使工件准确定心，圆柱部分可减少工件倾斜。图 2-147b 所示为工件在双圆锥销上定位，左端固定锥销限制 $\vec{X}$、$\vec{Y}$、$\vec{Z}$ 三个移动自由度，右端为活动锥销，限制 $\vec{Y}$、$\vec{Z}$ 两个转动自由度。图 2-147c 以工件底面作为主要定位基准面，采用活动圆锥销只限制 $\vec{X}$、$\vec{Y}$ 两个移动自由度，即使工件的孔径变化较大，也能准确定位。以上三种定位方式均限制工件五个自由度。

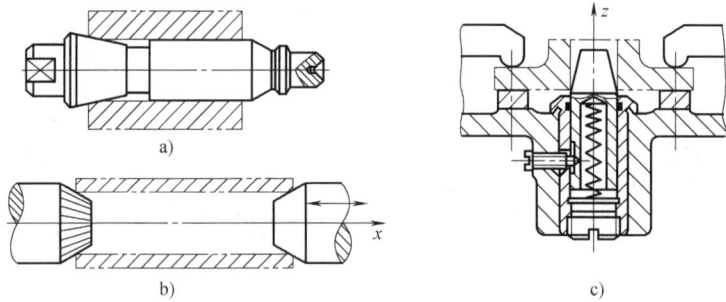

图 2-147　圆锥销组合定位

a）锥销—圆柱组合定位

b）固定锥销—活动锥销组合定位　c）活动锥销—端面组合定位

（4）锥度心轴　如图 2-148a 所示，锥度心轴的锥度一般为 1/1000～1/5000，属于小锥度心轴。小锥度既可以防止工件在轴上倾斜，也可以提高定位精度。工件定位时，是依靠心轴的锥体定心和胀紧。锥度心轴能限制五个自由度（沿心轴轴线方向的定位精度取决于工件定位孔的加工精度，如要提高此方向的定位精度，则应严格控制定位孔的加工精度），除绕心轴轴线转动的自由度不能限制外，其余自由由度都受到限制。如图 2-148b 所示，工件在锥度心轴上定位，并靠工件定位圆孔与心轴限位圆柱面的弹性变形夹紧工件，这种定位方式的定心精度较高，但工件的轴向位移误差较大，适用于工件定位孔精度不低于 IT7 的精车和磨削加工，不能加工端面。

3. 工件以外圆柱面定位的定位元件

工件以外圆面定位也是一种非常普遍的定位方式。常用的定位元件有 V 形块、半圆定位块、定位套、自动定心机构、支承板、支承钉等。V 形块、支承板和支承钉是与外圆面相接触而实现定位的。半圆定位块、定位套和自动定心机构则是通过与外圆面相配合而实现定位的，实际使用中以 V 形块应用最广。因为结构简单，定位精度适中，它不仅适用于完整的外圆面定位，而且也适用于非完整的外圆面和多级台阶外圆面的定位。

（1）V 形块　常用的 V 形块结构如图 2-149 所示。图 2-149a 所示结构为整体式，常用于精基准且定位圆柱面为等直径的定位系统中；图 2-149b 所示结构为组合式，可用于定位面较长或两段定位基准面（直径可不相同）分布较远以及粗基准的定位系统中。

V 形块在对工件定位时，具有对中作用。即能使工件外圆轴线与 V 形块两斜面的对称平面重合。

V 形块两斜面的夹角 α 一般选用 60°、90° 和 120°，其中最常用的是 $\alpha = 90°$。V 形块的结构和基本尺寸均已标准化。如果有必要自行设计时，则可参照图 2-148a 所列尺寸进行计算。

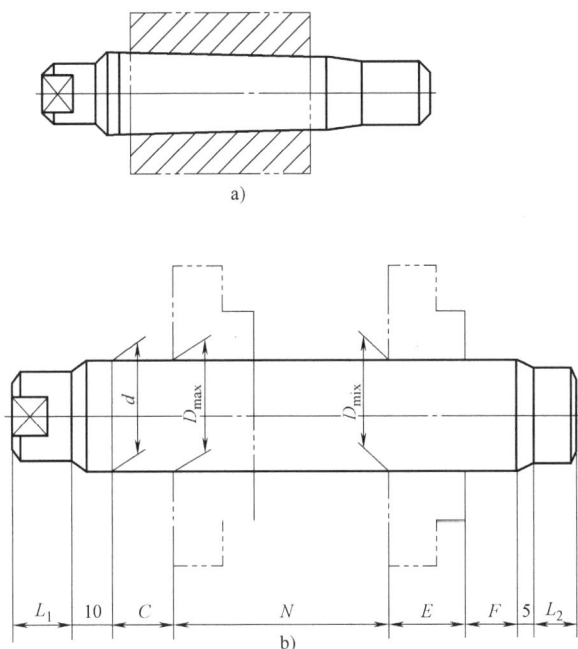

图 2-148　锥度心轴定位

a）小锥度心轴定位　b）锥度心轴定位产生轴向位移

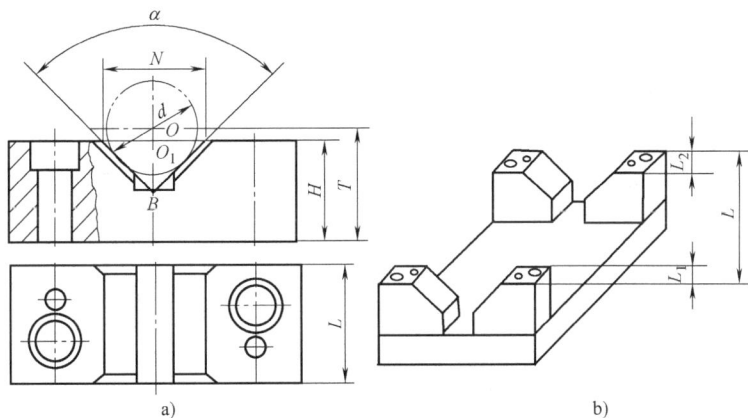

图 2-149　V 形块结构

a）整体式　b）组合式

d—V 形块的标准心轴直径（工件定位基准面外圆直径的平均值）　　H—V 形块高度

T—V 形块放标准心轴时的标准定位高度（这是检验 V 形块加工是否合格的重要尺寸）　　N—V 形块的开口尺寸

　　设计 V 形块时，工件直径 d 是已知的，而 N 与 H 可参照标准先行确定，也可根据定位系统的实际结构尺寸而定（N 的尺寸不应小于 V 形块与工件接触的实际宽度），然后计算出尺寸 T。尺寸 T 的计算如下：

　　由图 2-149 可知

$$T - H = \overline{OB} - \overline{O_1B}$$

$$T = \frac{d}{2\sin\frac{\alpha}{2}} - \frac{N}{2\sin\frac{\alpha}{2}} + H$$

当 $\alpha = 90°$ 时，$T = H + 0.707d - 0.5N$

V 形块既可以制造成固定式的，也可以制造成可移动式的。移动式的 V 形块还兼起夹紧工件的作用，也可以补偿毛坯尺寸变化对定位的影响。其典型应用实例如图 2-150 所示。图中加工的是一个连杆类零件。加工内容是钻工件两端的孔，且保持两孔轴线在工件杆身纵向对称平面内。工件以底面和两端弧面为定位基准（基准面），定位元件是两个支承环和两个 V 形块。两个支承环所组成的平面与工件底面接触定位，限制三个自由度（以主视图的方位放入坐标系中，三个自由度是：$\vec{Z}$、$\vec{X}$、$\vec{Y}$）；工件左端圆弧面与固定 V 形块 1 接触（短形 V 块），限制两个自由度（两个自由度是：$\vec{X}$、$\vec{Y}$）；工件右端圆弧面与可移动 V 形块 3 接触，限制一个自由度（一个自由度是：$\vec{Z}$）。这里，可移动 V 形块 3 除了起到定位和借助于螺杆起到夹紧工件的作用外，同时又可利用其在多方向可移动的特点来补偿毛坯尺寸变化时对定位的影响。

（2）定位套 图 2-151 所示为常用的几种定位套。其内孔轴线是限位基准，内孔面是限位基准面。为了限制工件沿轴向的自由度；常与端面联合定位。用端面作为主要限位面时，应控制定位套的长度，以免夹紧时工件产生不允许的变形。定位套结构简单、容易制造，但定心精度不高，故只适用于精定位基准面。

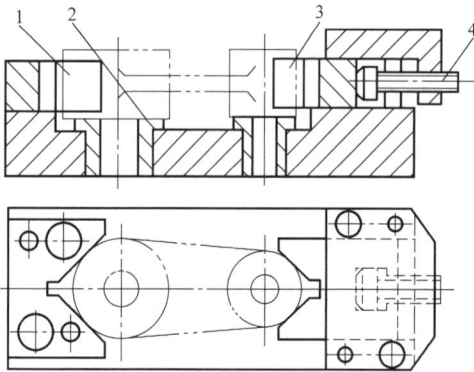

图 2-150 可移动 V 形块的应用
1—固定 V 形块 2—支承环 3—可移动 V 形块 4—夹紧螺杆

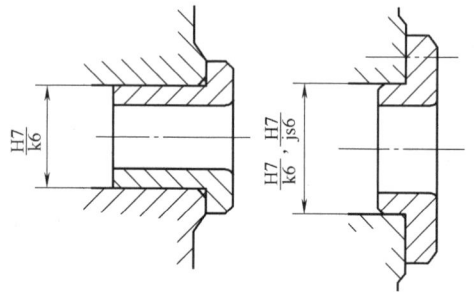

图 2-151 定位套

（3）半圆套 如图 2-152 所示，下面的半圆套是定位元件，上面的半圆套起夹紧作用。这种定位方式主要用于大型轴类零件及不便于轴向装夹的零件。定位基准面的精度不低于 IT8 ~ IT9，半圆套最小内径应取工件定位基准面的最大直径。

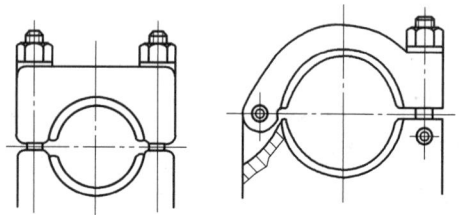

图 2-152 半圆套

（七）定位误差的分析与计算

一批工件逐个在夹具上定位时，由于工件及定位元件存在公差，使各个工件所占据的位置不完全一致，加工后形成加工尺寸的不一致，造成加工误差。这种只与工件定位有关的加工误差，称为定位误差，用Δ_D表示。

1. 造成定位误差的原因

造成定位误差的原因有两个：一是定位基准与工序基准不重合，由此产生基准不重合误差Δ_B；二是定位基准（基准面）与定位元件工作表面本身制造误差导致定位基准与限位基准不重合，由此产生基准位移误差Δ_Y。

（1）基准不重合误差Δ_B　图2-152a所示是在工件上铣缺口的工序简图，加工尺寸为A和B。图2-153b所示是加工示意图，工件以底面和E面定位。C是确定夹具与刀具相互位置的对刀尺寸，在一批工件的加工过程中，C的大小是不变的。

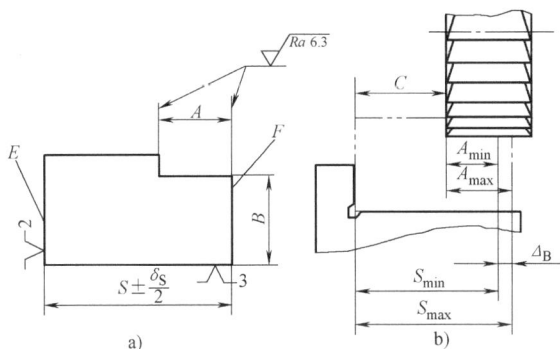

图2-153　基准不重合误差Δ_B

a）工序简图　b）加工示意图

加工尺寸A的工序基准是F，定位基准是E，两者不重合。当一批工件逐个在夹具上定位时，受尺寸$S \pm \delta_s/2$的影响，工序基准F的位置是变动的。F的变动直接影响A的大小，造成A的尺寸误差，这个误差就是基准不重合误差。

显然，基准不重合误差的大小应等于因定位基准与工序基准不重合而造成的加工尺寸的变动范围。由图2-153b可知

$$\Delta_B = A_{max} - A_{min} = S_{max} - S_{min} = \delta_s$$

S是定位基准E与工序基准F间的距离尺寸，称为定位尺寸。当工序基准的变动方向与加工尺寸的方向不一致，存在夹角α时基准不重合误差等于定位尺寸的公差在加工尺寸方向上的投影。这样，便可得到下面的公式

$$\Delta_B = \delta_s \cos\alpha$$

当工序基准的变动方向与加工尺寸的方向一致时，$\alpha = 0°$，$\cos\alpha = 1$，此时基准不重合误差等于定位尺寸的公差

$$\Delta_B = \delta_s$$

因此，基准不重合误差Δ_B是一批工件逐个在夹具上定位时，定位基准与工序基准不重合而造成的加工误差，其大小为定位尺寸的公差δ_s在加工尺寸方向上的投影。

图2-153上加工尺寸B的工序基准与定位基准均为底面，基准重合，所以$\Delta_B = 0$。

（2）基准位移误差　图 2-154a 所示是在圆柱面上铣槽的工序简图，加工尺寸为 A 和 B。图 2-154b 是加工示意图，工件以内孔 D 在圆柱心轴（直径为 d_0）上定位，O 是心轴轴心，即限位基准，C 是对刀尺寸。尺寸 A 的工序基准是内孔轴线，定位基准也是内孔轴线，两者重合，$\Delta_B = 0$。但是，由于定位副（工件内孔面与心轴圆柱面）有制造公差和配合间隙；使得定位基准（工件内孔轴线）与限位基准（心轴轴线）不能重合，在夹紧力 F_j 的作用下，定位基准相对于限位基准下移了一段距离，定位基准的位置变动影响到尺寸 A 的大小，造成了 A 的误差，这个误差就是基准位移误差。

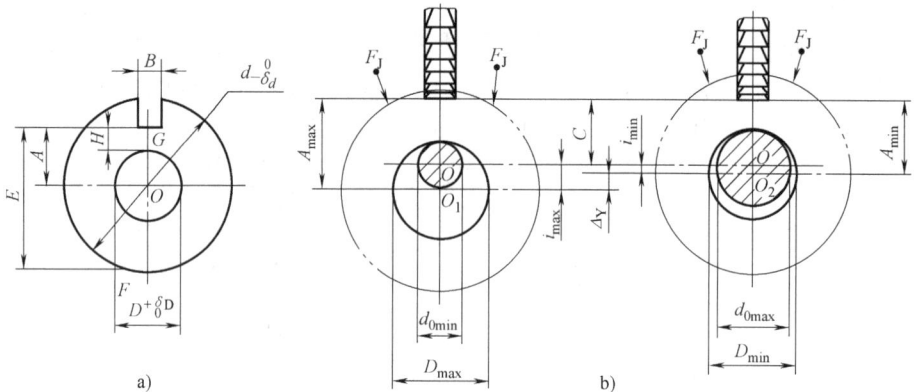

图 2-154　基准位移误差

a）工序简图　b）加工示意图

同样，基准位移误差的大小应等于因定位基准与限位基准不重合造成的加工尺寸的变动范围。

由图 2-154b 可知，当工件孔的直径为最大（D_{max}），心轴直径为最小（d_{min}）时，定位基准的位移量 i 为最大（$i = OO_1$），加工尺寸 A 也最大（A_{max}）；当工件孔的直径为最小（D_{min}），心轴直径为最大（d_{max}）时，定位基准的位移量 C 为最小（$i_{min} = OO_2$），加工尺寸也最小（A_{min}）。因此

$$\Delta_Y = A_{max} - A_{min} = i_{max} - i_{min} = \delta_i$$

式中　i——定位基准的位移量（mm）；

δ_i——一批工件定位基准的变动范围（mm）。

当定位基准的变动方向与加工尺寸的方向不一致，两者之间成夹角 α 时，基准位移误差等于定位基准的变动范围在加工尺寸方向上的投影，即

$$\Delta_Y = \delta_i \cos\alpha$$

当工序基准的变动方向与加工尺寸的方向一致时，$\alpha = 0°$，$\cos\alpha = 1$，此时基准位移误差等于定位基准的变动范围

$$\Delta_Y = \delta_i$$

因此，基准位移误差 Δ_Y 是一批工件逐个在夹具上定位时，定位基准与相对于限位基准的最大变化范围 δ_i 在加工尺寸方向上的投影。

定位误差 Δ_D 可以分为两部分：

① 工序基准与定位基准（或对刀基准）不重合，引起基准不重合误差 Δ_B。

② 定位基准（基准面）和定位元件本身存在制造误差和最小配合间隙，使定位基准偏离其理想位置，产生基准位移误差 Δ_Y。

但并不是在任何情况下这两部分误差都存在，当定位基准与工序基准重合时，$\Delta_B = 0$；当工序基准无位移变化时，$\Delta_Y = 0$。总的定位误差为

$$\Delta_D = \Delta_B + \Delta_Y$$

2. 定位误差计算

1）极限位置法。画出一批工件定位时引起工序尺寸变化的两个极限位置（最大和最小），通过几何关系，直接找出工序基准的位置变化量在工序尺寸方向上的分量，即为该工序尺寸的定位误差。

2）单项计算合成法。根据定位误差的定义，分别计算基准不重合误差 Δ_B 和基准位移误差 Δ_Y，然后按照 $\Delta_D = \Delta_B + \Delta_Y$ 进行合成。但要特别注意，一批工件从一种极限位置变为另一种极限位置时 Δ_B 和 Δ_Y 的变化方向与工序尺寸方向的关系，从而确定 Δ_B 和 Δ_Y 的大小和符号。

由此可知，要提高定位精度，除了应使定位基准与工序基准重合外，还应提高定位元件和定位面的精度。

（1）工件以平面定位时的定位误差　当工件以单一平面为定位基准时，平面与定位元件是直接接触的。若平面又是工序基准时，则基准是重合的，所以没有基准不重合误差，即 $\Delta_B = 0$；若平面不是工序基准，则基准是不重合的，所以一定存在基准不重合误差，即 $\Delta_B \neq 0$。

基准位移误差有两种情况：

1）定位平面是未加工的毛坯表面。这种情况一般用三点支承方式，定位元件是球头支承钉（图 2-155a）。由于毛坯面的制造误差，使得定位基准在 ΔH 范围内变化，故

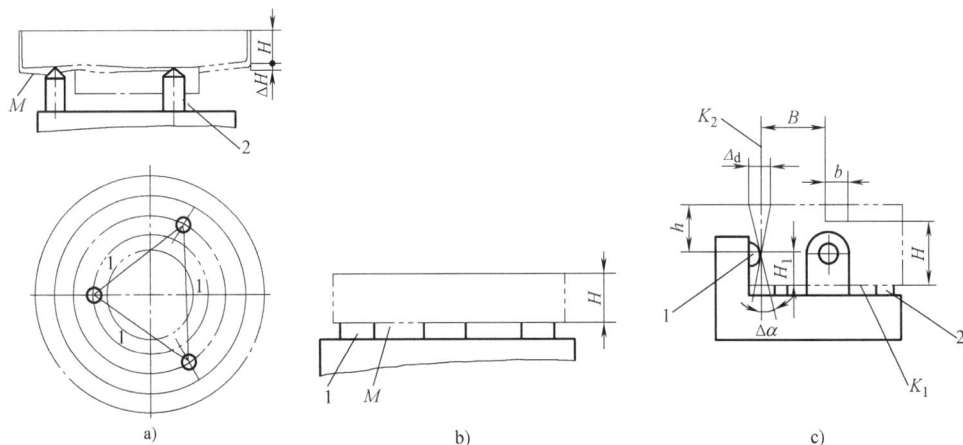

图 2-155　平面定位误差
a）毛坯表面定位　b）加工过的平面定位　c）组合平面定位

$$\Delta_Y = \Delta H$$

2）定位平面是已加工过的平面。这种情况一般用多条支承板，也可以用支承钉，如图 2-55b 所示。由于平面已被加工过可以认为定位基准（工序基准）没有位移变化。故

$$\Delta_Y = 0$$

当工件以两个以上的组合平面定位时，情况比较复杂，要根据具体情况具体分析。其中基准位移误差是由定位基准（平面）之间的位置误差产生的，例如图 2-155c 所示的定位系统，该工序要求保证工序尺寸 b、H 及 B。其中 b 是由铣刀宽度保证的，尺寸 H 及 B 是靠工件相对于铣刀的正确定位来保证的。当以平面 K_1 和 K_2 为定位基准时，由于定位基准与工序基准重合（K_1 和 K_2 是工序基准），基准不重合误差等于零。而基准位移误差，对于 H 工序尺寸，它的工序基准和定位基准都是 K_1 平面，且平面 K_1 是已加工表面，故基准位移误差也为零。即

$$\Delta_{D(H)} = \Delta_{B(H)} + \Delta_{Y(H)} = 0 + 0 = 0$$

对于工序尺寸 B，它的工序基准和定位基准都是 K_2 平面。由于平面 K_1 与 K_2 之间存在垂直度误差（$90° \pm \Delta\alpha$），因此，在调整好的机床上加工一批工件时，将引起工序基准位置发生变化，故工序尺寸 B 也随之产生加工误差，其定位误差为

$$\Delta_{D(B)} = \Delta_{B(B)} + \Delta_{Y(B)} = 0 + 2h\tan\Delta\alpha = 2h\tan\Delta\alpha$$

（2）工件以圆孔定位时的定位误差　与孔配合的定位元件有心轴、定位销和锥销。工件以圆孔在不同的定位元件上定位时，所产生的定位误差是随定位系统和孔与心轴（销）的不同配合性质而变化的。这里分析工件以圆孔在间隙配合心轴（或定位销）上定位的定位误差。根据心轴（或定位销）放置方位的不同，有两种情况。

1）心轴（或定位销）水平放置。在图 2-156a 所示工件上钻一个小孔，由工序图可知，工序基准与定位基准都是定位孔的轴线，基准是重合的，所以基准不重合误差为零。由于孔和心轴存在制造误差和最小配合间隙（图 2-156b），所以当工件装在心轴（定位销）上时，因其自重而下降使圆孔上母线与心轴上母线接触，引起定位基准（工序基准）发生偏移，如图 2-156c 所示。这就是基准位移误差，定位孔与心轴的最大间隙为 $(T_{Dg} + T_d + X)$，因为心轴水平放置，工件在重力的作用下，总是向单方向移动，故定位误差为

$$\Delta_{D(A)} = \frac{1}{2}(T_{Dg} + T_d + X)$$

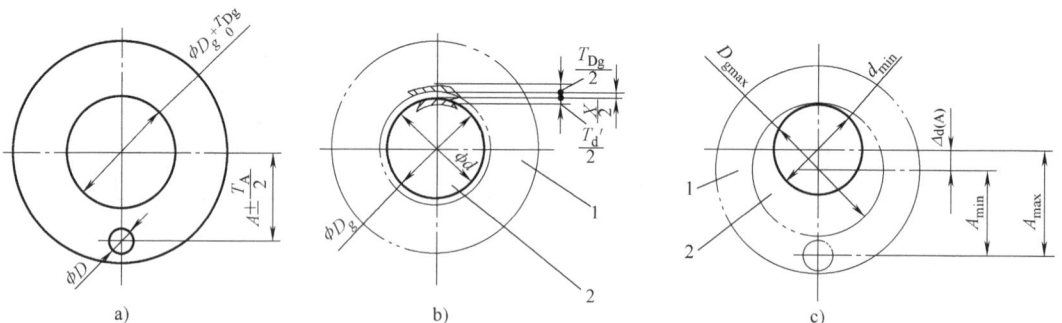

图 2-156　心轴水平放置定位误差

a）工序图　b）误差分析图　c）实际误差方向图

1—工件　2—心轴

2）心轴（定位销）垂直放置。现仍以图 2-157a 所示的工件为例，在立式钻床上钻孔

并保证工序尺寸 A。由图 2-157 可以看出，由 Δ_Y 引起的工件工序基准变化范围，是以心轴轴线为圆心，直径为最大配合间隙的圆。因此，心轴垂直放置时的定位误差比水平放置时的定位误差增大 1 倍，即

$$\Delta_{D(A)} = T_{Dg} + T_d + X$$

（3）工件以外圆定位时的定位误差 工件用外圆定位时，常用的定位元件有各种定位套、支承板、支承钉等。采用各种定位套、支承板、支承钉定位时，定位误差的分析可参照前述圆孔定位和平面定位的情况。下面主要分析工件外圆在 V 形块上定位时的定位误差。

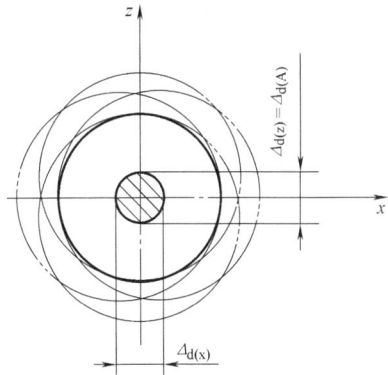

图 2-157 心轴（定位销）垂直
放置时的定位误差

在外圆尺寸为 $d_{-\delta_d}^{\ 0}$ 的圆柱体上铣一键槽，圆柱体放在 V 形块上定位，当键槽深度尺寸（工序尺寸 A）的标注方法不同（工序基准不同）时，出现如图 2-158 所示的三种情况。

1）以外圆轴线为工序基准。如图 2-158a 所示，工序尺寸 A_1 的工序基准为工件轴线 O，而工件的定位基准也为工件轴线 O，两者是重合的（V 形块既是对中定位元件，也是定心定位元件），因此不存在基准不重合误差。但是，由于一批工件的定位基准面——外圆柱面有制造误差，使得工件与 V 形块接触时，将在最大尺寸 d 和最小尺寸 $d - \delta_d$ 之间变动，从而引起工序基准 O 在 V 形块对称平面内发生偏移，A_1 移动的区间是 O_1O_2，O_1O_2 的方向与工序尺寸一致，O_1O_2 的长度就是工序尺寸 A_1 的基准位移量，在这里也就是定位误差。故

$$\Delta_{D(A_1)} = O_1O_2 = \frac{\delta_d}{2\sin\frac{\alpha}{2}} = 0.707\delta_d \quad (\alpha = 90°)$$

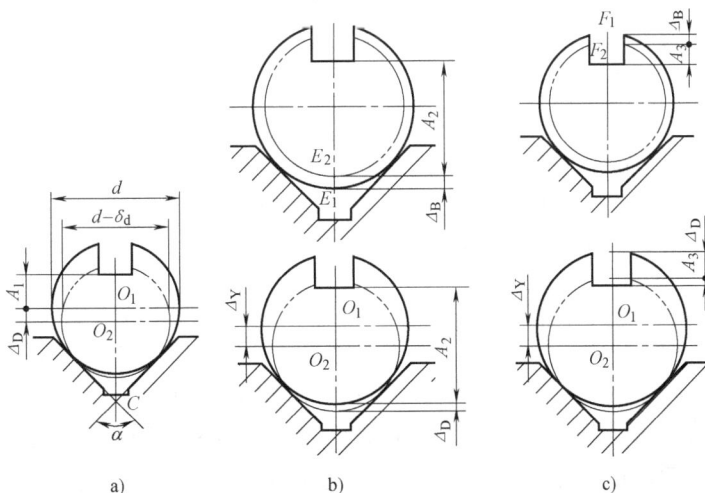

图 2-158 键槽的三种标注形式的定位误差
a）以外圆轴线为工序基准 b）以外圆最下素线为工序基准 c）以外圆最上素线为工序基准

2）以外圆下母线为工序基准。如图 2-158b 所示，工序尺寸 A_2 以外圆下母线 E 为工序基准。这时，除了存在上述的定位基准面制造误差而产生的基准位移误差外，还存在基准不重和误差。

基准位移误差

$$\Delta_{Y(A_2)} = 0.707\delta_d$$

基准不重合误差

$$\Delta_{B(A_2)} = \frac{\delta_d}{2}$$

由于圆柱尺寸变化时，基准位移误差和基准不重合误差变化方向相反，故

$$\Delta_{D(A_2)} = 0.707\delta_d - \frac{\delta_d}{2} = 0.207\delta_d$$

3）以外圆上母线为工序基准。如图 2-158c 所示，工序尺寸 A_3 以外圆上母线 F 为工序基准。其基准位移误差、基准不重合误差与 2）相同，但两者的变化方向一致，故

$$\Delta_{D(A_3)} = 0.707\delta_d + \frac{\delta_d}{2} = 1.207\delta_d$$

由此，外圆在 V 形块上定位铣键槽时，键槽深度的工序基准不同，其定位误差也不相同，即 $\Delta_{D(A_2)} < \Delta_{D(A_1)} < \Delta_{D(A_3)}$，从减小定位误差来说，以 A_2 方式标注最佳。

三、机械加工工艺路线的制订

制订工艺路线是指制订零件加工所经过的有关部门和工序的先后顺序。工艺路线的制订是制订工艺规程的重要内容，其主要任务是选择各个加工表面的加工方法，确定各个表面的加工顺序以及整个工艺过程的工序数目和工序内容。它与零件的加工要求、生产批量及生产条件等多种因素有关。

（一）表面加工方法的选择

选择表面加工方法时，一般先根据表面的加工精度和表面粗糙度要求，选定最终加工方法，然后再确定精加工前的准备工序的加工方法，即确定加工方案。由于获得同一精度和同一粗糙度的方案有好几种，选择时还要考虑生产效率和经济性，考虑零件的结构形状、尺寸大小、材料和热处理要求及工厂的生产条件等。

1. 经济加工精度与经济粗糙度

经济加工精度是指在正常生产条件下（采用符合标准的生产设备、工装、标准的工人技术等级、合理的加工时间），某种加工方法所能达到的加工精度。

经济粗糙度是指在正常生产条件下（采用符合标准的生产设备、工装、标准的工人技术等级、合理的加工时间），某种加工方法所能达到的加工表面粗糙度。

表 2-30、表 2-31、表 2-32 分别为外圆柱面、孔和平面等的典型加工方法和加工方案能达到的经济加工精度和经济粗糙度。各种加工方法所能达到的经济加工精度和经济粗糙度等级，也可在相关机械加工手册中查到。

表 2-30 外圆柱面加工方法

序号	加工方法	经济加工精度	经济表面粗糙度值 $Ra/\mu m$	适 用 范 围
1	粗车	IT11 ~ IT13	12.5 ~ 50	适用于淬火钢以外的各种金属
2	粗车—半精车	IT8 ~ IT10	3.2 ~ 6.3	
3	粗车—半精车—精车	IT7 ~ IT8	0.8 ~ 1.6	
4	粗车—半精车—精车—滚压（或抛光）	IT7 ~ IT8	0.025 ~ 0.2	
5	粗车—半精车—磨削	IT7 ~ IT8	0.4 ~ 0.8	主要用于淬火钢，也可用于未淬火钢，但不宜加工非铁金属
6	粗车—半精车—粗磨—精磨	IT6 ~ IT7	0.1 ~ 0.4	
7	粗车—半精车—粗磨—精磨—超精加工	IT5	0.12 ~ 0.1	
8	粗车—半精车—精车—精细车（金刚石车）	IT6 ~ IT7	0.025 ~ 0.4	主要用于要求较高的非铁金属加工
9	粗车—半精车—粗磨—精磨—超精磨（或镜面磨）	IT5 以上	0.006 ~ 0.025	极高精度的外圆加工
10	粗车—半精车—粗磨—精磨—研磨	IT5 以上	0.006 ~ 0.1	

表 2-31 孔加工方法

序号	加工方法	经济加工精度	经济表面粗糙度值 $Ra/\mu m$	适 用 范 围
1	钻	IT11 ~ IT13	12.5	加工未淬火钢及铸铁的实心毛坯，也可用于加工非铁金属，孔径小于 15 ~ 20mm
2	钻—铰	IT8 ~ IT10	1.6 ~ 6.3	
3	钻—粗铰—精铰	IT7 ~ IT8	0.8 ~ 1.6	
4	钻—扩	IT1 ~ IT11	6.3 ~ 12.5	
5	钻—扩—铰	IT8 ~ 9	1.6 ~ 3.2	
6	钻—扩—粗铰—精铰	IT7	0.8 ~ 1.6	
7	钻—扩—机铰—手铰	IT6 ~ IT7	0.2 ~ 0.4	
8	钻—扩—拉	IT7 ~ IT9	0.1 ~ 1.6	大批大量生产（精度由拉刀的精度而定）
9	粗镗（或扩孔）	IT11 ~ IT13	6.3 ~ 12.5	除淬火钢外的各种材料毛坯有铸出孔或锻出孔
10	粗镗（粗扩）—半精镗（精扩）	IT9 ~ IT10	1.6 ~ 3.2	
11	粗镗（粗扩）—半精镗（精扩）—精镗（铰）	IT7 ~ IT8	0.8 ~ 1.6	
12	粗镗（粗扩）—半精镗（精扩）—精镗—浮动镗刀精镗	IT6 ~ IT7	0.4 ~ 0.8	

（续）

序号	加工方法	经济加工精度	经济表面粗糙度值 Ra/μm	适 用 范 围
13	粗镗（扩）—半精镗—磨孔	IT7～IT8	0.2～0.8	主要用于淬火钢，也可用于未淬火钢，但不宜用于非铁金属
14	粗镗（扩）半精镗—粗磨—精磨	IT6～IT7	0.1～0.2	
15	粗镗—半精镗—精镗—精细镗（金刚镗）	IT6～IT7	0.05～0.4	主要用于精度要求高的非铁金属加工
16	钻—（扩）—粗铰—精铰—珩磨；钻—（扩）—拉—珩磨；粗镗—半精镗—精镗—珩磨	IT6～IT7	0.025～0.2	精度要求很高的孔
17	钻—（扩）—粗铰—精铰—研磨；钻—（扩）—拉—研磨；粗镗—半精镗—精镗—研磨	IT5～IT6	0.006～0.1	

表 2-32 平面加工方法

序号	加工方法	经济加工精度	经济表面粗糙度值 Ra/μm	适 用 范 围
1	粗车	IT11～IT13	12.5～50	端面
2	粗车—半精车	IT8I～T10	3.2～6.3	
3	粗车—半精车—精车	IT7～IT8	0.8～1.6	
4	粗车—半精车—磨削	IT6～IT9	0.2～0.8	
5	粗刨（粗铣）	IT11～IT13	6.3～25	未淬硬平面
6	粗刨（粗铣）—精刨（精铣）	IT8～IT10	1.6～6.3	
7	粗刨（粗铣）—精刨（精铣）—刮研	IT6～IT7	0.1～0.8	精度要求较高的未淬硬平面，批量较大时宜采用宽刃精刨
8	粗刨（粗铣）—精刨（精铣）—宽刃精刨	IT7	0.2～0.8	
9	粗刨（粗铣）—精刨（精铣）—磨削	IT7	0.2～0.8	精度要求较高的淬硬平面及未淬硬平面
10	粗刨（粗铣）—精刨（精铣）—粗磨—精磨	IT6～IT7	0.025～0.4	
11	粗铣—拉削	IT7～IT9	0.2～0.8	大量生产，较小平面
12	粗铣—精铣—磨削—研磨	IT5 以上	0.006～0.1	高精度平面

2. 零件结构形状和尺寸大小

零件的形状和尺寸影响加工方法的选择。如小孔一般用铰削而较大的孔用镗削加工，箱体上的孔一般难于拉削而采用镗削或铰削，对于非圆的通孔，应优先考虑用拉削或批量较少时用插削加工，对于难磨的小孔，则可采用研磨加工。

3. 零件的材料及热处理要求

经淬火后的表面，一般应采用磨削加工，材料未淬硬的精密零件的配合表面，可采用刮研加工，对硬度低而韧性较大的金属，如铜、铝、镁铝合金等非铁金属，为避免磨削时砂轮的嵌塞，一般不采用磨削加工，而采用高速精车、精镗、精铣等加工方法。

4. 生产率和经济性

对于较大的平面，铣削加工生产率较高，面窄长的工件宜用刨削加工，对于大量生产的低精度孔系，宜采用多轴钻，对批量较大的曲面加工，可采用机械靠模加工、数控加工和特种加工等加工方法。

（二）加工阶段的划分

当零件表面精度和表面粗糙度要求比较高时，往往不可能在一个工序中加工完成，而划分为几个阶段来进行加工。

1. 工艺过程的加工阶段划分

（1）粗加工阶段　粗加工阶段主要切除各表面上的大部分加工余量，使毛坯形状和尺寸接近于成品。该阶段的特点是适用于大功率机床，选用较大的切削用量，尽可能提高生产率和降低刀具磨损等。

（2）半精加工阶段　半精加工阶段完成次要表面的加工，并为主要表面的精加工做准备。

（3）精加工阶段　精加工阶段保证主要表面达到图样要求。

（4）光整加工阶段　对表面粗糙度及加工精度要求高的表面，还需进行光整加工。这个阶段一般不能用于提高零件的位置精度。

应当指出，加工阶段的划分是就零件加工的整个过程而言，不能以某个表面的加工或某个工序的性质来判断。同时在具体应用时，也不可以绝对化，对有些重型零件或余量小、精度不高的零件，则可以在一次装夹后完成表面的粗、精加工。

2. 划分加工阶段的原因

（1）有利于保证加工质量　工件在粗加工时，由于加工余量较大，所受的切削力、夹紧力较大，将引起较大的变形及内应力重新分布。如不分阶段进行加工，上述变形来不及恢复，将影响加工精度。而划分加工阶段后，能逐渐恢复和修正变形，提高加工质量。

（2）便于合理使用设备　粗加工要求采用刚性好、效率高而精度低的机床，精加工则要求机床精度高。划分加工阶段后，可以避免"以精干粗"，充分发挥机床的性能，延长机床的使用寿命。

（3）便于安排热处理工序和检验工序　如粗加工阶段后，一般要安排去应力的热处理，以消除内应力。某些零件精加工前要安排淬火等最终热处理，其变形可通过精加工予以消除。

（4）便于及时发现缺陷及避免损伤已加工表面　毛坯经粗加工阶段后，缺陷即已暴露，可及时发现和处理。同时，精加工工序放在最后，可以避免加工好的表面在搬运和夹紧中受损。

在拟订零件的工艺路线时，一般应遵循划分加工阶段这一原则，但具体应用时要灵活处理。

（三）加工顺序的安排

加工顺序安排总的原则是前面的工序为后续工序创造条件，并作为基准。具体原则如下：

（1）先粗后精　零件的加工一般应划分加工阶段，先进行粗加工，然后进行半精加工，最后是精加工和光整加工，应将粗、精加工分开进行。

（2）先主后次　先考虑主要表面的加工，后考虑次要表面的加工。主要表面加工容易出废品，应放在前阶段进行，以减少工时的浪费，应当指出，先主后次的原则应正确理解和应用。次要表面一般加工余量较小，加工比较方便，因此，次要表面加工穿插在各加工阶段中进行，使加工阶段更明显且能顺利进行，又能增加加工阶段的时间间隔，可以有足够的时间让残余应力重新分布并使其引起的变形充分表现，以便在后续工序中修正。

（3）先面后孔　先加工平面，后加工孔，因为平面一般面积较大，轮廓平整先加工好平面，便于加工孔时的定位安装，利于保证孔与平面的位置精度，同时也给孔的加工带来方便，另外由于平面已加工好，对平面上的孔加工时，使刀具的初始工作条件得到改善。

（4）先基准后其他　作为精基准的表面，要首先加工出来，所以第一道工序一般进行定位基准面的粗加工和半精加工（有时包括精加工），然后以精基准面定位加工其他表面。

（四）热处理工序的安排

热处理的目的是提高材料的力学性能，消除残余应力和改善金属的切削加工性。按照热处理目的的不同，热处理工艺可分为两大类：预备热处理和最终热处理。

1. 预备热处理

预备热处理的目的是改善加工性能、消除内应力和为最终热处理准备良好的金相组织。其热处理工艺有退火、正火、时效、调质等。

退火和正火常安排在毛坯制作之后、粗加工之前进行。碳质量分数高于 0.5% 的碳钢和合金钢，为降低其硬度以易于切削，常采用退火处理；碳质量分数低于 0.5% 的碳钢和合金钢，为避免切削时粘刀，采用正火处理。退火和正火还能细化晶粒、均匀组织，为以后的热处理作准备。

时效处理主要用于消除毛坯制造和机械加工中产生的内应力，为减少运输工作量，对于一般精度的零件，在精加工前安排一次时效处理即可。但精度要求较高的零件，应安排两次或数次时效处理工序，简单零件一般可以不安排时效处理。除铸件外，对于一些刚性较差的精密零件，为消除加工中产生的内应力、稳定零件加工精度，常在粗加工、半精加工之间安排多次时效处理，有些轴类零件在校直工序后也要安排时效处理。

调质即在淬火后进行高温回火处理，它能获得均匀细致的回火索氏体组织，为以后的表面淬火和渗氮处理时减少变形做准备，因此调质可作为预备热处理。

由于调质后零件的综合力学性能较好，对某些硬度和耐磨性要求不高的零件，也可作为最终热处理工序。

2. 最终热处理

最终热处理的目的是提高硬度、耐磨性和强度等力学性能。其热处理工艺有淬火、渗碳淬火、渗氮处理等。

淬火有表面淬火和整体淬火。其中表面淬火因为变形、氧化及脱碳较小而应用较广，而且表面淬火还具有外部强度高、耐磨性好，而内部保持良好的韧性、抗冲击力强的优点。为提高表面淬火零件的力学性能，常需进行调质或正火等热处理作为预备热处理。其一般工艺路线为：

下料→锻造→正火→粗加工→调质→半精加工→淬火→精加工。

渗碳淬火适用于低碳钢和低合金钢，该工艺方法为先提高零件表面层的含碳量，经淬火后使表面获得高的硬度，而心部仍保持一定的强度和较高的韧性和塑性。渗碳分整体渗碳和局部渗碳，局部渗碳时对不渗碳部分要采取防渗措施（镀铜或镀防渗材料）。由于渗碳淬火变形大，且渗碳深度一般在 0.5～2mm。其工艺路线一般为：

下料→锻造→正火→粗、半精加工→渗碳淬火→精加工。

当局部渗碳零件的不渗碳部分，采用加大加工余量后切除多余的渗碳层时，切除多余渗碳层的工序应安排在渗碳后、淬火前。

渗氮处理是使氮原子深入金属表面获得一层含氮化合物的处理方法。渗氮层可以提高零件表面的硬度、耐磨性、疲劳强度和抗蚀性。由于渗氮处理温度较低、变形小，且渗氮层较薄（一般不超过 0.6～0.7mm），渗氮工序应尽量靠后安排。为减少渗氮时的变形，在切削后一般需要进行消除应力的高温回火。

（五）辅助工序的安排

辅助工序一般包括去毛刺、倒棱、清洗、防锈、退磁、检验等。其中检验工序是主要的辅助工序，它对产品的质量有极重要的作用。检验工序一般安排如下：

1）关键工序或工序较长的工序前后。

2）零件换车间前后，特别是进行热处理工艺前后。

3）在加工阶段前后，如在粗加工后、精加工前。

4）零件全部加工完毕。

（六）工序集中和工序分散

在划分了加工阶段以及各表面加工先后顺序后，就可以把这些内容组成为各个工序。在组成工序时，有两条原则：工序集中和工序分散。

1. 工序集中

工序集中是将工件加工内容集中在少数几道工序内完成，每道工序的加工内容较多。

工序集中可用多刀、多轴机床，数控机床和加工中心等技术措施集中，称为机械集中；也可采用普通机床顺序加工，称为组织集中。

工序集中有如下特点：

1）在一次安装中可以完成零件多个表面的加工，可以较好地保证这些表面的相互位置精度，同时减少装夹时间和减少工件在车间内的搬运工作量，有利于缩短生产周期。

2）减少机床数量，并相应减少操作工人、节省车间面积、简化生产计划和生产组织工作。

3）可采用高效率的机床或自动线、数控机床等，生产率高。

4）因采用专用设备和工艺装备，使投资增大，调整和维护复杂，生产准备工作量大。

2. 工序分散

工序分散是将工件加工内容分散在较多的工序中进行，每道工序的加工内容较少，最少时每道工序只包含一个简单工步。

工序分散有如下的特点：

1）机床设备及工艺装备简单，调整和维护方便，工人易于掌握，生产准备工作量少，便于平衡工序时间。

2）可采用最合理的切削用量，减少基本时间。

3）设备数量多，操作工人多，占用场地大。

工序集中和工序分散各有利弊，应根据生产类型、现有生产条件、企业能力、工作结构特点和技术要求等进行综合分析，择优选用。单件小批生产采用通用机床顺序加工，使工序集中，可以简化生产计划和组织工作。多品种小批量生产也可以采用数控机床等先进的加工方法。对于重型工件，为了减少工件装卸和运输的劳动量，工序应适当集中。大批大量生产的产品，可采用专用设备和工艺装备，如多刀、多轴机床或自动机床等，将工序集中；也可将工序分散后组织流水线生产。但对一些结构简单的产品，如轴承和刚性较差、精度较高的精密零件，则工序应适当分散。

（七）设备与工装选择

在设计加工工序时，需要正确地选择机床和工艺装备，并填入相应工艺卡片中，这是保证零件的加工质量、提高生产率和经济效益的重要措施。

1. 机床的选择

机床是加工工件的主要生产工具，选择时应考虑下述问题：

1）所选择的机床应与加工零件相适应。即机床的精度应与加工零件的技术要求相适应；机床的主要规格尺寸应与加工零件的外轮廓尺寸相适应；机床的生产率应与零件的生产纲领相适应。

2）考虑生产现场的实际情况，即现有设备的类型、规格及实际精度、设备的分布排列及负荷情况、操作者的实际水平等。

3）考虑生产工艺技术的发展，如在一定的条件下考虑采用计算机辅助制造（CAM）、成组技术（GT）等新技术时，则有可能选用高效率的专用、自动、组合等机床以满足相似零件组的加工要求，而不仅仅考虑某一零件批量的大小。

综合考虑上述因素，在选择时应充分利用现有设备，并尽量采用国产机床。

当现有设备的规格尺寸和实际精度不能满足零件的设计要求时，应优先考虑新技术、新工艺进行设备改造，实施"以小干大"、"以粗干精"等行之有效的办法。

2. 工艺装备的选择

（1）夹具的选择　单件小批量生产应尽量选用通用夹具，如机床自带的卡盘、平口钳、回转工作台等。大批大量生产时，应采用高生产效率的专用夹具，积极推广气、液传动的专用夹具。在推行计算机辅助制造、成组技术等新工艺或提高生产效率时，则应采用成组夹具、组合夹具。夹具的精度应与零件的加工精度相适应。

（2）刀具的选择　刀具的选择主要取决于工序所采用的加工方法、加工表面的尺寸、工件材料、所要求的精度和表面粗糙度、生产率及经济性等，应尽可能采用标准刀具，必要时可采用高生产效率的复合刀具和其他专用刀具。

（3）量具的选择 量具的选择主要是根据要求检验的精度和生产类型，量具的精度必须与加工精度相适应。在单件小批生产中，应尽量采用通用量具、量仪，而在大批大量生产中，则应采用各种量规、高生产率的检验仪器、检验夹具等。

（八）工艺文件填写

如前所述，机械加工工艺规程是指规定零件机械加工工艺过程和操作方法等的工艺文件。工艺规程制订好后，应将其内容填入具有一定格式的卡片，成为生产准备和施工依据的工艺文件。常用工艺文件的格式有下列几种：

1. 机械加工工艺过程卡

机械加工工艺过程卡片以工序为单位，简要地列出整个零件加工所经过的工艺路线（包括毛坯制造、机械加工和热处理等），它是制订其他工艺文件的基础，也是生产准备、编制作业计划和组织生产的依据。在这种卡片中，由于工序的说明不够具体，故一般不直接指导工人操作，而多作为生产管理方面使用。但在单件小批生产中，由于通常不编制其他较详细的工艺文件，就以这种卡片指导生产。机械加工工艺过程卡片见表 2-33。

表 2-33　机械加工工艺过程卡片

（工厂名或企业名）		机械加工工艺过程卡片		产品型号		零件图号				
				产品名称		零件名称		共　页		第　页
材料牌号		毛坯种类		毛坯外形尺寸	每毛坯可制件数		每台件数		备注	
工序号	工序名称	工序内容			车间	工段	设备	工艺装备	工时定额	
									准终	单件
更改内容										
编制	（日期）		审核	（日期）		标准化	（日期）		会签	（日期）

2. 机械加工工艺卡片

机械加工工艺卡片是以工序为单位，详细地说明整个工艺过程的一种工艺文件。它是用来指导工人生产和帮助车间管理人员和技术人员掌握整个零件加工过程的一种主要技术文件，广泛应用于成批生产的零件和重要零件的小批生产中。

机械加工工艺卡片内容包括零件的材料、毛坯种类、工序号、工序名、工序内容、工艺参数、操作要求以及采用的设备和工艺装备等，见表 2-34。

表2-34 机械加工工艺卡片

（企业名称）	机械加工工艺卡片	产品型号		零（部）件图号			共 页	
		产品名称		零（部）件名称			第 页	
材料牌号		毛坯种类		毛坯外形尺寸		每毛坯可制件数		每台件数		备注	
工序	装夹	工步	工序内容	同时加工件数	切削用量			设备名称或编号	工艺装备名称及编号			技术等级	工时定额	
					背吃刀量/mm	切削速度/(m/min)	进给量/(mm/r或mm/min)		夹具	刀具	量具		准终	单件

更改内容							
			编制（日期）	审核（日期）	标准化（日期）	会签（日期）	
标记	处数	更改文件号	签字	日期			

3. 机械加工工序卡片

机械加工工序卡片是根据机械加工工艺卡片为每一道工序制订的。它更详细地说明整个零件各个工序的要求，是用来具体指导工人操作的工艺文件，在这种卡片上要画工序简图，说明该工序每个工步的内容、工艺参数、操作要求以及所用的设备及工艺装备。一般用于大批大量生产的零件。机械加工工序卡片见表2-35。

4. 检验工序卡

零件在生产加工过程中，可能会因为某些影响因素而造成零件的某一尺寸或某几个尺寸未达到设计图样的要求，为了保证所生产的零件是合格的，及时发现生产过程中工序的加工是否正常，需要为产品质量检验人员制订专门用于零件质量检验的卡片。在生产制造一个零件的工艺文件里，至少有一份检验工序卡。对于复杂和精度要求高的零件，有时按生产阶段或加工工序的要求有若干份检验工序卡，针对特殊工序还有专用的检验工序卡。检验工序卡内容包括：检验内容、检验所用的夹具、量具、每批零件抽检数目，见表2-36。

表 2-35 机械加工工序卡片

机械加工工序卡		产品型号		零件图号			
		产品名称		零件名称		共 页	第 页

	车间	工序号	工序名称	材料牌号		
	毛坯种类	毛坯外形尺寸	每毛坯可制件数	每台件数		
	设备名称	设备型号	设备编号	同时加工件数		
（工序图）						
	夹具编号		夹具名称	切削液		
	工位器具编号		工位器具名称	工序工时		
				准终	单件	

工步号	工步内容	工艺设备	切削速度 /（m/min）	进给量 /（mm/r）	背吃刀量/mm	进给次数	工步工时	
							机动	辅助
				设计（日期）	审核（日期）	标准化（日期）	会签（日期）	
标记	处数	更改文件号	签字	日期				

表 2-36 检验工序卡

工序号	检验工序卡	产品型号		零（部）件图号		共 页
	检验内容	产品名称		零（部）件名称		第 页
		百分比	加工序号	设备及检具	量具及标准号	量具名称

（续）

工序号	检验工序卡		产品型号		零（部）件图号		共 页
	检验内容		产品名称		零（部）件名称		第 页
			百分比	加工序号	设备及检具	量具及标准号	量具名称
					编制（日期）	审核（日期）	会签（日期）
标记	处数	更改文件号	签字	日期			

四、加工余量、工序尺寸及其公差的确定

工艺路线确定之后，就需要安排各个工序的具体加工内容，其中很重要的一项任务就是要确定各工序的工序尺寸及上、下极限偏差。工序尺寸的确定与工序的加工余量有关。

（一）加工余量

1. 加工余量的概念

加工余量是指加工过程中从加工表面切去的材料层厚度。加工余量有工序余量和加工总余量（毛坯余量）之分。

（1）工序余量　工序余量是指某一表面在一道工序中切除的金属层厚度。工序余量在数值上等于相邻两工序的工序尺寸之差。

图 2-159 所示加工平面的工序余量为

$$Z = a - b$$

式中　Z——本工序的工序余量（mm）；

　　　a——前工序的工序尺寸（mm）；

　　　b——本工序的工序尺寸（mm）。

图 2-160 所示的外圆表面加工工序余量为

$$Z = d_a - d_b$$

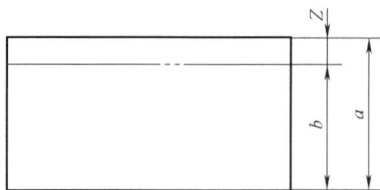

图 2-159　平面加工工序余量

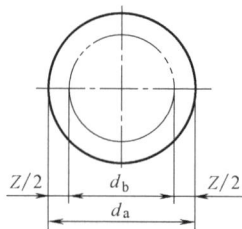

图 2-160　外圆表面加工工序余量

式中　Z——直径上的工序余量（mm）；

　　　d_a——前工序的加工直径（mm）；

　　　d_b——本工序的加工直径（mm）。

当加工某个表面的工序是分几个工步时，则相邻两工步尺寸之差就是工步余量，它是某工步在加工表面上切除的金属层厚度。

（2）加工总余量 毛坯尺寸与零件图样的公称尺寸之差称为加工总余量。它是从毛坯到成品的加工过程中从某一表面切除的金属层总厚度，也等于该表面 n 个工序余量之和，即

$$Z_{总} = Z_1 + Z_2 + Z_3 + \cdots + Z_n = \sum_{i=1}^{n} Z_i$$

式中 $Z_{总}$——加工总余量（mm）；

Z_i——第 i 道工序的工序余量（mm）；

n——该表面加工的工序数。

2. 加工余量的确定

（1）工序余量的确定 由于毛坯制造和各个工序尺寸都存在着误差，故工序余量是个变动量。当工序尺寸用公称尺寸计算时，所得到的工序余量称为基本余量或公称余量。

最小工序余量 Z_{min} 是保证该工序加工表面的精度和质量所需切除的金属层最小厚度。最大工序余量 Z_{max} 是该工序余量的最大值。以图 2-161 所示的外圆为例来计算，其他各类表面的情况类似。

当尺寸 a、b 均为工序基本尺寸时，基本工序余量为

$$Z = a - b$$

则最小工序余量为

$$Z_{min} = a_{min} - b_{max}$$

最大工序余量为

$$Z_{max} = a_{max} - b_{min}$$

图 2-161 所示为工序尺寸公差与工序余量间的关系。工序余量公差是工序余量的变动范围，其值为

$$T_Z = Z_{max} - Z_{min} = (a_{max} - a_{min}) +$$
$$(b_{max} - b_{min}) = T_a + T_b$$

式中，T_Z——本工序余量公差（mm）；

T_a——前工序的工序尺寸公差（mm）；

T_b——本工序的工序尺寸公差（mm）。

所以，余量公差等于前工序与本工序的尺寸公差之和。

工序尺寸公差带的分布，一般采用"包容原则"，即对于被包容面（轴类），上极限偏差

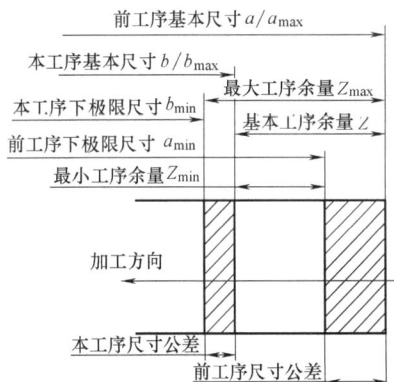

图 2-161 工序尺寸公差与工序余量的关系

取 0，下极限偏差取负值，公称尺寸为上极限尺寸，工序尺寸即为最大尺寸；对于包容面（孔类），上偏差取正值，下极限偏差取 0，公称尺寸为下极限尺寸，工序尺寸即为最小尺寸。但孔中心距及毛坯尺寸公差采用双向对称布置。

（2）加工总余量的确定 加工总余量也是变动值，其值及公差一般可从有关手册中查得或凭经验确定。

（二） 工序尺寸及公差的确定

当零件的设计基准与工艺基准重合时，便可以得到每一工序的工序尺寸，最后得到毛坯尺寸。当设计基准与工艺基准不重合时，每一工序的工序尺寸则必须通过工艺尺寸链的换算得到。

工序尺寸的公差一般都按"包容原则"进行标注，毛坯尺寸则往往采用双向偏差进行标注。

（1）示例1　图 2-162 所示为一轴套零件，轴套材料为 HT250。现加工孔，其工序尺寸及其公差确定如下：

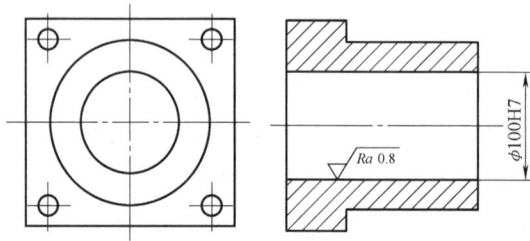

图 2-162　轴套

1）确定的加工工艺路线为—粗镗—半精镗—精镗—浮动镗。

2）确定的各加工余量见表 2-37。

表 2-37　各加工余量 （单位：mm）

工序	加工余量	工序尺寸
浮动镗	0.1	$\phi100$
精镗	0.5	$\phi99.9$
半精镗	2.4	$\phi99.4$
粗镗	5	$\phi97$
毛坯	8	$\phi92$

3）确定的工序尺寸及公差见表 2-38。

表 2-38　各工序尺寸及公差 （单位：mm）

工序	加工余量	工序尺寸	工序公差	最终尺寸
浮动镗	0.1	$\phi100$	0.035	$\phi100^{+0.035}_{0}$
精镗	0.5	$\phi99.9$	0.054	$\phi99.9^{+0.054}_{0}$
半精镗	2.4	$\phi99.4$	0.140	$\phi99.4^{+0.140}_{0}$
粗镗	5	$\phi97$	0.360	$\phi97^{+0.360}_{0}$
毛坯	8	$\phi92$	3	$\phi92\pm1.5$

（2）示例2　某轴直径为 $\phi50$mm，其标准公差等级要求为 IT5，表面粗糙度值要求为 $Ra0.04\mu$m，并要求高频淬火，毛坯为锻件。其工艺路线为：粗车—半精车—精车—高频淬火—粗磨—精磨—研磨。

确定各加工余量，见表 2-39。

表 2-39　各加工余量　　　　　　　（单位：mm）

工序	加工余量	工序尺寸
研磨	0.01	$\phi50$
精磨	0.10	$\phi50.01$
粗磨	0.30	$\phi50.11$
半精车	1.10	$\phi50.41$
粗车	4.50	$\phi51.51$
毛坯	6.01	$\phi56.01$

由于加工总余量为 6.01mm，毛坯的工序尺寸为 56.01mm，需对其圆整，取加工总余量为 6mm，则加工余量进行重新分配，见表 2-40。

表 2-40　重新分配各加工余量　　　　（单位：mm）

工序	加工余量	工序尺寸
研磨	0.01	$\phi50$
精磨	0.10	$\phi50.01$
粗磨	0.30	$\phi50.11$
半精车	1.10	$\phi50.41$
粗车	4.49	$\phi51.51$
毛坯	6	$\phi56$

确定工序尺寸及公差，见表 2-41。

表 2-41　各工序尺寸及公差　　　　　（单位：mm）

工序	加工余量	工序尺寸	工序公差	最终尺寸
研磨（IT5）	0.01	50	0.011	$\phi50_{-0.011}^{0}$
精磨（IT6）	0.10	50.01	0.016	$\phi50.01_{-0.016}^{0}$
粗磨（IT8）	0.30	50.11	0.039	$\phi50.11_{-0.039}^{0}$
半精车（IT11）	1.10	50.41	0.160	$\phi50.41_{-0.160}^{0}$
粗车（IT13）	4.49	51.51	0.390	$\phi51.51_{-0.390}^{0}$
毛坯（IT14）	6	56	4	$\phi56\pm2$

五、尺寸链的原理与应用

在汽车及机械产品设计、制造过程中，尺寸链的应用非常普遍。首先，产品设计工程师要根据产品、部件或总成的使用性能以及特殊要求，规定必需的装配精度（技术要求），以此确定零件的公称尺寸及公差（或极限偏差）；其次，机械加工工艺设计人员通过尺寸链换算，确定各工序尺寸及其偏差；最后，装配工艺工程师要根据装配要求确定合适的装配方法。因此，对产品设计工程师以及工艺工程师来说，尺寸链计算是必须掌握的重要理论之一。本节从汽车零部件设计、加工、装配出发，阐述尺寸链的基本概念、分类、组成、计算方法，装配尺寸链的建立、计算，以及工艺尺寸链解算等内容。

（一）尺寸链的概念

1. 尺寸链的定义

在机器装配或零件加工过程中，由相互连接的尺寸形成的封闭尺寸组，称为尺寸链。如图 2-163 所示，用零件的表面 1 定位加工表面 2 得到尺寸 A_1，再加工表面 3 得到尺寸 A_2，自然形成 A_0，于是 A_1、A_2、A_0 连接形成了一个封闭的尺寸组，图 2-163b 所示即为尺寸链。全部组成环为同一零件工艺（或工序）尺寸所形成的尺寸链称为工艺尺寸链。

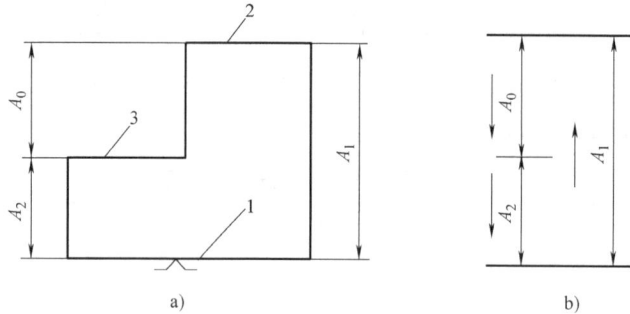

图 2-163　尺寸链

a）加工工序图　b）尺寸链图

2. 尺寸链的特征

1）尺寸链由一个自然形成的尺寸与若干个直接得到的尺寸所组成。

如图 2-163 所示，尺寸 A_1、A_2 是直接得到的尺寸，而 A_0 是自然形成的。其中自然形成的尺寸和精度受直接得到的尺寸和精度的影响，且自然形成的尺寸精度必然低于任何一个直接得到的尺寸的精度。

2）尺寸链一定是封闭的，且各尺寸按一定的顺序首尾相接。

3. 尺寸链的组成

组成尺寸链的各个尺寸称为尺寸链的环。如图 2-163 所示的 A_1、A_2、A_0 都是尺寸链的环，它们可以分为封闭环和组成环。

（1）封闭环　在加工（或测量）过程中最后自然形成的环称为封闭环，如图 2-163 所示的尺寸 A_0。每个尺寸链必须有且只能有一个封闭环。

（2）组成环　在加工（或测量）过程中直接得到的环称为组成环。尺寸链中除了封闭环外都是组成环。按其对封闭环的影响，可分为增环和减环。

增环：尺寸链中，由于该类组成环的变动引起封闭环同向变动，则该类组成环称为增环，如图 2-163 所示的 A_1。

减环：尺寸链中，由于该类组成环的变动引起封闭环反向变动，则该类组成环称为减环，如图 2-163 所示的 A_2。

同向变动是指该组成环增大时，封闭环也增大，该组成环减小时封闭环也减小；反之，则为反向变动。

为了简易地判别增环和减环，可在尺寸链图上先给封闭环任意定出方向并画出箭头，然后依此方向环绕尺寸链回路，顺次给每个组成环画出箭头。此时凡是与封闭环箭头相反的组成环为增环，相同的为减环。

（二）尺寸链的建立

尺寸链的建立并不复杂，但在尺寸链的建立中，封闭环的判定和组成环的查找却应引起重视。下面分别予以说明。

1. 封闭环的判定

在尺寸链中，封闭环是加工过程中自然形成的尺寸。因此，封闭环是随着零件加工方案的变化而变化的。仍以图 2-163 为例，若以表面 1 定位加工表面 2 得尺寸 A_1，然后以表面 2 定位加工表面 3，则 A_0 为直接得到的尺寸，而 A_2 为自然形成的尺寸，即 A_2 为封闭环。所以封闭环的判定必须根据零件加工的具体方案，紧紧抓住"自然形成"这一要领。

2. 尺寸链的建立方法

组成环查找的方法，从构成封闭的两表面开始，同步地按照工艺过程的顺序，分别向前查找各表面最后一次加工的尺寸，之后再进一步查找此加工尺寸的工序基准的最后一次加工的尺寸，如此继续向前查找，直到两条路线最后得到的加工尺寸的工序基准重合（即两者的工序基准为同一表面），至此上述尺寸系统即形成封闭轮廓，从而构成了工艺尺寸链。

（三）尺寸链的计算

尺寸链的计算方法有极值法和概率法两种。在中、小批量生产和可靠性要求高的场合，多采用极值法；在大批量生产（如汽车工业）中，可采用概率法。极值法的计算公式如下：

1. 封闭环的公称尺寸

封闭环的公称尺寸等于所有增环公称尺寸代数和与所有减环公称尺寸代数和之差，即

$$A_0 = \sum_{i=1}^{m} \overrightarrow{A}_i - \sum_{j=m+1}^{n-1} \overleftarrow{A}_j$$

式中　A_0——封闭环的公称尺寸（mm）；

$\overrightarrow{A}_i$——增环的公称尺寸（mm）；

$\overleftarrow{A}_j$——减环的公称尺寸（mm）；

m——增环的数目；

n——尺寸链的总环数。

2. 封闭环的极限尺寸

$$A_{0\max} = \sum_{i=1}^{m} \overrightarrow{A}_{i\max} - \sum_{j=m+1}^{n-1} \overleftarrow{A}_{j\min}$$

$$A_{0\min} = \sum_{i=1}^{m} \overrightarrow{A}_{i\min} - \sum_{j=m+1}^{n-1} \overleftarrow{A}_{j\max}$$

3. 封闭环的极限偏差

由封闭环的极限尺寸减去其公称尺寸即可得到封闭环的极限偏差，即

$$ES_0 = \sum_{i=1}^{m} \overrightarrow{ES}_i - \sum_{j=m+1}^{n-1} \overleftarrow{EI}_j$$

$$EI_0 = \sum_{i=1}^{m} \overrightarrow{EI}_i - \sum_{j=m+1}^{n-1} \overleftarrow{ES}_j$$

式中，ES、EI 分别表示上极限偏差和下极限偏差。

4. 封闭环的公差

由上述各式可知，封闭环的公差等于其上极限偏差减去下极限偏差，即等于各组成环公差之和，即

$$T_0 = ES_0 - EI_0 = \sum_{i=1}^{n-1} T_i$$

显然，在极值算法中，封闭环的公差大于任一组成环的公差。当封闭环公差一定时，若组成环数目较多，各组成环的公差就会过小，造成工序加工困难。因此，在分析尺寸链时，应使尺寸链的组成环数为最少，即遵循尺寸链最短原则。在大批量生产或封闭环公差较小、组成环较多的情况下，可采用概率算法，其计算公式为

$$T_0 = \sqrt{\sum_{i=1}^{n-1} T_i^2}$$

（四）工艺尺寸链的应用

在机械加工过程中，每一工序的加工结果都以一定的尺寸表示出来，尺寸链反映了相互关联的一组尺寸之间的关系，也就反映了这些尺寸所对应的加工工序之间的相互联系。尺寸链的构成反映了加工工艺的构成。特别是加工表面之间位置尺寸的标注方式，在一定程度上决定了表面加工的顺序。一般地，在工艺尺寸链中，组成环是各工序的工序尺寸，即各工序直接得到并保证的尺寸；封闭环是间接得到的公称尺寸或工序加工余量，有时封闭环也可能是中间工序尺寸。

应用尺寸链计算公式求解工艺尺寸链时，有如下几种情况：

1. 已知全部组成环的极限尺寸，求封闭环的极限尺寸

这种情况一般用于验算及校核原工艺设计的正确性，属于正运算，其结果是唯一的；当加工工艺确定后，每一工序的工序内容及工序尺寸已知，通过对工艺尺寸链的正运算，可以检验间接得到的公称尺寸能否满足设计要求。

2. 已知封闭环的极限尺寸，求各组成环的极限尺寸

这种情况一般用于工艺过程设计时确定各工序的工序尺寸时的设计计算。由于组成环一般较多，其结果一般不是唯一的，需要通过公差分配法来设计。在工艺规程设计时，往往是各工序的工序基本尺寸和封闭环的极限尺寸已知，需要通过尺寸链计算和公差分配求出各个工序尺寸的极限偏差。

3. 已知封闭环和部分组成环的尺寸，求其他组成环的尺寸

在工艺过程中所遇到的尺寸链，多数是这种类型。分配公差时有以下三种方法：

（1）等公差值分配法 等公差值分配法是把封闭环的公差均匀地分配给各个组成环。这种方法计算简单，但当各环的工序尺寸相差较大或要求不同时，这种方法就不宜使用。

（2）等公差等级分配法 等公差等级分配法是各组成环按相同的公差等级，根据具体尺寸的大小进行分配，并保证

$$T_0 \geqslant \sum_{i=1}^{n-1} T_i$$

这种方法保证了各组成环工序尺寸具有相同的公差等级，使各工序的加工难度基本均衡。但实际加工中，不同加工方法的经济加工精度是不同的，并且各工序尺寸的作用不同，

其合理的公差等级也不相同，因而这种方法也有其不完善的一面。

（3）组成环主次分类法 在封闭环公差较小而组成环又较多时，可首先把组成环按作用的重要性进行主次分类，再根据相应加工方法的经济加工精度，确定合理的各组成环公差等级，并使各组成环的公差符合概率法的要求。在实际生产中，这种方法应用较多。

对于复杂零件的加工，其加工工艺往往包含多个尺寸链，并且这些尺寸链之间是相互耦合的，在分配公差时还必须对尺寸链之间的相互影响加以综合考虑。

（五）工艺尺寸链计算示例

1. 基准重合时工序尺寸及其公差的确定

当加工某一表面的各道工序都采用同一个工序基准或定位基准，并与设计基准重合时，只需考虑各工序的加工余量，可由最后一道工序开始向前推算。

例如，设计尺寸为 $\phi100JS6$ 的某箱体上的主轴孔，加工工序为：粗镗—半精镗—精镗—浮动镗。根据工艺手册结合工厂的实际，可选定各工序的加工余量及所能达到的经济加工精度。表 2-42 中列出了各工序尺寸及其公差的计算结果。

表 2-42　各工序尺寸及公差　　　　　　　　　　（单位：mm）

工序名称	加工余量	工序的经济加工精度	工序尺寸	工序尺寸及公差
浮动镗	0.1	JS6（±0.011）	100	$\phi100\pm0.011$
精镗	0.5	H7（$^{+0.035}_{0}$）	99.9	$\phi99.9^{+0.035}_{0}$
半精镗	2.4	H10（$^{+0.140}_{0}$）	99.4	$\phi99.4^{+0.140}_{0}$
粗镗	5	H13（$^{+0.540}_{0}$）	97	$\phi97^{+0.540}_{0}$
毛坯	8	$^{+2}_{-1}$	92	$\phi92^{+2}_{-1}$

2. 基准不重合时工艺尺寸链的计算

（1）工艺基准与设计基准不重合 如图 2-164a 所示零件，孔 ϕD 的定位尺寸是（100±0.15）mm，设计基准是 C 孔轴线。镗孔前 A 面、B 孔、C 孔已加工，为使工件装夹方便，镗孔时以 A 面定位，按工序尺寸 A_3 加工。这时孔的定位尺寸设计基准与工艺基准不重合，定位尺寸是间接得到的，因而是封闭环。要保证定位尺寸的要求，必须计算工序尺寸 A_3 的极限偏差要求。其尺寸链如图 2-164b 所示。

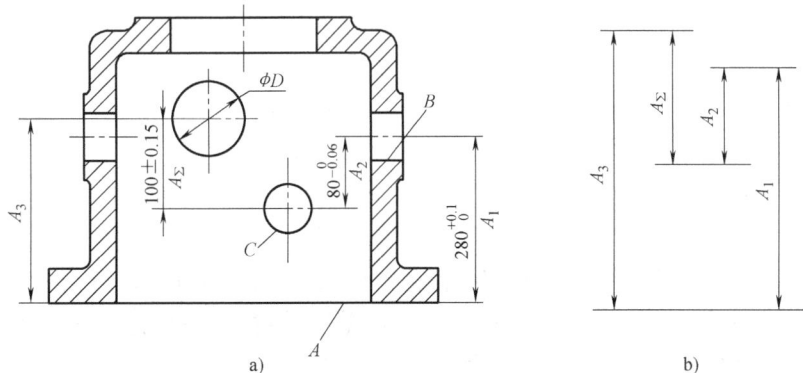

图 2-164　定位基准与设计基准不重合
a) 加工工序图　b) 尺寸链图

这一问题属于尺寸链应用的第三种情况。由于其他工序尺寸已知，因而 A_3 就有唯一解。尺寸链中，A_1 为减环，A_2、A_3 为增环，A_0 为封闭环，应用尺寸链计算公式可得

$$A_0 = A_2 + A_3 - A_1$$

$$A_3 = A_0 + A_1 - A_2 = 100\,\text{mm} + 280\,\text{mm} - 80\,\text{mm} = 300\,\text{mm}$$

$$ES_0 = ES_2 + ES_3 - EI_1$$

$$ES_3 = ES_0 + EI_1 - ES_2 = 0.15\,\text{mm} + 0 - 0 = +0.15\,\text{mm}$$

$$EI_0 = EI_2 + EI_3 - ES_1$$

$$EI_3 = EI_0 + ES_1 - EI_2 = -0.15\,\text{mm} + 0.1\,\text{mm} - (-0.06)\,\text{mm} = +0.01\,\text{mm}$$

所以工序尺寸 $A_3 = 300^{+0.15}_{+0.01}\,\text{mm}$。

（2）设计基准与测量基准不重合　如图 2-165 所示零件，内孔端面 C 的设计基准是 B 面，设计尺寸为 $30^{\ 0}_{-0.2}$。为便于加工时测量，采用以 A 面为基准，测量尺寸 A_2 来间接保证设计尺寸。这样设计尺寸 $30^{\ 0}_{-0.2}$ 就成为间接保证的尺寸。工艺尺寸链如图 2-165b 所示。

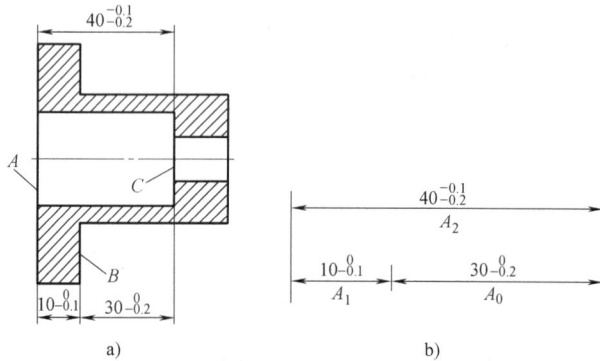

图 2-165　设计基准与测量基准不重合
a）加工工序图　b）尺寸链图

显然，这类问题也是在已知封闭环的情况下，求某一组成环的尺寸。由图 2-165b 可知，尺寸 A_1 为减环，A_2 为增环。由尺寸链计算公式可知

$$A_2 = A_0 + A_1 = 30\,\text{mm} + 10\,\text{mm} = 40\,\text{mm}$$

$$ES_2 = ES_0 + EI_1 = 0 + (-0.1)\,\text{mm} = -0.1\,\text{mm}$$

$$EI_2 = EI_0 + ES_1 = -0.2\,\text{mm} + 0 = -0.2\,\text{mm}$$

由此求得测量尺寸为：$A_2 = 40^{-0.1}_{-0.2}\,\text{mm}$。

3. 工序尺寸的基准有加工余量时工艺尺寸链的计算

如图 2-166a 所示零件的内孔与键槽，其机械加工工序安排是：

1）镗孔至 $\phi 49.8^{+0.1}_{0}\,\text{mm}$。

2）插键槽至尺寸 A_1。

3）磨内孔至 $\phi 50^{+0.05}_{0}\,\text{mm}$，同时间接保证键槽深度 $54.3^{+0.3}_{0}\,\text{mm}$。

在第二道工序插键槽时，工序尺寸 A_1 的工序基准是镗孔后的内孔表面，由于该表面在后续工序中还要进行精加工，因而必须计算工序尺寸 A_1，以保证在内孔磨削后能得到要求的键槽深度尺寸。该内孔直径尺寸的基准是中心线，其尺寸链如图 2-166b 所示。

在这一尺寸链中，间接保证的键槽深度尺寸 $54.3^{+0.3}_{0}\,\text{mm}$ 为封闭环。

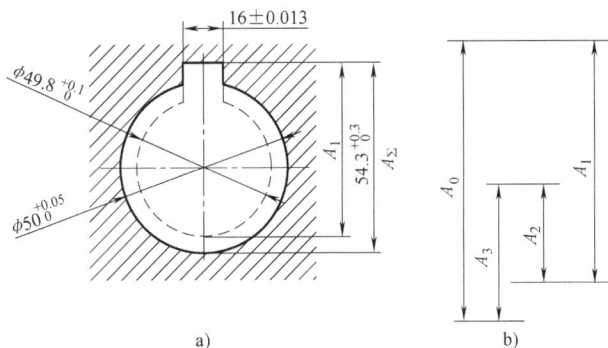

图 2-166 加工孔和键槽的尺寸链
a) 加工工序图 b) 尺寸链图

工序尺寸 A_1、A_3 为增环，A_2 为减环。由尺寸链的计算公式可得

$$A_1 = A_0 + A_2 - A_3 = 54.3\text{mm} + 24.9\text{mm} - 25\text{mm} - 54.2\text{mm}$$

$$ES_1 = ES_0 + EI_2 - ES_3 = 0.3\text{mm} + 0 - 0.025\text{mm} = 0.275\text{mm}$$

$$EI_1 = EI_0 + ES_2 - EI_3 = 0 + 0.05\text{mm} - 0 = 0.050\text{mm}$$

工序尺寸 $A_1 = 54.2^{+0.275}_{+0.050}\text{mm}$。

习 题

一、填空

1. 直接改变工件_____、_____的过程称为机械加工工艺过程。

2. 一个或一组工人，在同一工作地对一个或同时对几个相同工件所_____那部分工艺过程称为_____。

3. 根据专业化程度不同，生产类型分为单件生产、_____、_____。

4. 对于轴类零件通常以_____定位，采用车削、_____为主进行加工。

5. 对于盘类零件通常以中心孔、_____为定位基准，采用_____加工为主。

6. 对于箱体类零件常采用_____定位，加工方式以铣、_____、钻、铰为主。

7. 确定工件在机床或_____中占有正确位置的过程，称为工件的_____。

8. 工件在机床或_____中装夹时，使工件占有_____所采用的基准，称为定位基准。

9. 在机械加工的第一道工序中，只能用毛坯上_____表面作为定位基准，这种定位基准称为_____。

10. 用_____表面作为_____，则称为精基准。

11. 机床专用夹具是指为某零件的某道_____而专门设计制造的_____。

12. 用合理分布的_____支承点限制工件六个自由度的法则，称为_____。

13. 工件被限制的自由度少于_____，但能保证加工要求的定位称为_____。

14. 只与工件_____有关的_____误差，称为定位误差。

15. 辅助支承用来提高工件的装夹_____和稳定性，不起_____作用。

16. 造成定位误差的原因有两个，一是_____误差，二是_____误差。

17. 加工余量是指加工过程中从_____表面切去的材料层_____。

18. 在机器装配或零件加工过程中，由_____连接的尺寸形成的_____尺寸组，称为尺寸链。

19. 制订工艺路线是指制订零件_____所经过的有关部门和工序的先后_____。

20. 尺寸链的计算方法有_____和_____两种。

二、选择

1. 发动机的毛坯一般选择（　　　）。

A. 锻件　　　　　　　　　　B. 冲压件　　　　　　　　　　C. 铸件

2. 变速器箱体的毛坯一般选择（　　　）。

A. 锻件　　　　　　　　　　B. 冲压件　　　　　　　　　　C. 铸件

3. 对于形状简单、生产批量小的工件常采用（　　　）。

A. 直接找正装夹　　　　　B. 划线找正装夹　　　　　C. 机床专用夹具装夹

4. 对于形状复杂（如箱体零件）或要求对正精度相对高、生产批量小的零件常采用（　　　）。

A. 直接找正装夹　　　　　B. 划线找正装夹　　　　　C. 机床专用夹具装夹

5. 生产批量大的工件常采用（　　　）。

A. 直接找正装夹　　　　　B. 划线找正装夹　　　　　C. 机床专用夹具装夹

6. 定位装置的作用是（　　　）。

A. 夹紧　　　　　　　　　　B. 定位　　　　　　　　　　C. 导向

7. 六点定则中合理分布的支承点应是（　　　）。

A. 4 个　　　　　　　　　　B. 5 个　　　　　　　　　　C. 6 个

8. 短支承板限制的自由度数是（　　　）。

A. 3 个　　　　　　　　　　B. 2 个　　　　　　　　　　C. 1 个

9. 长支承板限制的自由度数是（　　　）。

A. 3 个　　　　　　　　　　B. 2 个　　　　　　　　　　C. 1 个

10. 短圆柱销限制的自由度数是（　　　）。

A. 3 个　　　　　　　　　　B. 2 个　　　　　　　　　　C. 1 个

11. 长圆柱销限制的自由度数是（　　　）。

A. 3 个　　　　　　　　　　B. 4 个　　　　　　　　　　C. 2 个

12. 圆锥销限制的自由度数是（　　　）。

A. 3 个　　　　　　　　　　B. 4 个　　　　　　　　　　C. 2 个

13. 活动圆锥销限制的自由度数是（　　　）。

A. 3 个　　　　　　　　　　B. 4 个　　　　　　　　　　C. 2 个

14. 短 V 形块限制的自由度数是（　　　）。

A. 3 个　　　　　　　　　　B. 4 个　　　　　　　　　　C. 2 个

15. 长 V 形块限制的自由度数是（　　　）。

A. 3 个　　　　　　　　　　B. 4 个　　　　　　　　　　C. 2 个

16. 固定圆锥套限制的自由度数是（　　　）。

A. 3 个　　　　　　　　　　B. 4 个　　　　　　　　　　C. 2 个

17. 活动圆锥套限制的自由度数是（　　　）。

A. 3 个　　　　　　　　　B. 4 个　　　　　　　　　C. 2 个

18. 圆锥心轴限制的自由度数是（　　　）。

A. 3 个　　　　　　　　　B. 4 个　　　　　　　　　C. 2 个

19. 外圆柱面精磨后能够达到的精度等级为（　　　）。

A. IT9　　　　　　　　　B. IT6　　　　　　　　　C. IT10

20. 封闭环指（　　　）。

A. 尺寸最大的一环　　　B. 尺寸最小的一环　　　C. 最后获得的尺寸

三、判断

1. 用来确定零件上几何要素间的几何关系所依据的那些点、线、面称为基准。（　　　）

2. 确定工件在机床或夹具中占有正确位置的过程，称为工件的定位。（　　　）

3. 在机械加工的第一道工序中，用毛坯上未经加工的表面作为定位基准，这种定位基准称为精基准。（　　　）

4. 在零件的加工过程中始终采用一个定位基准，称为基准统一原则。（　　　）

5. 对于相互位置精度要求很高的表面，可以采用互为基准反复加工的方法，称为互为基准原则。（　　　）

6. 工件被限制的自由度少于六个，但能保证加工要求的定位称为不完全定位。（　　　）

7. 工件的六个自由度都被限制了的定位称为完全定位。（　　　）

8. 可调支承指限制的自由度可以调整。（　　　）

9. V 形块用于内孔定位。（　　　）

10. 增环指尺寸最大的一环。（　　　）

四、简答

1. 工序是什么？

2. 制订工艺规程的原则是什么？

3. 粗基准的选择原则是什么？

4. 精基准的选择原则是什么？

5. 经济加工精度是什么？

6. 划分加工阶段的原因是什么？

7. 切削加工顺序安排的原则是什么？

8. 工序集中及特点是什么？

9. 工序分散及特点是什么？

10. 工艺尺寸链是什么？

五、计算

1. 在一阶梯轴上铣平面，工序尺寸为 $30_{-0.28}^{\ 0}$ mm，采取图 2-167 所示定位方案，试分析计算：

1）确定工序基准，确定定位基准。

2）不考虑两外圆同轴度公差，其定位误差是多少？

3）当两外圆同轴度公差为 0.02mm，其定位误差是多少？

2. 在一阶梯轴上铣平面，工序尺寸为 $30_{-0.28}^{\ 0}$ mm，采取图 2-168 所示定位方案，试分析计算：

1）确定工序基准，确定定位基准。

2）不考虑两外圆同轴度公差，其定位误差是多少？

3）当两外圆同轴度公差为 0.03mm，其定位误差是多少？

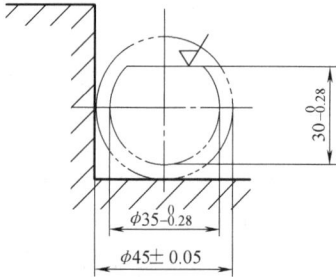

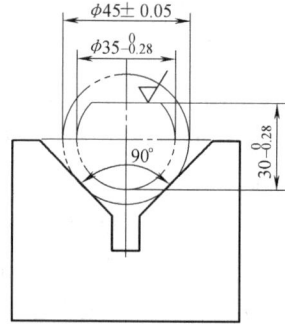

图 2-167　题 1 图　　　　　　　　　　图 2-168　题 2 图

3. 在一阶梯轴上铣平面，工序尺寸为 $30_{-0.28}^{0}$ mm，采取图 2-169 所示定位方案，试分析计算：

1）确定工序基准，确定定位基准。

2）不考虑两外圆同轴度公差，其定位误差是多少？

3）当两外圆同轴度公差为 0.03mm，其定位误差是多少？

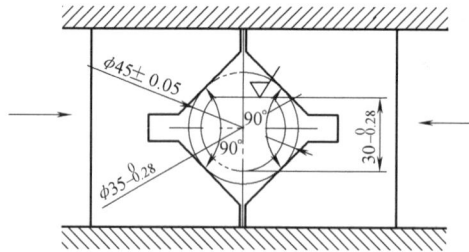

图 2-169　题 3 图

4. 图 2-170a 所示为一零件图（标出部分尺寸），工艺过程铣顶面图 b；钻孔图 c；磨底面图 d，磨削余量 0.5mm，试计算：A、B、C 及上、下偏差。

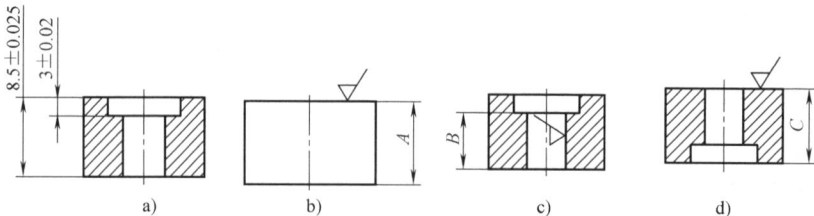

图 2-170　题 4 图

a）零件图　b）铣顶面　c）钻孔　d）磨底面

5. 如图 2-171 所示，某零件的镗孔工序图，定位基准为 N、M，N 表面已加工，求镗孔调整时的工序尺寸 L？

6. 图 2-172 所示工件大批量生产时，以左端面和外圆下母线定位铣缺口，按调整法加工，保证尺寸 $10^{+0.2}_{0}$ mm，试确定工序尺寸 L。

7. 某轴直径为 $\phi50$mm，其尺寸精度要求为 IT5，表面粗糙度值 $Ra0.04\mu$m，要求高频淬火，毛坯为锻件。其工艺路线为：粗车—半精车—高频淬火—粗磨—精磨—研磨，确定各工序尺寸。部分标准公差值见表 2-43。

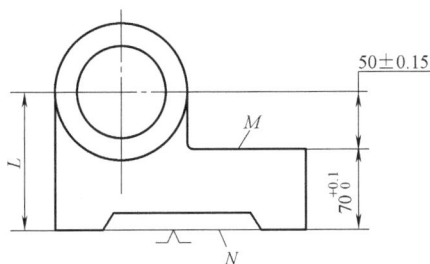

图 2-171　题 5 图

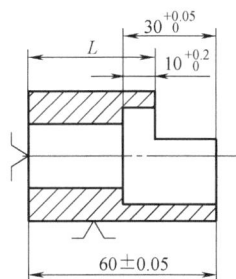

图 2-172　题 6 图

由工艺设计手册查得：

研磨余量为 0.01mm。

精磨余量为 0.1mm。

粗磨余量为 0.3mm。

半精车余量为 1.1mm。

粗车余量为 4.5mm。

毛坯公差取 ±2。

表 2-43　公差值附表　　　　　　　　　　　　（单位：mm）

公称尺寸	公差等级	标准公差
50 ~ 60	IT13	0.39
50 ~ 60	IT11	0.16
50 ~ 60	IT8	0.039
50 ~ 60	IT6	0.016
50 ~ 60	IT5	0.011

汽车轴套类零件的加工

汽车的零件成百上千，其中轴套类零件最为常见。轴套类零件包括各种用途的轴和套，其毛坯多为锻件或圆钢、铸钢棒料。轴主要用来支承传动零件（如带轮、齿轮等）和传递动力。套一般装在轴上或机体孔中，用于定位、支承、导向或保护传动零件。各种轴套类零件结构上各有不同，但其加工工艺大致相同。

◆ **项目目的**：

1. 使学生掌握汽车轴套类零件的加工方法。
2. 具备轴套类零件工艺分析及制订加工工艺路线的能力。
3. 具备分析研究轴套类零件加工质量的初步能力。
4. 具备实际加工工件的能力。

◆ **项目要求**：

1. 熟悉轴套类零件的结构特点及材料。
2. 能分析轴套类零件的技术要求。
3. 掌握轴套类零件的加工工艺规程的制订，并能制订加工工艺路线。

任务一　汽车曲轴的加工

任务分析：要使轴套类零件从毛坯成为合格的零件，应根据零件的形状、尺寸、技术要求选用相应的设备、刀具、夹具对毛坯进行切削加工。在零件的加工过程中涉及一系列需要学习的知识，即要达到本项目的目的与要求。

任务实施：通过讲练结合，理论与实践结合，达到理论与动手能力相互融通，通过校内机加实践使学生更加系统和更深入地了解本项目的内容，理解所学内容，通过实践具备实际动手能力。

学习和掌握的知识：学习和需要掌握的知识分述如下。

一、汽车曲轴的结构特点及材料

（一）曲轴的工作条件

1）曲轴承受大小及方向都在周期性变化的弯曲力，产生弯曲应力，如图 3-1 所示。

① 很大的瞬间燃气压力（$p_{zmax} = 10 \sim 15 \mathrm{MPa}$）以 $50 \sim 100$ 次/s 的频率反复冲击曲轴。

② 承受往复、旋转运动的惯性力。

2）由于高速旋转，主轴颈承受很大的转矩，产生扭转应力。

3）振动。

① 弯曲力矩引起弯曲振动——纵向振动。

② 扭转力矩引起扭转振动——横向振动。

4）摩擦和磨损。由于运动副之间的相对旋转，以及主轴承的不同心度误差而引起的磨损。

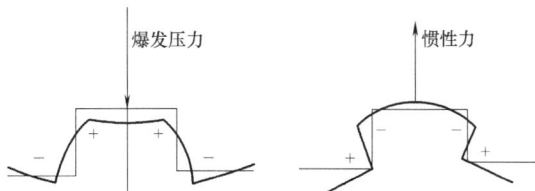

图 3-1　曲柄承受弯曲力

弯曲应力和扭转应力引起的疲劳裂纹是曲轴的主要破坏形式。如图 3-2 所示，破坏位置在曲柄销和曲柄壁过渡圆角处，由于受弯曲应力，在 45°方向产生弯曲疲劳裂纹和断裂，油孔边缘的应力集中。

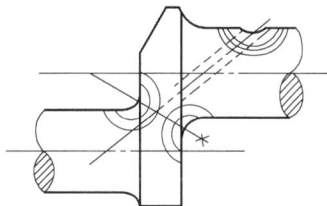

图 3-2　过渡圆角应力

（二）曲轴材料的要求

1）具有足够的机械强度和高的疲劳强度。

① 对弯曲交变应力，要求高的弯曲疲劳强度。

② 对扭转交变应力，要求高的扭转疲劳强度。

③ 对功率输出端，静应力。

提高疲劳强度的措施有表面喷丸处理和滚压圆角。

2）具有足够的刚度和高的冲击韧性，减小曲轴挠曲变形，提高抗冲击韧度。

3）具有良好的耐磨性能，表面需要氮化处理。

（三）曲轴的材料和毛坯

1. 钢类

（1）优质碳素结构钢　40 钢、45 钢（精选含碳的质量分数 0.42% ~ 0.47%），用于小型发动机，多用于汽油机，缸径 $D < 200$mm。大批生产时，采用整体模锻，保持纤维组织。

（2）合金结构钢　40Cr、35CrMoA、45Mn2、50Mn、18CrNiWA 等，用于高速重载大功率柴油机。小型采用模锻，中大型用镦锻。

（3）铸钢　ZG270 - 500、ZG310 - 570、ZG25MnV 用于大型低速船用柴油机。毛坯为铸造、半套合。

2. 铸铁类

1）高强度球墨铸铁。QT600 - 2 具有耐磨、减振、可铸性好等特点，用于小型、中型柴油机，采用压力铸造。

2）珠光体可锻铸铁。

3）合金铸铁。

（四）材料的处理

1. 加工前毛坯处理

加工前的毛坯处理可消除毛坯内应力，改善加工性能。

1）锻件。碳素钢、合金钢，正火处理。

2）铸件。铸钢，正火或回火处理；铸铁，正火处理。

2. 粗加工后中间处理

粗加工后的中间处理可消除加工应力，稳定尺寸。

1）碳素钢：退火处理。

2）合金钢：调质（淬火加高温回火）处理。

3）铸钢、铸铁：回火处理

3. 精加工后表面处理

精加工后的表面处理可提高表面性能、硬度、疲劳强度及耐磨性。

1）碳素钢：高频表面淬火。

2）化学处理：合金钢，氮化；低碳钢，渗碳。

二、曲轴加工的技术要求

在设计曲轴时，应使其具有足够的强度、刚度及较轻的重量。在加工制造时，应使轴颈具有足够的耐磨性，并且对曲轴各部分的尺寸精度、形状精度和位置精度以及表面粗糙度都有严格的技术要求。以 4110 柴油机曲轴加工为例进行说明（图 3-3）。

（一）尺寸精度

1）主轴颈 $\phi85h6$（$^{-0.04}_{-0.06}$），IT5~IT6，表面粗糙度值为 $Ra0.4\mu m$；连杆轴颈 $\phi70h6$（$^{-0.02}_{-0.04}$），IT5~IT6，表面粗糙度值为 $Ra0.4\mu m$。

加工：精磨，光整加工，抛光。

2）主轴颈宽 37H10（$^{+0.10}_{0}$），IT9~IT10，表面粗糙度值为 $Ra0.8\mu m$；连杆轴颈宽 42H10（$^{+0.10}_{0}$），IT9~IT10，表面粗糙度值为 $Ra0.8\mu m$。

加工：精车。

3）轴颈中心距（曲柄半径 R） $R60mm\pm0.03mm$，IT7。

4）所有油孔 $\phi65H6$，IT7~IT8，表面粗糙度值为 $Ra0.8\mu m$，精加工。

（二）形状精度

1）主轴颈、连杆轴颈的圆度误差和圆柱度误差小于 0.005mm。

2）后端法兰面的平面度误差小于 0.05mm。

3）圆弧过渡处，用样板检查，其间隙 $\Delta<0.2mm$。

（三）位置精度

1）各主轴颈的同轴度误差小于 0.05mm，应在同一安装中加工，遵守基准同一原则，中心孔定位。

2）各连杆轴颈轴线与主轴颈轴线平行度误差小于 0.01mm，以主轴颈为定位基准加工连杆轴颈。

3）曲轴的止推面对主轴颈轴线的垂直度误差小于 0.025mm；后端法兰面的径向圆跳动误差小于 0.06mm。

4）连杆轴颈相对角偏差 $\leqslant\pm30'$。

（四）其他

1）精加工后的每根曲轴必须经过动平衡检测。所要求的平衡精度，取决于柴油机的用途、轴颈数目和每分钟转数。

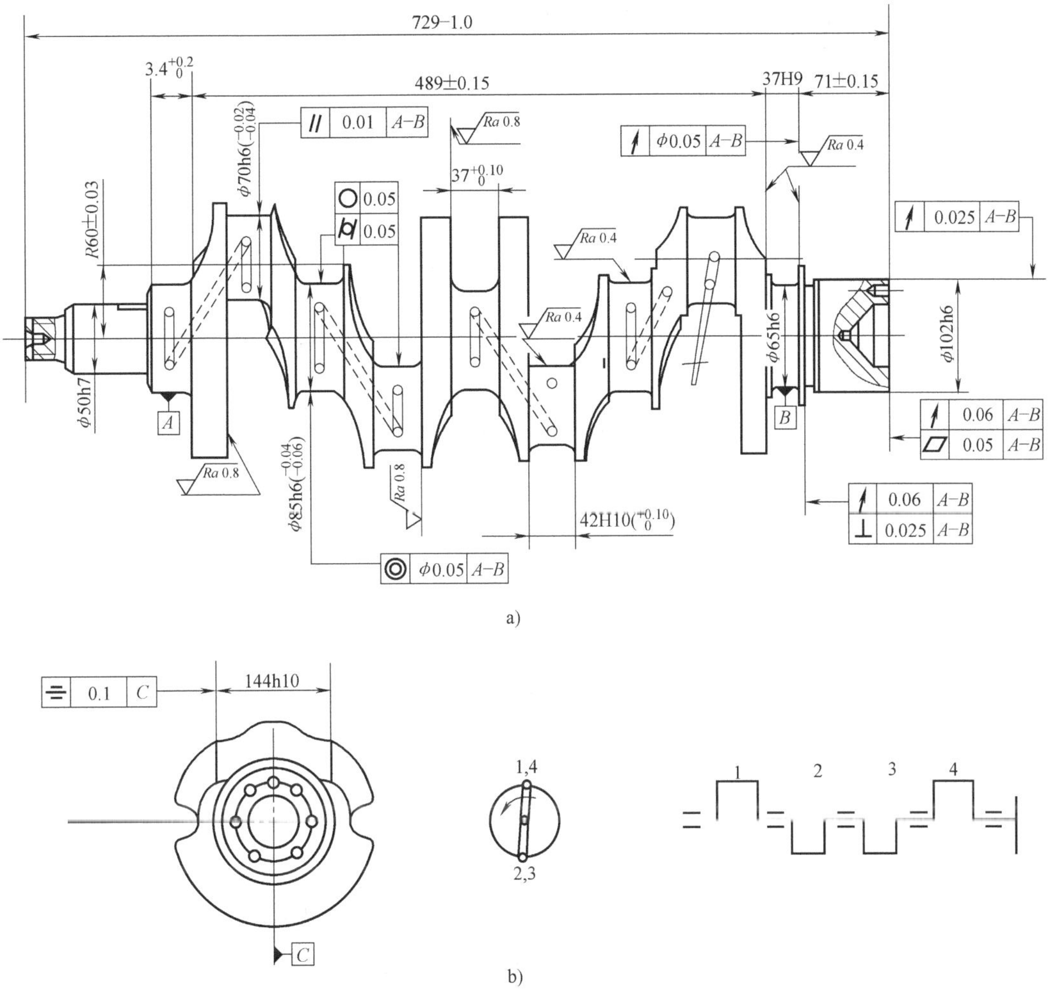

图 3-3 4110 型柴油机曲轴的技术要求

2）曲轴的主轴颈及连杆轴颈，应经过表面淬火或氮化，根据材料及热处理规范的不同，其硬度为 52～62HRC。

3）曲轴经精加工后需进行无损探伤，按技术条件进行，应做退磁处理。

三、曲轴加工分析与工艺过程

（一）曲轴加工的工艺分析

1. 曲轴加工的工艺特点

（1）曲轴形状复杂

1）连杆轴颈和主轴颈不在同一轴线上，用偏心夹具，或采用回转刀具。

2）各曲柄不在同一平面内，而是在空间呈某一夹角分布，加工采用分度定位。

（2）刚度差　曲柄的长径比较大（$L/d = 10～15$），并且有曲拐，刚度差，容易产生弯曲变形和扭曲变形。采取措施：

1）可用中间托架来增强刚度，减少变形和振动。

2）采用具有双边传动或中间传动的高刚度机床进行加工。

3）采用小切削量，加工尽量靠近夹紧面。

4）合理安排工位顺序以减少加工变形，为操作方便，磨四缸机主轴颈通常是 3—2—1—4—5。

（3）技术要求高　加工面多，工艺路线长，而且磨削工序占相当大的比例。

2．定位基准选择

1）基准统一原则：加工各主轴颈，以顶尖孔为定位基准。

2）基准重合原则：加工各连杆轴颈，以主轴颈为定位基准。

3．主要加工阶段

加工顺序：先基准，后其他；先粗加工，后精加工。

1）粗加工：加工定位基准（打顶尖孔）、粗加工主轴颈、连杆轴颈和曲柄壁。

2）半精加工：中间热处理（退火），精加工定位基准，钻油孔。

3）精加工：精磨各主轴颈及连杆轴颈，表面处理，氮化，提高表面耐疲劳强度和耐磨性。

4）超精加工各轴颈，抛光。

（二）6110 型柴油机曲轴加工工序（表3-1）

材料：QT600—2；毛坯：金属模铸造；批量：大批；工序集中原则：采用专用夹具或机床。

表 3-1　曲轴加工工艺过程

工序号	工序内容	基准及技术条件	工序简图	设备	工夹具
01	模锻	按曲轴铸造工艺进行	$1018^{+0.5}_{0}$	卧式双面铣钻组合机床	
05	粗铣两端面中心孔	粗基准：第1和第7主轴颈毛坯外圆，第6曲臂侧面挡块	$\phi86.3^{0}_{-0.05}$　$\phi118$　$37^{0}_{-0.1}$　$37^{+0.062}_{0}$	曲轴多刀车床	专用车刀
10	粗车，大端外圆中间第4主轴颈	前后中心孔	$\phi86.3^{0}_{-0.05}$　$\phi118$　$37^{0}_{-0.1}$　$37^{+0.062}_{0}$	曲轴多刀车床	专用车刀

（续）

工序号	工序内容	基准及技术条件	工序简图	设备	工夹具
15	粗磨第4主轴颈	前后中心孔	同工序10	磨床	
20	粗车各主轴颈，曲臂开档，小头外圆	两端中心孔，第4主轴颈用辅助支承		专用车床	
25	粗磨第1、7主轴颈	两端中心孔定位外圆 $\phi 85.8_{-0.05}^{\ 0}$ mm		磨床	
30	铣曲臂定位面	第1、第7主轴颈定位	$114_{-0.14}^{\ 0}$	铣床	
35	粗车连杆轴颈开档，中间退火处理	1、7主轴颈定位，先车1、6连杆轴颈，然后车2、5、3、4连杆轴颈，靠定位面分度，减小机械加工应力，改善加工性能	$\phi 71.5_{\ 0}^{+0.2}$	车床	成形车刀
40	半精车大端端面及外圆，小头外圆及端面	$\phi 102.5_{-0.1}^{\ 0}$ mm $\phi 100.5_{+0.05}^{\ 0}$ mm 平面度 0.05mm $\phi 50_{+0.2}^{+0.3}$ mm	$\phi 102.5_{-0.1}^{\ 0}$　　　$\phi 50_{+0.2}^{+0.3}$	车床	

（续）

工序号	工序内容	基准及技术条件	工序简图	设备	工夹具
45	钻大端中心孔	第7主轴颈定位	$\phi 14H7\binom{+0.018}{0}$ $\phi 52$	专用钻床	
50	钻、扩、铰 $\phi 14H7$，钻孔	加工连杆轴颈时定位用	同工序45	专用钻床	
55	半精磨中间主轴颈大端外圆	（$\phi 85.35 \pm 0.01$）mm 两端中心孔定位	同工序10、15	数控磨床	
60	半精磨各主轴颈开档及小头外圆	（$\phi 85.35 \pm 0.01$）mm 两端中心孔定位	同工序20	数控磨床	
65	半精磨连杆轴颈	主轴颈定位，端面定位销分度	同工序35	磨床	
70	滚压圆角 R		简图略	车床	
75	钻直油孔，斜油孔	主轴颈，主轴颈 - 连杆轴颈		专用钻床	长钻头
80	精磨小头外圆	$\phi 50\,_{-0.05}^{\ \ 0}$ mm	简图略，下同	数控磨床	
85	精磨大端外圆			数控磨床	砂轮成形
90	精磨连杆轴颈	1、7主轴颈定位，定位孔分度		数控磨床	
95	精磨主轴颈，1~6	宽 $37\,_{0}^{+0.2}$ mm		数控磨床	
100	精磨第7主轴颈端面及轴肩	宽 $37\,_{0}^{+0.062}$ mm		数控磨床	

（续）

工序号	工序内容	基准及技术条件	工序简图	设备	工夹具
105	铣前端键槽	1、7 主轴颈定位		铣床	
110	精车大端内孔 $\phi25N7$ $\left(^{+0.009}_{-0.039}\right)$			车床	
115	钻、扩、攻端面 6 个螺纹孔	止推面轴向定位		转塔式组合机床	
120	动平衡检验	在配重面上钻孔		去重动平衡机	
125	表面氮化处理	主轴颈、连杆轴颈表面强化		氮化炉	
130	抛光主轴颈、连杆轴颈			抛光机	

习　题

一、填空

1. 曲轴承受_____及_____都在周期性变化的弯曲力。

2. 曲轴选材时，40 钢、45 钢（精选碳的质量分数 0.42% ~ 0.47%），用于小型发动机，多用于_____；40Cr、35CrMoA、45Mn2、50Mn、18CrNiWA 等，用于高速重载大功率_____。

3. 在设计曲轴时，应使其具有足够的_____、_____及较轻的重量。

4. 曲轴在加工制造时，应使轴颈具有足够的_____，并且对曲轴各部分的尺寸精度、_____精度和_____精度以及表面_____都有严格的技术要求。

二、选择

1. 曲轴中连杆轴颈的加工定位是（　　）。

A. 主轴轴颈　　　　　　B. 中心孔　　　　　　C. 主轴轴颈与端面

2. 用于汽油机的小型发动机，缸径 $D < 200mm$ 大批生产时，毛坯采用（　　）。

A. 整体模锻　　　　　　B. 自由锻　　　　　　C. 铸造

3. 用于大型低速船用柴油机曲轴的毛坯采用（　　）。

A. 铸造　　　　　　　　B. 整体模锻　　　　　C. 自由锻

4. 曲轴材料选用铸铁，则毛坯制造形式为（　　）。

A. 锻造　　　　　　　　B. 切削加工　　　　　C. 铸造

5. 曲轴主轴轴颈最终热处理为（　　）。

A. 调质　　　　　　　　B. 退火　　　　　　　C. 表面淬火

三、判断

1. 加工主轴轴颈是以连杆轴颈定位。 （　　）
2. 主轴轴颈的最终工序是抛光。 （　　）
3. 用于高速重载大功率柴油机曲轴可选用合金钢。 （　　）
4. 加工前毛坯处理是消除毛坯内应力，改善加工性能。 （　　）
5. 粗加工后中间处理是消除加工应力，稳定尺寸。 （　　）

任务二　喷油泵柱塞偶件的加工

任务分析：要使轴套类零件从毛坯成为合格的零件，应根据零件的形状、尺寸、技术要求选用相应的设备、刀具、夹具对毛坯进行切削加工。在零件的加工过程中涉及一系列需要学习的知识，即要达到本项目的目的与要求。

任务实施：通过讲练结合，理论与实践结合，达到理论与动手能力相互融通，通过校内机加实践使学生更加系统和更深入地了解本项目的内容，理解所学内容，通过实践具备实际动手能力。

学习和掌握的知识：学习和需要掌握的知识分述如下。

一、柱塞偶件的结构特点及材料

（一）柱塞偶件的工作条件

1）喷油泵柱塞偶件是指配对的柱塞与柱塞套，是柴油机燃油系统 3 大精密偶件之一，柱塞在油泵凸轮作用下在柱塞套内高速往复运动，将燃油增压，P 型泵可达 110MPa，并在规定的时间内开始压油或泄油。

2）柱塞偶件承受高的机械负荷、由凸轮驱动、将燃油增压，回程靠弹簧力；高速往复运动之间的摩擦力，产生热量使柱塞的温度较高。

（二）对材料的要求

材料应具有高的机械强度、足够的刚性和良好的韧性；应具有高的耐磨性、耐蚀性和小的热膨胀系数，金相组织稳定及可加热性好。

（三）材料与毛坯

（1）常用材料　柱塞偶件的常用材料如下：

1）合金工具钢如 CrWMn。

2）滚动轴承钢 GCrl5 等，硬度要求 62～65HRC。

（2）毛坯　棒料或模锻件

二、柱塞偶件加工的技术要求

柱塞偶件加工精度要求高，对密封性、滑动性、可靠性及寿命等的性能有严格规定，从而使其加工工艺复杂，工艺装备精度要求高，夹具要求精密。对中、小型喷油泵，柱塞偶件的径向配合间隙要求为 1.5～4μm。这样高的配合精度，很难达到完全互换的要求，因此，在实际生产中，是用放大偶件各自的制造公差，然后根据生产批量的大小，选用单件选配法或分组选配法来保证偶件的装配要求。

柱塞套及柱塞的技术要求，如图 3-4 所示。

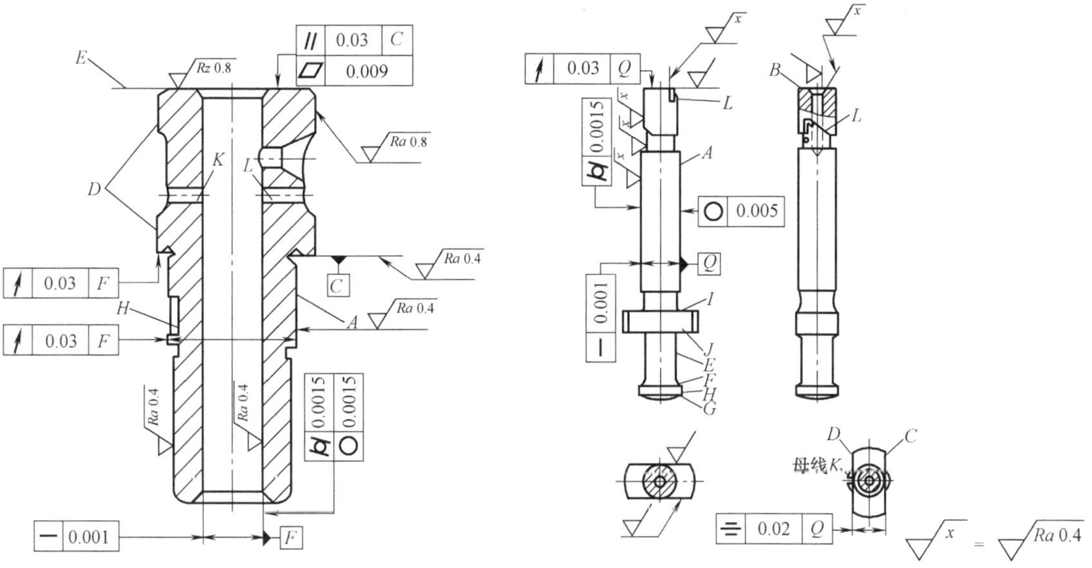

图 3-4　柱塞套和柱塞的技术要求
a）柱塞套　b）柱塞

（一）尺寸和形状精度

1）柱塞套内圆表面要求圆度和圆柱度误差小于 0.0015mm，直线度误差应小于 0.001mm。

2）柱塞外圆表面要求圆度误差小于 0.005mm，圆柱度误差小于 0.0015mm，轴线的直线度公差为 0.001mm；柱塞螺旋槽的几何形状偏差应不大于 ±0.015mm（在斜槽每 10°转角上）。

（二）位置精度

1）柱塞套与泵体配合的外圆表面对内圆表面轴线的径向圆跳动公差为 0.03mm。

2）柱塞顶端面 B 对柱塞外圆表面轴线 Q 的轴向圆跳动公差为 0.03mm。

（三）表面粗糙度

1）柱塞套内圆表面粗糙度值为 Ra0.4～0.2μm。

2）柱塞外圆表面粗糙度值为 Ra0.4～0.2μm。

三、柱塞偶件加工分析与工艺过程

（一）柱塞套加工分析与工艺过程

1. 柱塞套加工分析

1）柱塞套的工艺特点是结构形状较为简单，但各表面精度要求较高。

2）加工分为 3 个阶段：粗加工、精加工及光整加工，中间有热处理。

3）粗基准为毛坯外圆面；精基准为中孔、大外圆及凸肩平面。

4）新一代机床 BKM-20 型微机控制半自动柱塞套中孔磨床，尺寸精度 0.015mm。圆度公差为 0.008mm，直线度公差为 0.001mm，表面粗糙度值为 Ra0.32mm，SCY-6016B 卧式珩磨机，珩磨条粗磨选择 W40 ~ W63 立方氮化硼。

2. 柱塞套机械加工工艺过程（表 3-2）

表 3-2 柱塞套机械加工工艺过程

工序号	工序主要内容	定位基准	机床、夹具
1	粗车外圆、端面	毛坯外圆	车床
2	钻、铰中孔	大外圆	枪孔钻床（进口）
3	精车外圆	中孔	车床
4	铣键槽	大外圆及凸肩平面	立式铣床及专用夹具
5	钻、扩、铰油孔，锪锥孔	大外圆及凸肩平面、键槽	台钻、钻模
6	检验	—	—
7	热处理	—	—
8	粗、精磨中孔	中孔（自为基准）	专用磨床
9	粗、精磨各级外圆	中孔	外圆磨床
10	粗、精磨各级外圆、凸肩平面	中孔	外圆磨床
11	粗、精磨大端平面	大外圆及凸肩平面	平面磨床
12	探伤检验		探伤仪
13	时效热处理		
14	粗、精珩磨	大外圆	珩磨机
15	抛光	大外圆	专用设备

（二）柱塞加工分析与工艺过程

1. 柱塞加工分析

1）柱塞的加工特点是结构较为复杂，要求表面加工精度较高。

2）加工分为 5 个阶段：粗加工、半精加工、精加工、抛光和光整加工。

3）定位基准。柱塞各级外圆加工采用头尾两端顶尖孔为基准；螺旋槽采用工件外圆面或顶尖孔以及法兰平面为基准；法兰平面加工用工件外圆或顶尖孔和另一个法兰平面为基准。

4）柱塞的研磨。主要有手工研磨和机械研磨两种。

机械研磨机如图 3-5 所示。机械研磨机工作时，将柱塞斜置在隔板的空格内，隔板空格分布如图 3-5b 所示，上研磨盘对工件施加压力，电动机通过带轮、蜗杆、蜗轮、齿轮组使下研磨盘旋转。同时蜗轮带动隔板做偏心运动。由此可见，柱塞具有滚动和滑动两种运动。

机械研磨机每次研磨时间为 10 ~ 15min。主要将大部分余量研去，并控制柱塞的形状误差；研磨前应检查研磨盘的平面度，并进行修整。柱塞外圆尺寸应经过检测，并使较大尺寸的柱塞均匀分布在研磨盘上。一般机械研磨后再进行手工研磨，以修正柱塞在研磨机上未能消除的形状误差。

5）柱塞、柱塞套插配互研。插配互研是指以精研后的柱塞为基准研磨柱塞套。在精研过程中，通过对柱塞套的试插，逐步研磨，直至柱塞能全部插入柱塞套。

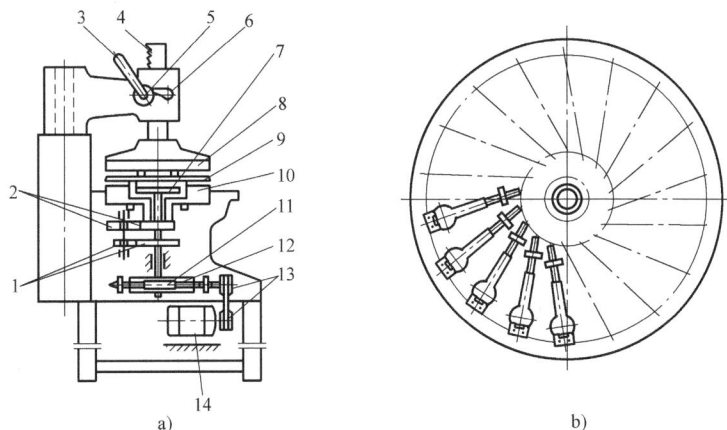

图 3-5　机械研磨机

1、2—齿轮组　3—手柄　4—齿条　5—棘轮

6—棘爪　7—偏心轮　8—上研磨盘　9—隔板　10—下研磨盘

11—蜗轮　12—蜗杆　13—带轮　14—电动机

2. 柱塞机械加工工艺过程（表3-3）

表3-3　柱塞机械加工工艺过程

工序号	主要工序内容	定位基准	机床及夹具
1	粗车外圆及端面、凸肩等	毛坯外圆	车床
2	打顶尖孔	外圆 E	专用钻床
3	铣法兰两侧面 C、D	外圆 A	立式铣床
4	退火处理	—	—
5	精车外圆及端面、凸肩等	外圆 A、顶尖孔	车床
6	修整顶尖孔	外圆 A	专用钻床
7	粗磨外圆 A	外圆 A	立式铣床
8	精铣法兰两侧面 C、D	外圆 A	立式铣床
9	铣上、下螺旋槽 L	顶尖孔、法兰侧面	铣床
10	钻、铰 $\phi 1.5$、$\phi 5$ 孔	外圆 A 及法兰平面	台钻
11	检验		
12	热处理	—	—
13	清洗、修整顶尖孔		
14	半精磨外圆、端面、法兰侧面	外圆 A	外圆磨床
15	时效处理	—	—
16	精磨外圆、端面、法兰侧面	顶尖孔、法兰平面	外圆磨床
17	磨上、下螺旋槽 L	顶尖孔、法兰平面	工具磨床、专用夹具
18	检验	—	—
19	半精研及精研外圆	—	研磨机、柱塞研具
20	柱塞与柱塞套插配互研、检验	—	—

习　题

一、填空

1. 喷油泵柱塞偶件是指配对的_____与_____。

2. 喷油泵柱塞偶件柱塞在油泵_____作用下在柱塞套内高速_____运动。

3. 喷油泵柱塞偶件材料应具有高的_____、足够的_____和良好的韧性。

4. 在实际生产中，是用放大偶件各自的制造公差，然后根据生产批量的大小，选用单件_____或分组_____来保证偶件的装配要求。

5. 柱塞各级外圆加工采用头尾两端_____为基准；螺旋槽采用工件外圆面或顶尖孔以及_____为基准。

二、选择

1. 柱塞套中的油孔采用的工艺为（　　　）。

A. 钻—粗铰—精铰　　　　　B. 钻—扩—精铰　　　　　C. 钻—扩—镗

2. 柱塞套各外圆加工工艺为（　　　）。

A. 粗车—精车—粗磨—精磨　B. 粗车—精车—磨　　　　C. 粗车—精车

3. 柱塞外圆加工工艺为（　　　）。

A. 粗车—精车—粗磨—精磨　B. 粗车—精车—粗磨—精磨—研磨

C. 粗车—精车—磨

4. 柱塞外圆加工分（　　　）。

A. 三个阶段　　　　　　　　B. 四个阶段　　　　　　　C. 五个阶段

5. 柱塞偶件的材料常采用（　　　）。

A. 铸铁　　　　　　　　　　B. 铝合金　　　　　　　　C. 工具钢

任务三　汽车活塞的加工

任务分析：要使轴套类零件从毛坯成为合格的零件，应根据零件的形状、尺寸、技术要求选用相应的设备、刀具、夹具对毛坯进行切削加工。在零件的加工过程中涉及一系列需要学习的知识，即要达到本项目的目的与要求。

任务实施：通过讲练结合，理论与实践结合，达到理论与动手能力相互融通，通过校内机加实践使学生更加系统和更深入地了解本项目的内容，理解所学内容，通过实践具备实际动手能力。

学习和掌握的知识：学习和需要掌握的知识分述如下。

一、活塞的结构特点及材料

（一）活塞的工作条件及结构特点

1. 活塞的工作条件

活塞是组成内燃机燃烧室的重要零件。内燃机工作时，燃烧气体的压力推动活塞做直线运动，通过连杆带动曲轴高速回转。活塞在高温、高压下做长时间变负荷的高速往复运动。

1) 承受高温。周期性的高热负荷。在爆发行程初期，燃烧室内的火焰温度高达

2000℃，燃烧室表面温度达350℃，中部约400℃，第一活塞环槽温度低于220℃。这些热主要靠活塞及活塞环传给气缸壁，再经循环水带走，从而保证内燃机正常工作。

径向温度变化率器及轴向温度梯度都较大，受热不均匀，引起热变形，因此，活塞顶部热胀量大，裙部热胀量小，如图3-6所示。热变形引起热应力，热应力引起龟裂和烧蚀。用有限元法计算应力，光弹法分析应力。热疲劳引起热强度下降，要求活塞材料具有良好的导热性，热胀系数小，热稳定性好，耐蚀性好。

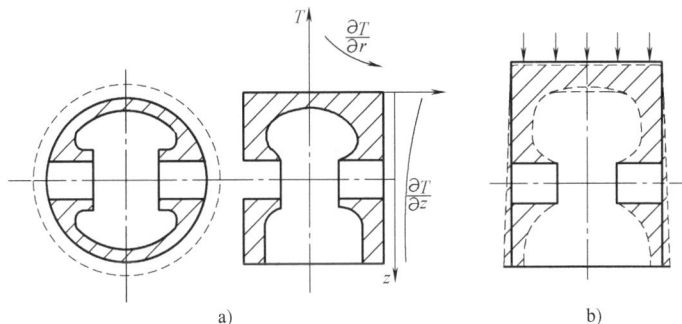

图 3-6　活塞的变形

a）活塞热变形　b）弹性变形

2）承受高压。周期性的高机械负荷，气体爆发压力 P_{zmax} 及侧推力 P_H，使活塞向缸壁紧压引起磨损。力的大小、方向在变化引起弹性变形亦不同，且顶部中心及销轴方向变形较大，如图3-6所示。弹性变形引起机械应力而产生裂纹、断裂；热疲劳引起机械强度下降，这就要求活塞材料具有足够的强度和刚度。

3）高速往复运动。对高速内燃机，活塞运动平均速度 $C_m > 12m/s$。往复惯性力 P_j 大，散热难，润滑条件差，摩擦因数大。要求活塞材料密度小，耐磨性能好。

2. 活塞的结构特点

活塞顶部制造成截锥形，开有环槽。裙部制造成变椭圆形或曲面形，是薄壁筒形零件。把爆发力与侧推力分开的铰接活塞是近年发展的新结构。

（二）活塞的材料和毛坯

1）铝合金具有质量轻、惯性力小、导热性好、加工性能好、易得到较精确的毛坯等优点，但成本高、热膨胀系数大、机械强度、耐热性及耐磨性差。

① 铸铝合金：ZL108，共晶（Si 的质量分数为 11% ～ 13%），应用广泛，用于小型高速机上（缸径 $D = 95 ～ 135mm$）；过共晶（Si 的质量分数为 16% ～ 26%），具有热胀系数小，热稳定性好的特点，铸造性差。常用金属模低压铸造。铜硅铝合金（Si 的质量分数为 4% ～ 6%；Cu 的质量分数为 5% ～ 8%；Mg 的质量分数为 0.2% ～ 0.5%，Fe < 1%，其余为 Al）。

② 稀土铝合金 66－1，含稀土元素锂（Li）、镉（Cd），铸造性及耐磨性好。

③ 锻铝合金 ZA80、4A11，含 Al、Si、Cu、Mg，用于高速强载内燃机，用液压模锻（液锻）。

2）铸铁。

① 灰铸铁 HT250、HT300，金相组织含珠光体、索氏体，热胀系数小，密度大，用于中速柴油机，砂型和金属型铸造。

② 球墨铸铁 QT600－2，强度高，耐磨性好，用于中速柴油机，金属型铸造。

3）组合活塞。顶部常用合金钢 40CrA、38CrMoAlA 或合金铸钢 ZG230 – 450、ZG25Mo、ZG35CrMo。裙部常用铸铁 HT250、HT300 或铸铝 ZL108。用于高速强载中型内燃机上。

4）在绝热陶瓷内燃机中，活塞表面喷镀（ZrO_2）和镶嵌陶瓷（Si_3N_4、SiC）。隔热性能好。

5）铝基复合材料，如 FRM 纤维增强材料，提高热疲劳强度和热稳定性。

（三）材料的处理

1）铝活塞毛坯在机械加工前进行时效处理，消除铸造时因冷却不均匀而产生的内应力。时效处理是将活塞加热至 180 ~ 200℃，保温 6 ~ 8h，自然冷却到室温，经过时效处理后还能增加强度和硬度。

2）加工后，表面化学处理，顶面阳极氧化，形成 0.02 ~ 0.05mm 的氧化膜，提高表面的耐磨性和耐蚀性。

二、活塞加工的技术要求

活塞的主要加工表面是活塞裙部外圆、销孔及环槽。铝活塞的技术条件已由国家科委制定了国家标准，对各部分的尺寸公差、几何公差及表面粗糙度作了详细的规定，现结合 6110 型柴油机的活塞加工技术要求做简要说明，如图 3-7 所示。

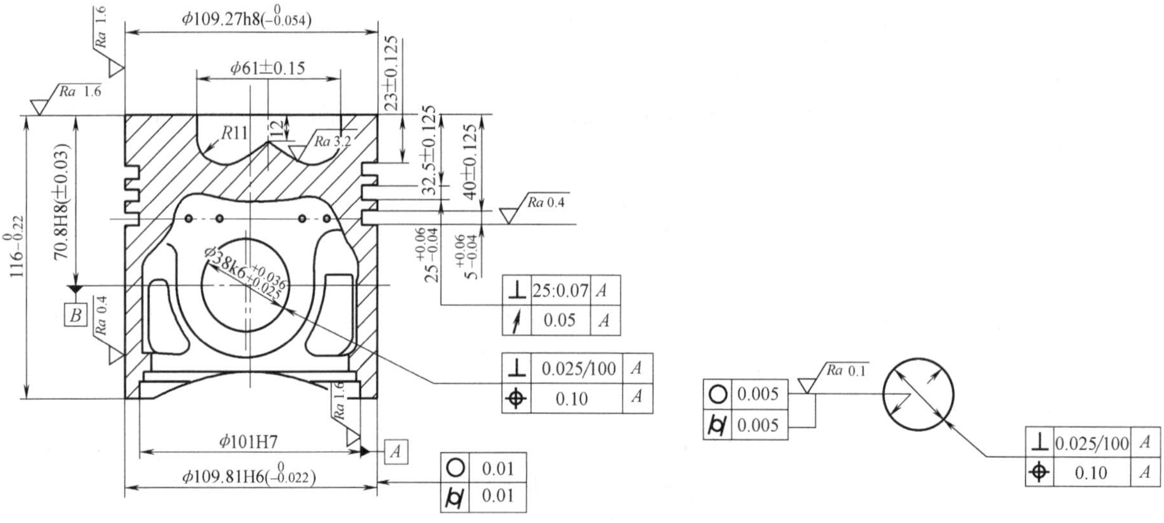

图 3-7　6110 型柴油机活塞技术条件

（一）尺寸精度

1）活塞裙部外圆要求与气缸精密配合，要求公差等级为 IT5 ~ IT6。对于 6110 型柴油机的活塞，裙部外圆为 $\phi 109.81H6\ (^{\ 0}_{-0.022})$，表面粗糙度值为 $Ra0.4\mu m$。加工采用精细车，裙部的圆度和锥度公差在分组尺寸公差范围内。

2）顶部圆锥要求公差等级为 IT7 ~ IT8，6110 型柴油机活塞顶部为 $\phi 109.27h8$（$^{\ 0}_{-0.054}$），表面粗糙度值为 $Ra1.6\mu m$，加工采用精车。

3）活塞销浮动式。为使活塞销在工作时能在孔中自由转动，销孔尺寸要求 IT6 级以上。为了减少机械加工工作量，活塞销孔和活塞销的装配采用分组装配法。110 型活塞销孔为 $\phi 38k6$（$^{+0.036}_{+0.025}$），内孔表面粗糙度值为 $Ra0.1\mu m$，加工采用精细镗。

4）环槽高 2.5H8（$^{+0.06}_{-0.04}$），表面粗糙度值为 $Ra0.4\mu m$。加工采用精细车。

5）内止口（作为活塞加工的精基准之一）要求 IT7 精度，$\phi101H7$（$^{+0.035}_{0}$），表面粗糙度值为 $Ra1.6\mu m$，加工采用精车。

6）顶平面到活塞销孔中心 B 的距离影响气缸的压缩比，要求为 70.8H8（±0.03），表面粗糙度值为 $Ra1.6\mu m$。

（二）形状精度

1）裙部形状精度要求圆度、圆柱度误差不大于 0.01mm。

2）活塞销孔形状精度要求圆度、圆柱度误差不大于 0.005mm。

3）燃烧室表面形状精度要求样板检查缝隙 $\Delta < 0.2mm$。

（三）位置精度

1）为保证活塞在气缸内的正确位置，要求活塞销孔轴线对裙部轴心线垂直并相交，垂直度在 100mm 长度上误差不大于 0.025mm；位置度误差不大于 0.10mm。

2）为了保证活塞环在环槽内的正确位置，要求环端面与活塞轴线垂直度在 25mm 长度上误差不大于 0.07mm，环槽平面对裙部轴线径向圆跳动误差不大于 0.05mm。

（四）其他

为保证内燃机运转平稳，同一内燃机各活塞的重量不应相差很大，活塞应按重量分组装配，同组内质量差小于 5g。

三、活塞加工分析与工艺过程

（一）工艺特点和基准的选择

1. 工艺特点

1）活塞是一个薄壁零件，在外力作用下容易变形。因此，采用专用工装轴向拉紧，减少夹紧变形。

2）活塞主要表面的尺寸精度和位置精度的要求都很高，因此，希望以一个统一基准面定位来加工这些要求高的表面。

2. 定位基准面的选择

通常采用下端面（限制 3 个自由度）的内止口（短销，限制 2 个自由度）和销孔（限制 1 个自由度），作为统一基准。

（1）优点　用这种方法定位的优点是：

1）用这种方法定位，可加工裙部、头部、顶部、销孔等主要表面及其他次表面，既提高了生产效率，又能保证这些表面的位置精度。

2）可以沿活塞轴向夹紧，不致引起变形。

（2）缺点　用这种方法定位的缺点是：

1）增加了加工止口的工序。

2）止口对裙部外圆的同轴度误差，影响环槽的位置精度。

（3）主要加工阶段和加工顺序　主要加工阶段和加工顺序如下：

1）活塞加工一般划分两个加工阶段，即粗加工和精加工。

2）加工顺序是先加工基准面，然后加工其他表面；先粗加工，后精加工。

（二）6110 型柴油机活塞机械加工工艺过程（表3-4）

材料：Si–Al 合金（ZL108）；毛坯：金属模铸造；大批量生产。工序分散，专用机床，流水线作业。

表 3-4 6110 型柴油机活塞机械加工工艺过程

工序号	工序名称	定位基准及技术条件	工序简图	设备	工装
0	毛坯铸造	按活塞铸造工艺进行			
1	粗车底面 B 止口 $\phi101$mm	粗基准是毛坯外圆，金属模铸造，壁厚均匀（有的用内腔面作为粗基准		车床	自定心卡盘自动定心
2	粗镗活塞销孔 $\phi38$mm	下端面 B，内止口及毛坯销孔，活塞顶部压紧		镗床	镗刀
3	粗车 C、外圆 $\phi101$mm 及环槽	下端面 B 内止口销孔处		半自动车床，液压、仿型、多刀	专用刀具
4	钻销座油孔、直油孔	顶面 C 定位下端面、内止口、销孔定位方向		台钻	钻模

（续）

工序号	工序名称	定位基准及技术条件	工序简图	设备	工装
5	精车下端面 B，内止口 φ101H7	精基准：外圆面、环槽端平面		车床	专用夹头
6	精车： 1）环槽 2）外圆面 3）顶面	精基准：下端面 B 内止口销孔拉紧		仿形、多刀车床	专用刀具
7	精车燃烧室	基准"统一原则"同工序 6		车刀	
8	铣裙部圆弧	外圆面、活塞销孔		专用铣床	铣刀
9	精细镗活塞销孔	顶面 圆柱面 销孔		专用镗床	精镗销孔夹具，镗刀杆、镗刀

（续）

工序号	工序名称	定位基准及技术条件	工序简图	设备	工装
10	车锁环槽	销孔定位	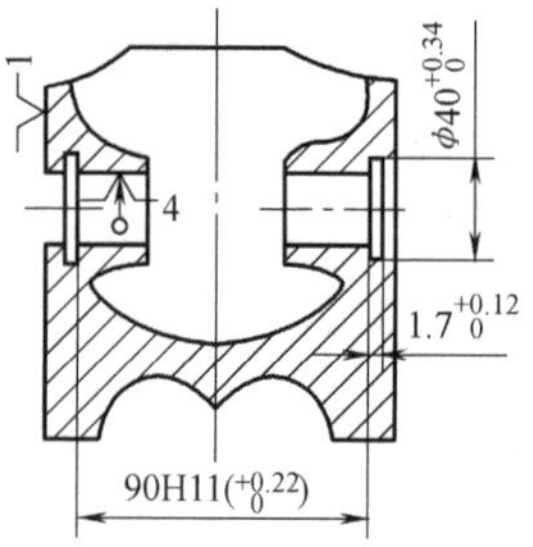1 4 φ40+0.34 0 1.7+0.12 0 90H11(+0.22 0)	车锁环车床	专用切槽刀
11	滚压销孔	销孔定位	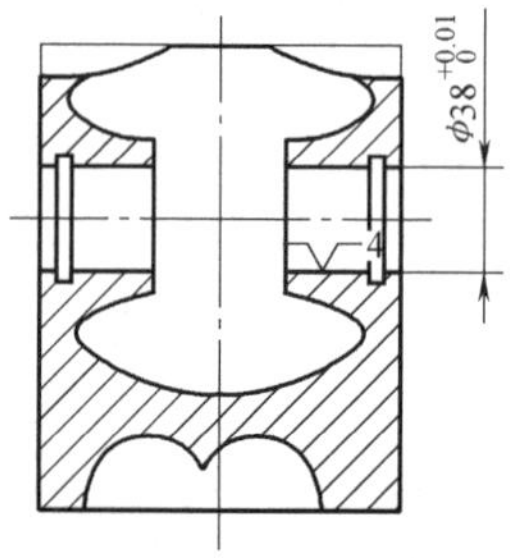φ38+0.01 0 4	滚压销孔机床	滚压器
12	精磨裙部外圆	外圆面定位	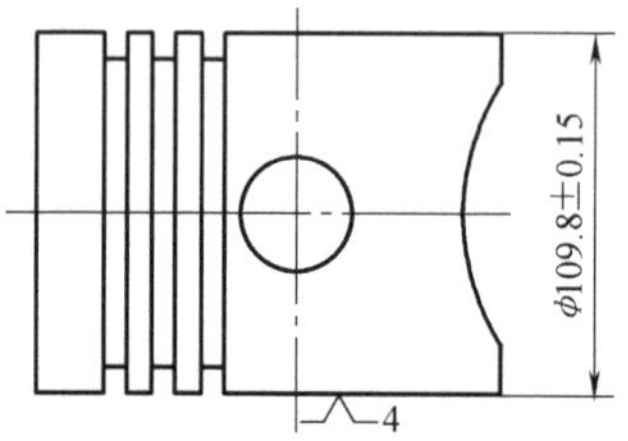φ109.8±0.15 4	仿形磨床	磨具

习　题

一、填空

1. 内燃机工作时，燃烧气体的压力推动活塞作________运动，通过________带动曲轴高速回转。

2. 活塞在高温、________下作长时间变负荷的高速________运动。

3. 活塞顶部制造成截锥形，开有环槽。裙部制造成变________或________，是薄壁筒形零件。

4. 铝活塞毛坯在机械加工前进行________处理，消除铸造时因冷却不均匀而产生的_____。

5. 加工后，表面化学处理，顶面阳极氧化，形成 0.02～0.05mm 的氧化膜，提高表面的_____和_____。

二、选择

1. 活塞的工作环境是（　　）。

A. 低温低压　　　　　B. 低温高压　　　　　C. 高温高压

2. 活塞的运动方式是（　　）。

A. 曲线运动　　　　　B. 回转运动　　　　　C. 直线往复运动

3. 活塞所选用的材料主要是（　　）。

A. 碳钢　　　　　　　B. 合金钢　　　　　　C. 铝合金

4. 活塞加工后，表面化学处理，顶面阳极氧化的目的是（　　）。

A. 提高塑性　　　　　B. 提高韧性　　　　　C. 提高表面的耐磨性和耐蚀性

5. 活塞裙部外圆要求与气缸精密配合，其加工方法采用（　　）。

A. 精细车　　　　　　B. 磨削　　　　　　　C. 铣削

三、判断

1. 内燃机工作时，燃烧气体的压力推动活塞作曲线运动。　　　　　　（　　）

2. 铝合金具有质量轻、惯性力小、导热性好、加工性能好等优点。　　（　　）

3. 活塞材料要求具有良好的导热性，热胀系数小，热稳定性好，耐蚀性好。（　　）

4. 铝合金热膨胀系数大、机械强度、耐热性及耐磨性差。　　　　　　（　　）

5. 活塞外圆精度要求高，所以采用磨削。　　　　　　　　　　　　　（　　）

汽车盘类零件的加工

◆ **项目目的：**

1. 掌握汽车盘类零件的加工方法。
2. 具备盘类零件工艺分析及制订加工工艺路线的能力。
3. 具备分析研究盘类零件加工质量的初步能力。
4. 具备实际加工工件的能力。

◆ **项目要求：**

1. 熟悉盘类零件的结构特点及材料。
2. 能分析盘类零件的技术要求。
3. 掌握轴盘零件的加工工艺规程的制订，并能制订加工工艺路线。

任务一　普通变速器齿轮的加工

任务分析：要加工合格的盘类零件，应根据零件的形状、尺寸、技术要求选用相应的设备、刀具、夹具对毛坯进行切削加工。在零件的加工过程中涉及一系列需要学习的知识，即要达到本项目的目的与要求。

任务实施：通过讲练结合，理论与实践结合，达到理论与动手能力相互融通，通过校内机加实践使学生更加系统和更深入地了解本项目的内容，理解所学内容，通过实践具备实际动手能力。

学习和掌握的知识：学习和需要掌握的知识分述如下。

一、变速器齿轮的结构特点及材料

一般起变速作用的齿轮都统称为变速器齿轮（图 4-1）。

变速器齿轮经常在高转速、高负荷、转速和负荷不断交变的情况下工作。齿轮除了正常磨损外，还会由于润滑油品质、润滑条件不良、驾驶操作不当、维修时齿轮装配相互啮合位置不当等原因，均会造成齿轮冲击，轮齿啮合得不好以及起步抖动等，都会加速齿轮的磨损和损伤。另外，齿轮其他部位或其他零件的磨损

图 4-1　变速器齿轮

（如齿轮孔中花键槽、轴承、花键轴等磨损）、变形（如变速器壳体轴承座轴承孔磨损或变形、花键轴变曲等），离合器或传动轴装配不当，制造上的某些缺陷（如渗碳层不均匀、齿轮翘曲等），也会加速齿轮的磨损。

齿轮是依靠本身的结构尺寸和材料强度来承受外载荷的，这就要求材料具有较高的强度、韧性和耐磨性；由于齿轮形状复杂，齿轮精度要求高，还要求材料工艺性好。

（一）变速器齿轮常用材料

根据齿面硬度分为两大类：软齿面和硬齿面。

HBW < 350 时，称为软齿面。

HBW > 350 时，称为硬齿面。

1. 齿面硬度 HBW < 350

工艺过程：锻造毛坯—正火—粗车—调质、精加工。

常用材料：45 钢、35SiMn、40Cr、40CrNi、40MnB。

特点：具有较好的综合性能，齿面具有较高的强度和硬度，齿芯具有较好的韧性。热处理后切齿精度可达 IT8 级。制造简单、经济、生产率高，对精度要求不高。

2. 齿面硬度 HBW > 350

采用中碳钢时，其工艺过程、常用材料和特点如下所述。

工艺过程：锻造毛坯—正火—粗切—调质—精切—高、中频淬火—低温回火—珩齿或研磨剂跑合、电火花跑合。

常用材料：45、40Cr、40CrNi。

特点：齿面硬度高，48 ~ 55HRC，接触强度高，耐磨性好。齿心保持调质后的韧性，耐冲击能力好，承载能力较高。精度下降半数，可达 IT7 级精度。适用于大量生产，如：汽车、机床等中速中载变速器齿轮。

采用低碳钢时，其工艺过程、常用材料和特点如下所述。

工艺过程：锻造毛坯—常化—粗切—调质—精切—渗碳淬火—低温回火—磨齿。公差等级可达 IT6 级、IT7 级。

常用材料：20Cr、20CrMnTi、20MnB、20CrMnTo。

特点：齿面硬度、承载能力强。芯部韧性好，耐冲击，适合于高速、重载、过载传动或结构要求紧凑的场合，机车主传动齿轮、航空齿轮。

（二）齿轮的失效形式

齿轮的工作条件不同，轮齿的破坏形式不同，是确定齿轮强度计算准则和选择材料和热处理的根据。

1）对于受冲击载荷时，轮齿容易折断应选用韧性较好的材料，可选用低碳钢、渗碳淬火。

2）对于高速闭式传动，齿面易点蚀，应选用齿面硬度较好的材料，可选用中碳钢、表面淬火。

3）对于低速、中载，轮齿折断，点蚀，磨损均可发生时，应选用机械强度、齿面硬度等综合力学性能好的材料，可选用中碳钢、调质、精切。

圆柱齿轮加工的主要工艺问题，一是齿形加工精度，它是整个齿轮加工的核心。齿形加工精度直接影响齿轮的传动精度要求，因此，必须合理选择齿形加工方法；二是齿形加工前的齿坯加工精度，它对齿轮加工、检验和安装精度影响很大，在一定的加工条件下，控制齿坯的加工精度是保证和提高齿轮加工精度的一项极有效的措施，因此，必须十分重视齿坯加工。

圆柱齿轮加工工艺，常随齿轮的结构形状、精度等级、生产批量及生产条件不同而采用不同的工艺方案。要编制出一份切实可行的工艺过程，必须具备以下条件：

零件图上所规定的各项技术要求应明确无误；了解国内外工艺现状、设备能力、技工技术水平及今后的发展方向；根据生产批量，生产环境，制订切实可行的生产方案。

二、变速器齿轮加工的技术要求

（一）齿轮的加工阶段

齿轮加工的第一阶段是齿坯最初进入机械加工的阶段。由于齿轮的传动精度主要决定于齿形精度和齿距分布均匀性，而这与切齿时采用的定位基准（孔和端面）的精度有着直接的关系，所以，这个阶段主要是为下一阶段加工齿形准备精基准，使齿轮的内孔和端面的精度基本达到规定的技术要求。除了加工出基准外，对于齿形以外的次要表面的加工，也应尽量在这一阶段的后期完成。

第二阶段是齿形的加工。对于不需要淬火的齿轮，一般来说这个阶段也就是齿轮的最后加工阶段，经过这个阶段就应当加工出完全符合图样要求的齿轮。对于需要淬硬的齿轮，必须在这个阶段加工出能满足齿形的最后精加工所要求的齿形精度，所以这个阶段的加工是保证齿轮加工精度的关键阶段。应予以特别注意。

加工的第三阶段是热处理阶段。在这个阶段中主要是对齿面的淬火处理，使齿面达到规定的硬度要求。

加工的最后阶段是齿形的精加工阶段。这个阶段的目的，在于修正齿轮经过淬火后所引起的齿形变形，进一步提高齿形精度和降低表面粗糙度，使之达到最终的精度要求。在这个阶段中首先应对定位基准面（孔和端面）进行修整，因为淬火以后齿轮的内孔和端面均会产生变形，如直接采用这样的孔和端面作为基准进行齿形精加工，是很难达到齿轮精度的要求的。以修整过的基准面定位进行齿形精加工，可以使定位准确可靠，余量分布也比较均匀，以便达到精加工的目的。

（二）齿轮热处理

齿轮加工中根据不同要求，常安排两种热处理工序。

1. 齿坯热处理

在齿坯粗加工前、后常安排预备热处理——正火或调质。正火安排在齿坯加工前，目的是为了消除锻造内应力，改善材料的加工性能，使拉孔和切齿加工中刀具磨损较慢，表面粗糙度较小，生产中应用较多。调质一般安排在齿坯粗加工之后，可消除锻造内应力和粗加工引起的残余应力，提高材料的综合力学性能，但齿坯硬度稍高，不易切削，所以生产中应用较少。

2. 齿面热处理

齿形加工后，为提高齿面的硬度及耐磨性，根据材料与技术要求，常选用渗碳淬火、高频感应淬火及液体碳氮共渗等热处理工序。经渗碳淬火的齿轮变形较大，对高精度齿轮还需进行磨齿加工。经高频感应淬火的齿轮变形小，但内孔直径一般会缩小 $0.01 \sim 0.05mm$，淬火后应予以修正。有键槽的齿轮，淬火后内孔常出现椭圆形现象，为此键槽加工应安排在齿轮淬火之后。

（三）定位基准选择

齿轮定位基准的选择常因齿轮的结构形状不同而有所差异。但一般情况下，为保证齿轮的加工精度，应根据"基准重合"原则，选择齿轮的设计基准、装配基准和测量基准为定位基准，且尽可能在整个加工过程中保持"基准统一"。

轴类齿轮的齿形加工一般选择中心孔定位，某些大模数的轴类齿轮多选择轴颈和一端面定位。

盘类齿轮的齿形加工可采用两种定位基准：

1）内孔和端面定位，符合"基准重合"原则。采用专用心轴，定位精度较高，生产率高，故广泛用于成批生产中。为保证内孔的尺寸精度和基准端面的跳动要求，应尽量在一次安装中同时加工内孔和基准端面。

2）外圆和端面定位，不符合"基准重合"原则。用端面作为轴向定位，以外圆为找正基准，不需要专用心轴，生产率较低，故适用于单件小批生产。为保证齿轮的加工质量，必须严格控制齿坯外圆对内孔的径向圆跳动。

（四）齿坯加工

据前所述，齿坯加工工艺主要取决于齿轮的轮体结构、技术要求和生产类型。轴类、套类齿轮的齿坯加工工艺和一般轴类、套类零件基本相同。对于盘类齿轮的齿坯，若是中小批生产，则尽量在通用机床上进行加工。对于圆柱孔齿坯，可采用粗车—精车的加工方案：一是在卧式车床上粗车齿坯各部分；二是在一次安装中精车内孔和基准端面，以保证基准端面对内孔的跳动要求；三是以内孔在心轴上定位，精车外圆、端面及其他部分。对于花键孔齿坯，采用粗车—拉—精车的加工方案：一是在卧式车床上粗车外圆、端面和花键底孔；二是以花键底孔定位，端面支承，拉花键底孔；三是以花键孔在心轴上定位，精车外圆、端面及其他部分。若是大批量生产，则应采用高生产率的机床和专用高效夹具加工。无论是圆柱孔还是花键孔齿坯，均采用多刀车—拉—多刀车的加工方案：一是在多刀半自动车床上粗车外圆、端面和内孔；二是以端面支承、内孔定位拉花键孔或圆柱孔；三是以孔在可胀心轴或精密心轴上定位，在多刀半自动车床上精车外圆、端面及其他部分。为车出全部外形表面，常分为两个工序，在两台机床上进行。

在齿轮的技术要求中，如果规定以分度圆弦齿厚或固定弦齿厚的减薄量来测定齿侧间隙，则应注意齿顶圆的尺寸精度要求，因为齿厚的检测是以齿顶圆为测量基准的，齿顶圆精度太低，必然使所测量出的齿厚值无法正确反映齿侧间隙的大小。所以，在这一加工过程中应注意下列问题：

1）当以齿顶圆直径作为测量基准时，应严格控制齿顶圆的尺寸精度。

2）保证定位端面和定位孔或外圆相互的垂直度。

3）提高齿轮内孔的制造精度，减小与夹具心轴的配合间隙。

三、变速器齿轮加工分析与工艺分析

（一）齿形加工方案选择

齿形加工方案的选择，主要取决于齿轮的精度等级、生产批量和齿轮的热处理方法等。

1. IT8 级或 IT8 级以下精度的齿轮加工方案。对于不淬硬的齿轮，用滚齿或插齿即可满足加工要求；对于淬硬齿轮，可采用滚（或插）齿—齿端加工—齿面热处理—修正内孔的加工方案。但热处理前的齿形加工精度应比图样要求提高一级。

2. IT6 ~ IT7 级精度的齿轮加工方案。

1）剃—珩齿方案：滚（或插）齿—齿端加工—剃齿—齿面热处理—修正基准—珩齿。

2）磨齿方案：滚（或插）齿—齿端加工—齿面热处理（渗碳淬火）—修正基准—磨齿。

剃—珩齿方案生产率高，广泛用于 IT7 级精度齿轮的成批生产中。磨齿方案生产率低，一般用于 IT6 级精度以上或虽低于 IT6 级但淬火后变形较大的齿轮。

随着刀具材料的不断发展，用硬滚、硬插、硬剃代替磨齿，用珩齿代替剃齿，可取得很好的经济效益。

IT5 级精度以上的齿轮一般应取磨齿方案。

（二）齿端加工

齿轮的齿端加工有倒圆、倒尖、倒棱（图 4-2）和去毛刺等，一般在齿轮倒角机上进行。倒圆、倒尖后的齿轮，沿轴向滑动时容易进入啮合，所以滑移齿轮常进行齿端倒圆。倒棱可去除齿端的锐边，这些锐边经渗碳淬火后很脆，在齿轮传动中易崩裂。

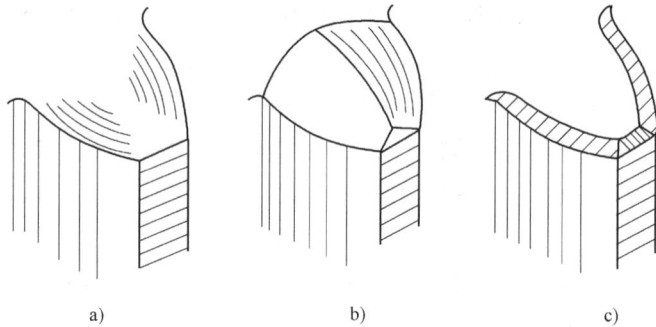

a)   b)   c)

图 4-2　齿端加工方式

用指状铣刀进行齿端倒圆时，铣刀在高速旋转的同时沿圆弧做往复摆动，加工一个齿端后工件沿径向退出，分度后再送进加工下一个齿端。齿端加工必须安排在齿轮淬火之前，在滚（插）齿之后。

（三）基准修正

齿轮淬火后基准孔常产生变形，为保证齿形精加工质量，对基准孔必须进行修正。对大径定心的花键孔齿轮，通常用花键推刀修正。推孔时要防止推刀歪斜，有的工厂采用加长推刀前引导来防止推刀歪斜，取得了较好效果。

对圆柱孔齿轮的修正，可采用推孔或磨孔，推孔生产率高，常用于内孔未淬硬的齿轮；磨孔精度高，但生产率低，对整体淬火齿轮和内孔较大、齿厚较薄的齿轮，均以磨孔为宜。

（四）高精度齿轮加工工艺分析

1. 工艺过程分析

图 4-3 所示为一高精度齿轮，材料为 40Cr，精度为 IT6—IT5—IT5 级，其加工要求见表 4-1，加工工艺过程见表 4-2。

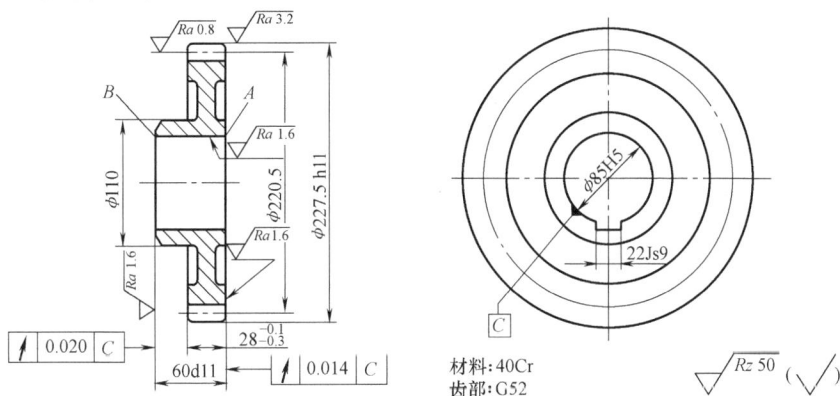

图 4-3 高精度齿轮

表 4-1 高精度齿轮加工要求

法向模数	3.5mm	基节累计误差	0.045mm	齿向公差	0.007mm
齿数	63mm	基节极限偏差	±0.0065mm	公法线平均长度	$70.13_{-0.05}^{\ 0}$ mm
精度等级	655KM	齿形公差	0.007mm	跨齿数	7

表 4-2 高精度齿轮加工工艺过程

序号	工序内容	定位基准
	毛坯锻造	
	正火	
1	粗车各部分，留余量 1.5 ~ 2mm	外圆及端面
2	精车各部分，内孔至 ϕ84.8H7，总长留加工余量 0.2mm，其余至尺寸	外圆及端面
3	检验	
4	滚齿（齿厚留磨加工余量 0.10 ~ 0.15mm）	内孔及 A 面
5	倒角	内孔及 A 面
6	钳工去毛刺	
7	齿部高频感应淬火：G52	
8	插键槽	内孔（找正用）及 A 面
9	磨内孔至 ϕ85H5	分度圆和 A 面（找正用）
10	靠磨大端 A 面	内孔
11	平面磨 B 面至总长度尺寸	A 面
12	磨齿	内孔及 A 面
13	总检入库	

2. 加工工艺特点

与普通精度齿轮加工相比，高精度齿轮加工具有如下工艺特点：

1）定位基准的精度要求较高。由图4-3可知，作为定位基准的内孔，其尺寸精度标注为$\phi85H5$，基准端面的表面粗糙度值较低（为$Ra1.6\mu m$），它对基准孔的跳动为0.014mm，这几项均比一般精度的齿轮要求高。因此，在齿坯加工中，除了要注意控制端面与内孔的垂直度外，尚需留一定的余量进行精加工。精加工孔和端面采用磨削，先以齿轮分度圆和端面作为定位基准磨孔，再以孔为定位基准磨端面，控制端面跳动要求，以确保齿形精加工用的精基准的精度。

2）齿形精度要求高。为满足齿形精度要求，其加工方案应选择磨齿方案，即滚齿—齿端加工—高频感应淬火—修正基准—磨齿。磨齿精度可达IT4级，但生产率较低。本例齿面热处理采用高频感应淬火，变形较小，故留磨余量可尽量缩小到0.1mm左右，以提高磨齿效率。

3. 加工工艺过程（表4-2）

习　题

一、填空

1. 变速器齿轮经常在_____、高负荷、转速和负荷不断_____的情况下工作。

2. 齿轮是依靠本身的_____尺寸和材料_____来承受外载荷的。

3. 对于受冲击载荷时，轮齿容易折断应选用_____较好的材料，可选用_____渗碳淬火。

4. 对于低速、中载，轮齿折断，点蚀，磨损均可发生时，应选用机械_____，齿面_____等综合力学性能好的材料。

5. 齿形加工后，为提高齿面的硬度及耐磨性，根据材料与技术要求，常选用_____、_____淬火及液体碳氮共渗等热处理工序。

二、选择

1. 8级或8级以下精度的齿轮加工方案（　　　）。

A. 滚齿　　　　　　　　　　B. 剃齿　　　　　　　　　　C. 磨齿

2. 6~7级精度的齿轮加工方案（　　　）。

A. 滚齿—剃齿—磨齿　　　　B. 滚齿—剃齿　　　　　　　C. 滚齿—磨齿

3. 齿轮加工的定位基准为（　　　）。

A. 中心孔加端面　　　　　　B. 外圆加端面　　　　　　　C. 中心孔

4. 齿面淬火工序在（　　　）。

A. 粗加工前　　　　　　　　B. 粗加工后，半精加工之前

C. 半精加工之后，精加工之前

5. 调质处理应放在（　　　）。

A. 粗加工前

B. 粗加工后，半精加工之前

C. 半精加工之后，精加工之前

三、判断

1. 渗碳能改变材料表面的含碳量。　　　　　　　　　　　　　　　　（　　）
2. 剃—珩齿常用于精度较高齿轮的加工。　　　　　　　　　　　　　（　　）
3. 齿面经过淬火后，一般用磨齿方法加工。　　　　　　　　　　　　（　　）
4. 提高齿轮内孔的制造精度，可减小与夹具心轴的配合间隙。　　　　（　　）
5. 对于花键孔齿坯，采用粗车—拉—精车的加工方案。　　　　　　　（　　）

任务二　汽车飞轮的加工

任务分析：要使盘类零件从毛坯成为合格的零件，应根据零件的形状、尺寸、技术要求选用相应的设备、刀具、夹具对毛坯进行切削加工。在零件的加工过程中涉及一系列需要学习的知识，即要达到本项目的目的与要求。

任务实施：通过讲练结合，理论与实践结合，达到理论与动手能力相互融通，通过校内机加实践使学生更加系统和更深入地了解本项目的内容，理解所学内容，通过实践具备实际动手能力。

学习和掌握的知识：学习和需要掌握的知识分述如下。

一、汽车飞轮的结构特点及材料

飞轮总成一般是由飞轮、齿圈、离合器定位销、轴承等组成，部分产品轴承用花键代替。飞轮装置在曲轴的一端，是铸铁制造的较重的轮盘，在爆发行程传递回转力，由飞轮一时吸收储蓄，供给下一次动力行程，能使曲轴圆滑的回转作用，外环的齿圈可供起时摇转发动机之用，背面与离合器接触，成为离合器总成的主件。

飞轮是发动机在曲轴后端的较大的圆盘状的零件，它具有较大的转动惯量，具有以下功能：将发动机做功形成的部分能量储存起来，以克服其他形式的阻力，使曲轴均匀旋转。通过安装在飞轮上的离合器，把发动机和汽车传动系统连接起来。通过装有与发动机结合的齿圈，便于发动机起动。

材质：一般使用铸铁 HT200、HT250；球铁 QT450 - 10、QT600 - 3、QT500 - 7 等，国外也有用 45 钢制作的飞轮。

二、汽车飞轮加工的技术要求

飞轮零件图样如图 4-4 所示。

其技术要求：

1）$\phi200$mm 外圆与 $\phi38^{+0.025}_{0}$mm 内孔同轴度公差为 $\phi0.05$mm。

2）键槽 10 ± 0.018mm 对 $\phi38^{+0.025}_{0}$mm 内孔中心线对称度公差为 0.08mm。

3）零件加工后进行静平衡检查。

4）铸造后时效处理。

5）未注铸造圆角 $R5$。

6）未注倒角 $C2$。

7）材料 HT200。

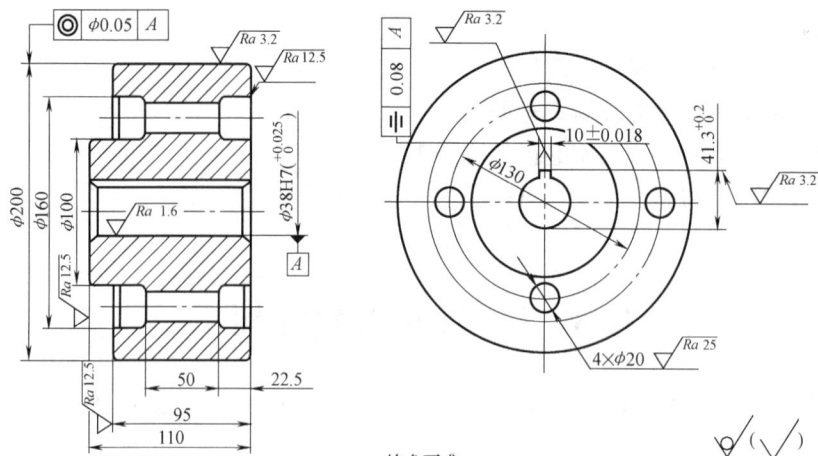

技术要求
1. 铸造后热处理。
2. 未注铸造圆角R5。
3. 未注倒角C2。
4. 零件加工后进行静平衡检查。
5. 材料:HT200。

图 4-4 飞轮

三、汽车飞轮加工分析与工艺过程

(一) 工艺分析

1) 飞轮为铸件,在加工时应照顾各部分的加工余量,避免加工后造成壁厚不均匀。如果铸件毛坯质量较差,应增加划线工序。

2) 零件静平衡检查。可在 $\phi38_0^{+0.025}$ mm 孔内装上心轴,在静平衡架上找静平衡;如果零件不平衡,可在左大端面($\phi200$mm 与 $\phi160$mm 之间)上钻孔减轻重量以最后调到平衡。

3) $\phi200$mm 外圆与 $\phi38_0^{+0.025}$ mm 内孔同轴度检查。可用心轴装夹工件,然后在偏摆仪上或 V 形架上用百分表测出。

4) 键槽 10 ± 0.018mm 对 $\phi38_0^{+0.025}$ mm 内孔中心线的对称度检查。可采用专用检具进行检查。

(二) 飞轮机械加工工艺过程卡 (表4-3)

表 4-3 飞轮机械加工工艺过程卡

工序号	工序名称	工序内容	工艺装备
1	铸造	铸造	—
2	清砂	清砂	—
3	热处理	人工时效	—
4	清砂	细清砂	—
5	涂漆	非加工面涂防锈漆	—
6	车	夹紧 $\phi100$mm 毛坯外圆,以 $\phi200$mm 外圆毛坯找正,车右端面,照顾 22.5mm;车 $\phi200$mm 外圆至图样尺寸;钻、车内孔 $\phi38_0^{+0.025}$ mm 至图样尺寸;倒角 C2	CA6140

（续）

工序号	工序名称	工 序 内 容	工 艺 装 备
7	车	调头，夹 $\phi200mm$ 外圆，车左端大端面，保证尺寸 95mm；车 $\phi100mm$ 端面保证尺寸 110mm；倒角 C2	CA6140
8	划线	在 $\phi100mm$ 圆的端面上划 $10\pm0.018mm$ 键槽线	
9	插	以 $\phi200mm$ 外圆及右端面定位，按 $\phi38^{+0.025}_{0}mm$ 内孔中心线找正，装夹工件，插 $10mm\pm0.018mm$ 键槽	B5020，专用工装或组合夹具
10	钻	以 $\phi200mm$ 外圆及一端面定位，$10mm\pm0.018mm$ 键槽定向钻 $4\times\phi20mm$ 孔	Z525 专用钻模
11	钳	零件静平衡检查	专用工装
12	检验	按图样要求，检查各部分尺寸及精度	—
13	入库	入库	—

习 题

一、填空

1. 飞轮将_____做功形成的部分能量_____起来，以克服其他形成的阻力，使曲轴均匀旋转。

2. 在做静平衡检查时，如果飞轮不平衡，可在左大端面（$\phi200mm$ 与 $\phi160mm$ 之间）上_____减轻_____以最后调到平衡。

二、选择

1. 飞轮选择的材料为（　　　）。

A. 铝合金　　　　　　　　B. 铜合金　　　　　　　　C. 铸铁

2. 飞轮生产完后（　　　）。

A. 一定要做静平衡检查　　B. 不做静平衡检查　　　　C. 可做可不做静平衡检查

3. 在飞轮的工艺流程中安排了人工时效，目的是（　　　）。

A. 提高硬度　　　　　　　B. 降低硬度　　　　　　　C. 消除内应力

汽车叉架类零件的加工

◆ **项目目的：**

1. 使学生掌握叉架类零件连杆的制造方法。

2. 具备连杆工艺分析及制订加工工艺路线的能力。

3. 具备实际加工连杆的能力。

◆ **项目要求：**

1. 了解连杆的结构特点及材料。

2. 掌握连杆加工的技术要求。

3. 掌握连杆加工分析与工艺过程。

任务　汽车连杆的加工

任务分析：通过详细阐述连杆机构的结构和形式、连杆的结构、材料与主要技术要求、连杆的机械加工工艺过程、连杆加工工艺过程分析、连杆的检验等问题，全面地了解连杆，正确了解连杆的加工工艺过程、连杆材料的选择、连杆加工等问题，尽量减少由操作不慎等其他人为因素带来的不必要的损失，即要达到本项目的目的与要求。

任务实施：通过讲练结合，理论与实践结合，达到理论与动手能力相互融通，通过校内机加实践使学生更加系统和更加深入地了解本项目的内容，理解所学内容，通过实践具备实际动手能力。

学习和掌握的知识：学习和需要掌握的知识分述如下。

一、连杆的结构特点及材料

（一）连杆的工作条件

1. 运动

连杆是内燃机的重要运动件之一，它把活塞与曲轴连接起来，使活塞的往复运动（小头）变为曲轴的回转运动（大头）。杆身作复合平面运动，轨迹为椭圆，如图5-1所示。

2. 受力

工作时，连杆承受大小、方向为周期性变化的动载荷。

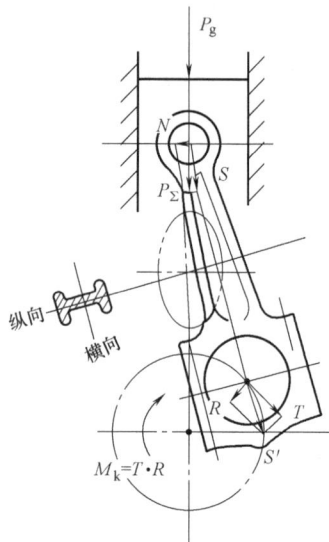

图5-1　连杆的运动和受力情况

在做功行程，燃气压力在连杆轴线上的分力 S 产生压缩应力；在进气行程上止点，活塞组和连杆本身的惯性力在横断面内造成拉伸应力；燃气压力在水平方向的分力引起纵向弯曲应力；摆动时的横向惯性力造成横向弯曲应力。而且，交变应力值在很宽的范围内急剧变化，弯曲应力引起弯曲变形，导致产生疲劳破坏。

3. 连杆疲劳破坏发生的位置

1）连杆小头与杆身圆弧过渡处产生裂纹。

2）大头杆身与螺栓平面直角处产生应力集中。

3）连杆螺栓断裂。

（二）连杆的结构特点

连杆由连杆体及连杆盖两部分组成，杆身多为工字型断面，大头孔用连杆螺栓、螺母和曲轴的连杆轴颈相连，大头的结合面多为平切口，为便于从气缸中装卸，大头结合面亦有做成斜切口的。定位方式有销钉定位、套筒定位、齿形定位和凸肩定位。小头孔内压入青铜衬套，用以补偿磨损，便于更换。小头、大头与杆身采用较大圆弧过渡，逐渐变化，以获得足够的强度和刚度。

连杆的制造精度、产品的内在和外在质量都将直接影响发动机的整机性能和水平。而连杆在发动机的高速运转过程中致使连杆内部产生高频交变应力，它要承受缸内气体爆破的冲击压力和曲轴扭转时的惯性拉力，每个循环中拉力和压力两次交替。当汽车发动机转速为 3000~5000r/min 时，其受力频率是非常高的。由于连杆是在高速转动的疲劳载荷下工作，因此对连杆的强度要求相当高。另外，由于要保持曲轴在高速运转时始终保持平衡状态，为此，对连杆的重量公差要求也要控制在一定范围内。

1. 连杆大小头结构

工作条件：受力巨大；温度较高（100~120℃）；尺寸小、轴承比压高；轴承表面相对运动速度低，不利于形成油膜。

结构特点：

1）浮式活塞销，薄壁圆环形结构。

2）制造成梯形或阶梯形。

3）大小头顶部厚度大于两侧，利于增大整体刚度。

4）二冲程内燃机，小头顶部壁厚可以适当减小。

5）连杆大小头与杆身之间采用双圆弧过渡。

6）注意大小头衬套与活塞销的间隙对小头应力的影响，间隙约活塞直径的（0.0004~0.0015）倍。

7）衬套与大小头内孔过盈配合，衬套材料有锡青铜（中小功率内燃机）、铅青铜（强化柴油机）及铁基或铜基粉末冶金。

8）考虑留去重部位。

9）大小头的外表面应有起模斜度便于模锻。

10）保证大头盖有足够刚度，防止轴瓦变形，可以采用加强筋。

2. 连杆杆身结构设计

连杆杆身的结构特点如下：

1）J_x =（2~3）J_y，使连杆在垂直摆动平面内有较大抗弯能力。

2）杆身断面高度 H=（0.2~0.3）D（汽油机），或者 H=（0.3~0.4）D（柴油机）。

3）杆身断面宽度 B=/（1.4~1.8）H。

4）杆身断面由小头至大头逐渐增大。

3. V 形内燃机的连杆（并列连杆）

V 形内燃机的连杆结构特点如下：

1）结构基本上与直列式内燃机上的一样。

2）多数 V 形内燃机的并列连杆采用斜切口，拆装螺钉带方便。

3）为了左、右排螺钉都容易拆装，斜切口的方向必须相反。

4）为了减小错缸距，将连杆杆身与大头制造成偏置。

5）大头轴瓦倒角在靠近曲柄臂一侧较大，另一侧很小，避免过多破坏曲柄销的油膜承载能力。

（三）连杆的结构材料

1. 对连杆材料的要求

1）具有较高的机械强度和刚度。

2）具有较高的抗疲劳强度。

3）为减小惯性力，尽量减轻杆身重量。

2. 材料与毛坯

（1）杆身与端盖　通常采用相同的材料。对中高速柴油机，采用中碳钢、45 钢，精选碳的质量分数 0.42%~0.47%；毛坯整体模锻，正火处理，加工中间采用退火处理。对重载内燃机，采用中碳合金钢、40Cr、35CrMo、18CrNiWA 等，毛坯整体模锻，正火处理，加工中间采用调质处理，提高强度和抗冲击能力。近年来，有用球墨铸铁制造连杆的。

（2）连杆螺栓　中碳合金钢、35CrMo、20CrNi、18CrNiWA 等材料，锻造表面调质处理，提高强度和韧性，进行探伤、螺纹镀铜防松处理。

（3）小头青铜衬套　采用锡青铜、Cu-Sn 合金、ZCuSn10Pb1 等材料。

（4）大头薄壁轴瓦、瓦背　采用 10 钢、15 钢（低碳钢），瓦背镀锡，内表面浇铸锡基白合金 ZSnSb11-6 或铅基铜铅合金 ZCuPb30，厚度为 0.3~0.7mm。

二、连杆加工的技术要求

连杆需加工表面有：大、小头孔，螺栓孔，大、小头端面，大头接合面。

110 型柴油机连杆加工的技术要求如图 5-2 所示。

1. 尺寸精度（大、小头孔 IT6~IT7）

1）小头衬套底孔的精度采用 IT7 级公差等级，ϕ41H7（$^{+0.025}_{0}$）表面粗糙度值 Ra 为 1.6μm。小头衬套孔相当于 IT6 级公差等级，表面粗糙度值为 Ra0.8~0.4μm。采用精镗加工。

2）大头采用薄壁轴瓦，大头底孔采用 IT6 级公差等级，ϕ74H6（$^{+0.019}_{0}$）表面粗糙度值为 Ra0.4μm。采用精镗加工。

3）螺栓孔采用 IT7 级公差等级，ϕ13H7（$^{+0.018}_{0}$）表面粗糙度值为 Ra1.6μm，采用精铰加工。

4）连杆大小头端平面厚 42h10，表面粗糙度值为 Ra0.8μm，采用精磨加工。

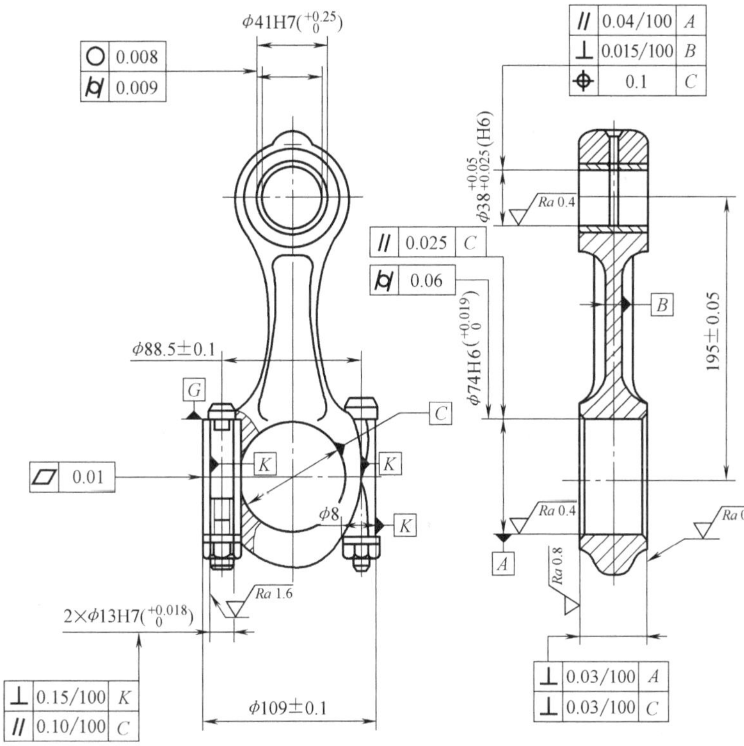

图 5-2　110 型柴油机连杆加工要求

5）连杆大头接合面，表面粗糙度值不大于 $Ra1.6\mu m$，为保证很好的接触，采用精磨加工。

6）大、小头孔接合轴距 $L = 195mm \pm 0.05mm$，公差影响内燃机的压缩比。

2. 形状精度

1）小头孔的圆度公差为 $0.008mm$，小头孔的圆柱度公差为 $0.009mm$。

2）大头孔的圆柱度公差为 $0.006mm$，在直径公差的 1/3 以内。

3. 位置精度

1）大、小头孔轴线的平行度误差会使活塞在气缸中倾斜，造成气缸壁磨损不均匀，并使曲柄销产生边缘磨损，所以要求平行度的误差较严，一般规定为不大于 $0.04/100mm$。

2）大、小头孔轴线与杆身轴线 B 垂直并相交。垂直度误差不大于 $0.015/100mm$，位置度误差不大于 $0.1mm$。

3）大头孔两端面对大头孔轴线的垂直度误差一般规定不大于 $0.03/100mm$。

4）大头孔分开面 C 与大头孔轴线 A 的平行度误差应不大于 $0.025/100mm$。

5）两螺栓孔轴线对大头孔轴线的垂直度误差一般规定不大于 $0.15/100mm$。大头接合面对连杆螺栓孔中心线的垂直度误差不大于 $0.10/100mm$，否则会使连杆螺栓的受力情况恶化，以致连杆盖与杆体结合不好，轴瓦与曲柄销产生不均匀磨损。

6）产品图样规定了连杆大头质量和小头质量的分组，大头小于 15g，小头小于 10g。

标记用红、蓝色（大头 1655～1670g 为红色，1670～1685g 为蓝色），（小头 800～810g

为红色，810～820g 为蓝色）。

4. 非加工表面

过渡圆角处抛光，杆身进行喷丸处理，以提高疲劳强度。称重差：±（3～6）g。

三、连杆加工分析与工艺过程

（一）连杆加工的工艺性分析

1. 连杆的工艺特点

外形复杂，定位较难；细长杆身，刚度较差，受夹紧力、切削力容易变形；尺寸精度、形状精度、位置精度及表面粗糙度要求较高，是加工难度较大的杆类零件。

2. 基准的选择

最难达到的技术要求是大、小头孔轴线的平行度和扭曲度。

1）应符合"基准统一"原则，尽量避免基准的更换，以减少定位误差。

2）工件夹紧点要选择在刚性较好的端面处。

3）设计工艺用定位凸台作为辅助基准。

（1）粗基准的选择　为了保证小头孔的壁厚均匀，在钻小头孔时，选小头孔不加工的外圆面作为粗基准。在毛坯制造时往往在杆身的一侧作出定位标记（凸起球面），以大、小头端面定位时就能区别两个端面。粗加工大、小头两端面时，先选取没有凸起标记一侧的端面为粗基准来加工另一端面，然后以加工过的端面为精基准加工没有凸起标记一侧的端面；在以后的大部分工序都以此端面作为精基准。这样可以保证两端面的厚度和两端面的平行度，并使作为精基准的端面有较好的表面质量。

（2）精基准的选择　在整个加工过程中，各工序尽量保持基准统一，选用连杆端平面（没有凸起标记一侧的端面）、经过钻削的小头孔及连杆大端经过加工的侧面作为辅助定位基准，如图5-3 所示。

大、小头孔精加工时，往往是大、小头孔互为基准。

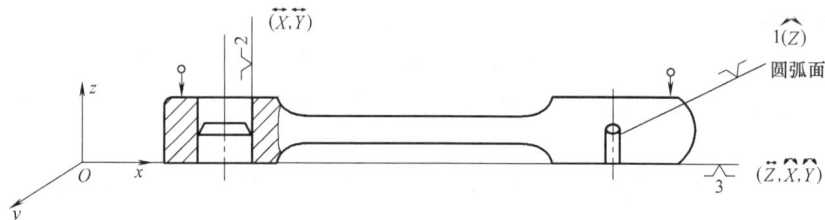

图5-3　连杆的定位基准

3. 连杆加工过程可分为 3 个阶段

（1）粗加工　基准面的加工，包括钻削连杆小头孔，粗磨大、小头端面，粗铣大头接合面，钻连杆螺栓孔。

（2）精加工　包括精镗小头底孔，精磨分开面，精铰连杆螺栓孔，精磨端平面。

粗加工与精加工之间进行中间热处理，合金钢采用调质处理，提高强度和抗冲击能力。

4. 装合后加工

小头压入衬套后精镗小头衬套孔，大头端盖与连杆体装合后，精镗（金刚镗）大头孔。在这三个阶段中，根据需要穿插一些其他工序。

5. 加工顺序

先基准，后其他；先粗加工，后精加工。

（二）110型柴油机连杆的加工工序（表5-1）

材料：40Cr中碳合金钢；毛坯：整体模锻，调质处理，硬度 >28 ~ 33HRC；批量生产。

表5-1　连杆机械加工工艺过程

工序号	工序内容	基准及技术条件	工 序 简 图	设 备	工夹具
0	模锻	按连杆锻造工艺进行			
1	粗铣两平面（记号面、非记号面）	粗基准：毛坯的非记号面；粗基准：有记号面铣至 $42.6^{+0.1}_{0}$ mm		立式专用铣床	铣夹具，大小头外廓夹紧
2	粗磨两平面，退磁	精基准，端平面互为基准，磨制尺寸（42.3 ± 0.05）mm		立式平面转盘磨	端平面磁力吸盘
3	钻小头孔	端平面小头外圆找正		钻床	钻夹具
4	粗镗小头孔，倒小头孔内角	端平面小头外圆		镗床	镗夹具
5	车大头外圆（定位面）	小头孔，端平面		车床	车夹具

（续）

工序号	工序内容	基准及技术条件	工 序 简 图	设 备	工夹具
6	粗镗大头孔、上半圆、下半圆	按统一原则，小头内孔端平面大头侧面镗至 $\phi72^{+0.2}_{0}$ mm，孔距（195 ± 0.05）mm 基准在工序简图中已画出	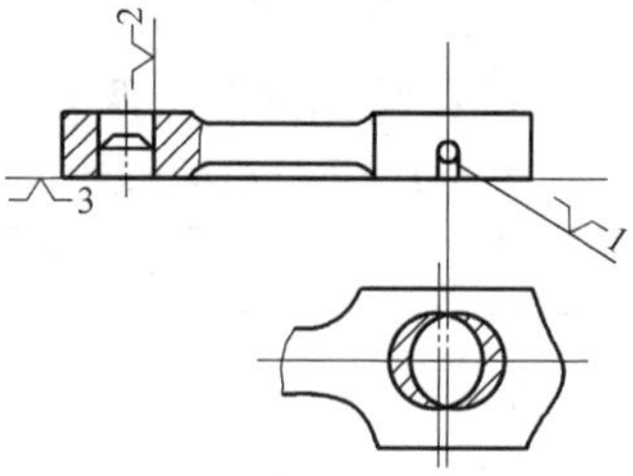	专用镗床	镗夹具
7	粗铣螺栓孔端平面	据统一原则，先在工位 I 铣一个螺栓孔的两端面，再翻身铣另一个螺栓孔的两端面	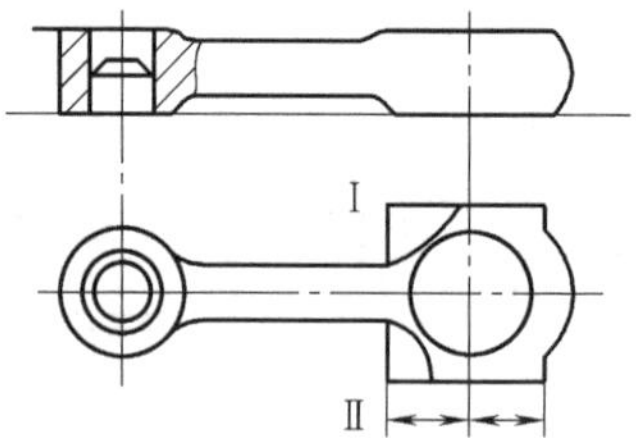	卧式铣床	铣夹具
8	精铣螺栓孔端平面	据统一原则，先在工位 I 铣一个螺栓孔的两端面，再翻身铣另一个螺栓孔的两端面	同工序7	X62W 卧式铣床	铣夹具，三面刃铣刀
9	铣开头连杆头	先在工位 I 铣开连杆的一边，再翻身在工位 II 铣开连杆另一端两端面	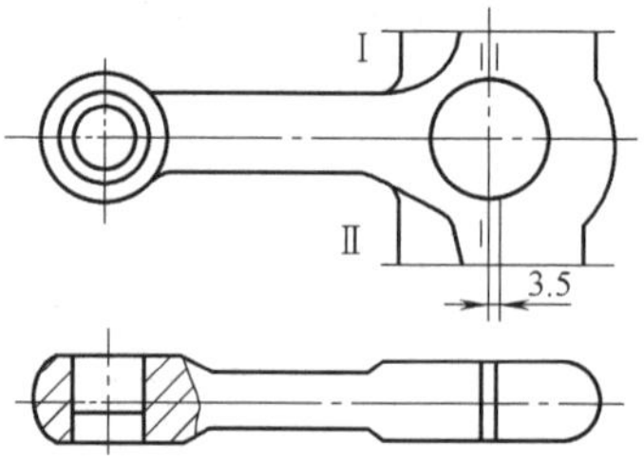	卧式铣床	铣夹具
10	精铣体、盖分开面	连杆体：统一原则连杆盖：端平面，螺栓孔平面	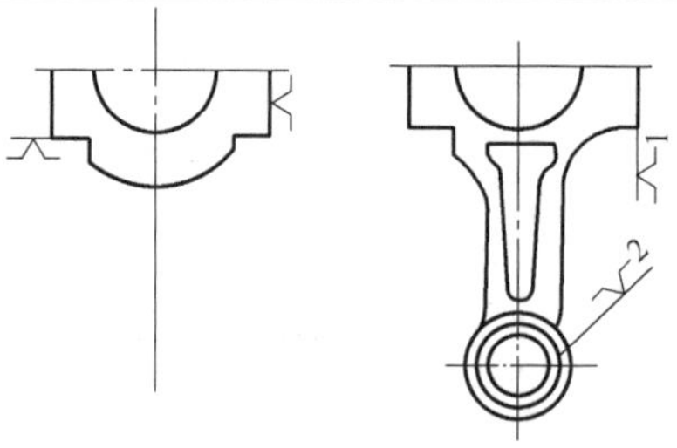	铣床	铣夹具
11	钻、扩、铰两螺栓孔、定位孔	$\phi13H7$mm $\phi12^{+0.2}_{0}$mm	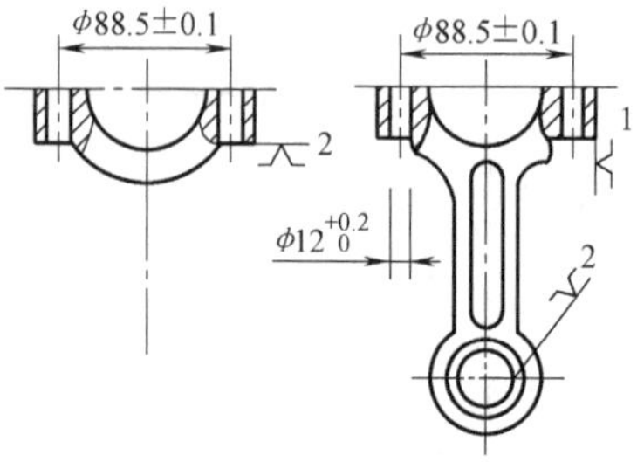	立式钻床	钻模

（续）

工序号	工序内容	基准及技术条件	工 序 简 图	设 备	工夹具
12	精磨体、盖分开面	连杆体：统一原则 连杆盖：端平面，螺栓孔平面	同工序 10	磨床	磨夹具
	体、盖装合				工艺螺栓扭矩 200N·m
13	精磨二端平面	端平面高度 $42_{-0.28}^{-0.18}$ mm，平面度误差不大于 0.03//0.05		磨床	磨夹具
14	精镗小头孔	端平面，连杆大孔 $\phi 41 H7\,(_{0}^{+0.025})$		镗床	镗夹具
15	粗镗大头孔	端平面，连杆小头孔，大头侧面		镗床	镗夹具
16	精镗大头孔	到尺寸 $\phi 74 H6\,(_{0}^{+0.019})$	同工序 15	镗床	镗夹具
17	倒角，小头压入衬套			压床	
18	精镗小头孔	小头孔自身定位加工到尺寸 $\phi 38_{+0.025}^{+0.05}$ mm		镗床	镗夹具
	检查称重、分组				天平电子秤

习　题

一、填空

1. 连杆是内燃机的重要运动件之一，它把活塞与曲轴连接起来，使活塞的_____运动（小头）变为曲轴的_____运动（大头）。

2. 工作时，连杆承受大小、方向为_____变化的动_____。

3. 连杆由连杆体及连杆盖两部分组成，杆身多为_____型断面，大头孔用连杆螺栓、螺母和曲轴的连杆轴颈相连，大头的结合面多为_____。

4. 连杆加工应符合_____原则，尽量避免基准的更换，以减少_____误差。

5. 连杆加工为了保证小头孔的壁厚均匀，在钻小头孔时，选_____不加工的外圆面作为_____。

二、选择

1. 连杆杆身断面多为（　　　）。

A. T 字形　　　　　　　　　　B. 工字形　　　　　　　　　　C. U 字形

2. 连杆大小头衬套材料为（　　　）。

A. 锡青铜　　　　　　　　　　B. 工具钢　　　　　　　　　　C. 轴承钢

3. 连杆杆身采用（　　　）。

A. 铸造　　　　　　　　　　　B. 整体模锻　　　　　　　　　C. 自由锻

4. 连杆杆身材料选用（　　　）。

A. 铸铁　　　　　　　　　　　B. 铝合金　　　　　　　　　　C. 碳钢

5. 连杆端面精加工采用（　　　）。

A. 车削　　　　　　　　　　　B. 精铣　　　　　　　　　　　C. 磨削

三、判断

1. 连杆杆身断面多为 T 字形。　　　　　　　　　　　　　　　　　　　　　（　　　）

2. 连杆小端孔与衬套的配合为间隙配合。　　　　　　　　　　　　　　　　　（　　　）

3. 连杆在加工过程中由于刚性较差，易变形。　　　　　　　　　　　　　　　（　　　）

4. 连杆加工选用连杆端平面（没有凸起标记一侧的端面）、经过钻削的小头孔及连杆大端经过加工的侧面作为辅助定位基准。　　　　　　　　　　　　　　　　　　　（　　　）

5. 连杆衬套孔是将衬套装入大小连杆孔后加工的。　　　　　　　　　　　　　（　　　）

汽车箱体类零件的加工

汽车箱体类零件是一种常用的典型零件，是机器或部件的基础件。它将机器或部件中的轴、轴承、套和齿轮等零件按一定的相互位置关系连接在一起，使其按一定的传动关系协调地运动。因此，箱体类零件的加工质量，不但直接影响机器的装配精度和运动精度，而且还会影响机器的工作精度、使用性能和寿命。其中气缸体的加工质量直接影响着机器的性能、精度和寿命。该零件是典型的箱体类零件，箱体类零件尽管形状各异，尺寸不一，但是它们均有空腔，结构复杂，壁厚不均等共同特点，在箱壁上既有许多精度较高的轴承支承孔和平面需要加工，又有许多精度较低的紧固孔需要加工。

◆ 项目目的：
1. 使学生掌握汽车箱体类典型零件气缸的制造方法。
2. 具备气缸工艺分析及制订加工工艺路线的能力。
3. 具备分析研究缩短箱体类零件加工时间的初步能力。
4. 具备实际加工气缸体的能力。

◆ 项目要求：
1. 了解气缸体的结构特点及材料。
2. 掌握气缸体加工的技术要求。
3. 掌握气缸体加工分析与工艺过程。

任务　气缸体的加工

任务分析：
要使零件毛坯成为合格的气缸，应根据气缸的形状、尺寸选用相应的设备、刀具、夹具对毛坯进行切削加工。在气缸的加工过程中涉及一系列需要学习的知识，即要达到本项目的目的与要求。学生有了此项目研究就可以解决此问题。

任务实施：通过讲练结合，理论与实践结合，达到理论与动手能力相互融通，通过校内机械加工实践使学生更加系统和更加深入地了解本项目的内容，理解所学内容，通过实践具备实际动手能力。

学习和掌握的知识：学习和需要掌握的知识分述如下。

一、气缸体的结构特点及其材料

（一）气缸体的工作条件

1. 特点

气缸体是内燃机的基础零件，是箱体式的固定体。气缸体主要加工表面有 6 大平面和 3

大孔系。内燃机的各零件、组件和部件都装在气缸体上面，并以气缸体上相应部位作为装配基准。气缸孔、主轴承孔及凸轮轴承孔，它们之间的相对位置基本上是由气缸体来保证。气缸体的结构复杂、受力严重、加工精度要求高。

2. 气缸体承受高的机械负荷

1）承受主轴承的支承力、推力轴承的推力及扭力矩、侧推力及固紧力。

2）承受冲击力。

3）承受弯曲应力。

4）承受振动。

3. 气缸体承受高的热负荷

1）燃气的热量通过气缸盖和气缸套传给气缸体。

2）所有运动副的摩擦产生的热量。

（二）对材料的要求

1）具有高的机械强度，足够的刚性、良好的韧性和抗振性。

2）具有良好的耐热性和耐磨性。

3）良好的铸造性、焊接性和加工性。

（三）材料和毛坯

1. 材料

1）铸铁。一般常用珠光体灰铸铁 HT200、HT250。硬度 163～241HBW，具有韧性好、耐磨性好、加工性好的特点，用于中小型内燃机，多用砂型铸造，大批量生产用金属模铸造。

2）合金铸铁中加入碳、硅、锰、铬、镍、铜等元素，提高材料的耐热性、耐磨性、耐腐蚀性，并改善铸造性，多用于中型内燃机，砂型或金属模铸造。

3）铸铝合金，用于小缸径轻型高速内燃机，金属模低压铸造。

4）铸、焊结合结构，ZG230-450 铸件和 Q345 钢板焊接而成，用于大型重载内燃机。

2. 毛坯处理

毛坯加工前需时效处理，以消除铸件的内应力及改善材料的力学性能。

二、气缸体加工的技术要求

气缸体的结构特点是结构形状复杂，主要加工面是三大平面（作为其他零部件的装配基准）和三大孔系（气缸孔、主轴承孔、凸轮轴轴承孔），还有油道孔和螺栓孔，主要加工表面要求精度高，粗糙度小。

6110 型柴油气缸体加工技术要求如图 6-1 所示。

（一）尺寸精度和表面粗糙度

1）各气缸孔尺寸精度为 IT6～IT7，对 110 型柴油机，上部直径 $\phi126H7$（$^{+0.631}_{0}$），表面粗糙度值为 $Ra0.8\mu m$，加工采用精镗。

2）主轴承孔尺寸精度一般为 IT5～IT6，对 110 型柴油机，$\phi90H6$（$^{+0.022}_{0}$），表面粗糙度值为 $Ra0.8\mu m$，加工采用精镗，瓦盖口为 $\phi123H7mm$。

3）凸轮轴轴承孔，尺寸精度一般为 IT6～IT7，对 110 型柴油机，$\phi60H7$（$^{+0.030}_{0}$）mm，表面粗糙度值为 $Ra0.8\mu m$，加工采用精镗。

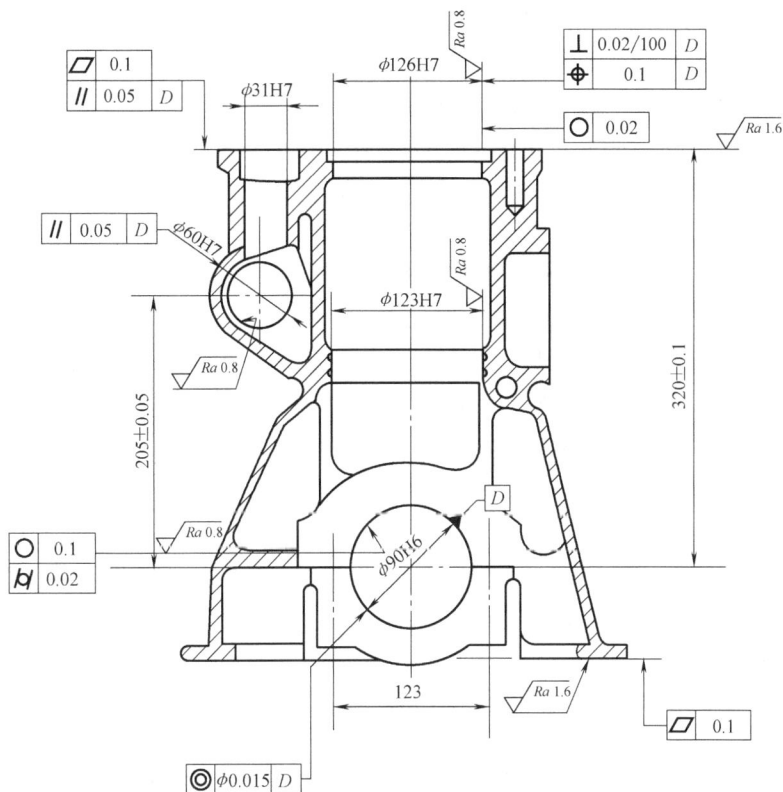

图 6-1 6110 型柴油机气缸体加工技术要求

4）曲轴孔中心到凸轮轴轴承孔中心距离为 205±0.05mm，到气缸体顶平面为 320±0.1mm。

（二）形状精度

1）各气缸孔的圆度误差小于 0.02mm，主轴承孔的圆度误差小于 0.1mm，圆柱度误差不大于 0.02mm。

2）上、下平面的平面度误差不大于 0.1mm。

（三）位置精度

1）主轴承孔的同轴度误差小于 0.015mm。

2）各气缸孔轴线对主轴承孔的垂直度误差在 100mm 长度上小于 0.02mm。

3）凸轮轴孔轴线对主轴承孔轴线平行度误差小于 0.05mm。

4）缸体顶平面对主轴承孔轴线的平行度误差小于 0.05mm。

三、气缸体加工分析与工艺过程

（一）工艺特点及基准选择

1. 工艺特点

1）缸体为薄壁型箱体类零件，夹紧时容易变形。因此，选择合理的夹紧点，要控制切削力的大小。

2）缸体主要是孔系和平面的加工，各孔和平面之间有较高的平行度和垂直度的要求，因此要求选择合理的基准，以及使用专用的工艺装备甚至专用机床。

2. 基准选择

（1）粗基准的选择　选择粗基准时应满足两个基本要求：

1）使以后加工的各主要表面都能得到比较均匀的加工余量。

2）保证装入机体的运动件（曲轴、连杆等）与缸体不加工的内壁有足够的间隙。一般常选取缸体两端的（如1、7）主轴承孔和气缸孔（第一缸）的中心线作为缸体加工的粗基准。铣出缸体侧面上面积很小、相互距离较远的几个工艺凸台作为过渡基准。即先以粗基准定位来加工过渡基准，然后以过渡基准定位，把精基准加工出来。

在大批量生产时，如毛坯精度很高，为了提高生产率，通常都直接用主轴承孔等在夹具上进行安装定位，但有时由于孔的表面粗糙不平，几何形状不规则，易使安装不稳，影响以后工序的余量均匀。为了防止这种情况，可以在铸件上适当位置预先铸出找正的标记，以便在第一道工序加工时，按标记找正，这不但减少了划线的工作量，同时也保证了各表面的加工余量。

（2）精基准的选择　精基准的选择应尽量使定位基准与设计基准重合，同时也应该使各工序尽可能采用统一的基准，以减少安装误差。此外，用精基准安装工件时，工件的夹紧变形应最小，安装应稳妥可靠。

一般选择缸体的底平面及其上的两个工艺孔作为精基准。

优点是：

1）基准统一原则，即主要加工表面，大多数都用它作为精基准，减少了由于转换基准而引起的定位误差。

2）底面轮廓尺寸大，工件安装稳固可靠。

3）加工主轴承孔和凸轮轴轴承孔时，便于在夹具上设置镗杆的支承导套，能使加工精度提高，并能提高切削用量。

缺点是：由于定位基准与设计基准不重合，要进行尺寸换算。

（3）加工阶段的划分　一般分为四个阶段：粗加工、半精加工、精加工和组合后精加工。

（4）加工顺序　先基准面后其他表面；先粗加工后精加工。

（二）6110型柴油机气缸体的加工工序（表6-1）

表6-1　气缸体加工工艺过程

工序号	工序内容	基准及技术条件	工　序　简　图	设备	工夹具
1	粗铣气缸体上平面、下平面	下平面粗基准铸造标记找正，翻身上平面定位		龙门铣	铣刀

（续）

工序号	工序内容	基准及技术条件	工 序 简 图	设备	工夹具
2	铣定位凸台，粗铣两侧面	1、6气缸的下部缸筒及下平面定位找正		双面卧式四轴组合铣床	铣刀
3	半精铣上平面，半精铣下平面，粗铣主轴承对口面	下平面定位铸造标记，翻身上平面定位		平面铣卧式铣床	双铣刀
4	精铣下平面	表面粗糙度值为 $Ra1.6\mu m$，平面度误差不大于0.1mm，平行度误差不大于0.05mm		龙门铣	
5	钻、扩、铰下平面上的定位销孔	上平面、定位凸台或主轴承孔内侧面		钻床	钻模
6	粗铣主轴承座，半精铣主轴承	上平面，定位凸或内侧面		平面立铣床	铣刀

（续）

工序号	工序内容	基准及技术条件	工 序 简 图	设备	工夹具
7	粗、精铣前后端平面	底平面及其上的两个定位销孔		卧式双轴铣床	
8	精铣左右两侧平面	下平面及其上的两个定位销孔		双面卧式四轴组合铣床	
9	钻主油道深孔	下平面及其上的两个定位销孔		钻床	深孔加长钻头
10	粗镗主轴承半圆孔，凸轮轴孔	下平面及其上的两个定位销孔		镗床	镗模
11	精铣主轴承座、分开面、瓦口	上平面及定位凸台	$\phi160^{+0.005}_{+0.025}$	铣床	

（续）

工序号	工序内容	基准及技术条件	工 序 简 图	设备	工夹具
12	铣主轴承座两侧面、止推面、止推槽	上平面及定位凸台		铣床	
13	钻主油道孔，钻斜油孔	$\phi12mm$，$\phi16mm$ 主轴承至主油道		铣床	钻模
14	钻主轴承座螺纹底孔，钻缸体下平面螺纹底孔			钻床	钻模
15	钻挺柱孔	翻身 $\phi28mm$		钻床	钻模
16	镗挺柱孔	保证位置精度 ±（0.02～0.03）mm		镗床	镗模
17	试漏	0.4MPa		试压装置	工具
18	粗镗气缸孔	下平面及其上的两个定位孔		专用立式镗床	
19	镗水套孔	机油中间冷却空间		镗床	

（续）

工序号	工序内容	基准及技术条件	工 序 简 图	设备	工夹具
20	钻上平面孔，扩、铰、攻、铰挺柱孔	下平面及其上的两个定位孔 $\phi31H7$		专用镗床	
21	组装主轴承盖及油泵托架	主轴承盖螺栓上转矩		专用镗床	镗模镗杆
22	半精镗三轴孔	三轴：主轴承孔、凸轮轴承孔、油泵托架孔			
23	精镗三轴孔	同工序22			
24	精镗止推面，精铣前后端面，钻、攻前后端面螺孔			镗床	
25	精铣上平面	下平面及其上的两个定位孔		铣床	
26	精镗气缸孔及密封槽	下平面及其上的两个定位孔		专用镗床	
27	镗气缸孔止口				
28	清洗、检查入库				

习　题

一、填空

1. 缸体主要加工表面有_____大平面和_____大孔系。

2. 气缸体除承受高的_____负荷外，还要受到高的_____负荷。

3. 缸体一般常用珠光体灰铸铁 HT200、HT250。硬度 163 ~ 241HBW，具有韧性好、耐磨性好、加工性好的特点，用于中小型内燃机，多用_____铸造，大批量生产用_____铸造。

4. 铸铝合金用于小缸径_____型高速内燃机，_____低压铸造。

二、选择

1. 110 型柴油机，上部直径 $\phi 126H7$ （$^{+0.631}_{0}$）气缸孔尺寸精度为 IT6 ~ IT7，表面粗糙度值为 $Ra0.8\mu m$，其最终加工采用的是（　　　）。

A. 铰孔　　　　　　　　B. 磨孔　　　　　　　　C. 精镗

2. 110 型柴油机主轴轴承孔 $\phi 90H6$ （$^{+0.022}_{0}$）尺寸精度一般为 IT5 ~ IT6，表面粗糙度值为 $Ra0.4\mu m$，加工采用（　　　）。

A. 精镗　　　　　　　　B. 磨孔　　　　　　　　C. 铰孔

3. 110 型柴油机各平面加工采用（　　　）。

A. 磨削　　　　　　　　B. 铣削　　　　　　　　C. 刨削

4. 110 型柴油机主油道深孔加工采用（　　　）。

A. 镗削　　　　　　　　B. 铰削　　　　　　　　C. 钻削

三、判断

1. 缸体各表面间的位置精度要求高。　　　　　　　　　　　　　　（　　　）
2. 缸体中的主轴轴承孔尺寸精度、形状精度要求高。　　　　　　　（　　　）
3. 铸铝质轻、加工容易，汽车发动机缸体都采用铸铝材料制造。　　（　　　）
4. ZG230 - 450 是铸钢。　　　　　　　　　　　　　　　　　　　（　　　）

项目七

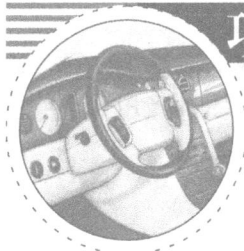

汽车先进制造技术

◆ **项目目的：**

通过本项目的学习，学生能够认识各种先进的制造技术，了解制造工艺的发展方向。

◆ **项目要求：**

1. 了解 FMS 的原理和组成。
2. 了解 CIMS 的原理和功能。
3. 了解 RP 的基本原理和工艺方法。

任务　汽车制造技术的发展趋势

一、机械制造系统自动化与计算机辅助制造

1. 机械制造自动化的概念

任何制造过程都是由若干工序组成的。而在一个工序中，又包含着若干种基本动作。如传动动作、上下料动作、换刀动作、切削动作以及检验动作等。此外，还有操纵和管理这些基本动作的操纵动作，如开动和关闭传动机构的动作等。这些动作可以手动来完成，也可以用机器来完成。当执行制造过程的基本动作是由机器（机械）代替人力劳动来完成时就是机械化。若操纵这些机构的动作也是由机器来完成，就可以认为这个制造过程是"自动化"了。

在一个工序中，如果所有的基本动作都机械化了，并且使若干个辅助动作也自动化，而工人所要做的工作只是对这一工序作总的操纵和监督，就称为工序自动化。

一个工艺过程（如加工工艺过程）通常包括若干个工序，如果不仅每一个工序都自动化，并且把它们有机地联系起来，使得整个工艺过程（包括加工、工序间的检验和输送）都自动进行，而工人仅在这一整个工艺过程作总的操纵和监督，这时就形成了某一种加工工艺的自动生产线，通常称为工艺过程自动化。

一个零部件（或产品）的制造包括若干个工艺过程，如果不仅每个工艺过程都自动化，而且它们之间是自动地有机联系在一起，也就是说从原材料到最终成品的全过程不需要人工干预，这时就形成了制造过程的自动化。机械制造自动化的高级阶段就是自动化车间甚至自动化工厂。

2. 主要内容

（1）柔性制造系统（Flexible Manufacturing System，FMS）及技术　柔性制造系统是由

统一的信息控制系统、物料储运系统和一组数字控制加工设备组成，能适应加工对象变换的自动化机械制造系统。

FMS 按照成组的加工对象确定工艺过程，选择相适应的数控加工设备和工件、工具等物料的储运系统，并由计算机进行控制，故能自动调整并实现一定范围内多种工件的成批高效生产（即具有"柔性"），并能及时地改变产品以满足市场需求。

FMS 兼有加工制造和部分生产管理两种功能，因此能综合地提高生产效益。FMS 的工艺范围正在不断扩大，可以包括毛坯制造、机械加工、装配和质量检验等。投入使用的FMS 大都用于切削加工，也有用于冲压和焊接的。

FMS 实用阶段以由 3～5 台设备组成的 FMS 为最多，但也有规模更庞大的系统投入使用。1982 年，日本发那科公司建成自动化电机加工车间，由 60 个柔性制造单元（包括 50 个工业机器人）和一个立体仓库组成，另有两台自动引导台车传送毛坯和工件，此外还有一个无人化电机装配车间，它们都能连续 24h 运转。这种自动化和无人化车间，是向实现计算机集成的自动化工厂迈出的重要一步。

柔性制造按机床台数及工序数可分四种类型：

1）柔性制造单元（Flexible Manufacturing Cell，FMC）。柔性制造单元由单台数控机床及自动输送装置组成，采用切削监视系统实现无人操作，并能不停机转换品种进行连续生产。图 7-1 所示是最简单的柔性制造单元。

2）柔性制造系统（FMS）。柔性制造系统由两台或两台以上数控机床，配有自动输送、自动装卸料装置和自动仓库组成，并有监控功能、计算机综合控制功能、数据功能、生产计划及管理功能等。故 FMS 实际是由两个以上的 FMC 合成的，如图 7-2 所示。

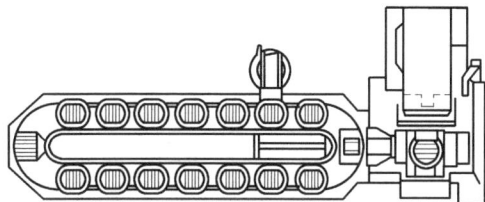

图 7-1 柔性制造单元

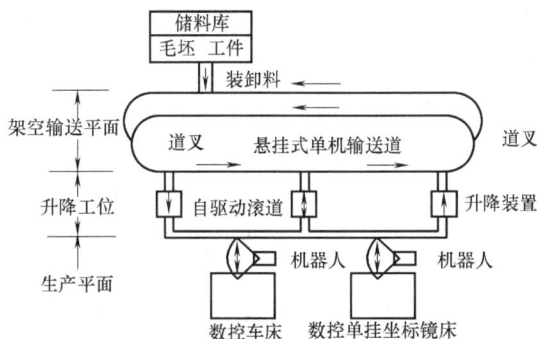

图 7-2 装有机器人的车削中心

3）柔性制造生产线（FML）。柔性制造生产线是带有专业化生产或成组化生产特点的柔性制造系统。其全线生产用机床是产品工艺过程布置的，有一定的生产节拍，仅适用于一定的专业化生产范围。

4）柔性制造工厂（Flexible Manufacturing Factory，FMF）。柔性制造工厂实际上是上述三种的组合（包括柔性制造单元、柔性制造系统、柔性制造生产线）组成的工厂，即自动化工厂。它有计算中心的主计算机及多台子计算机实施工厂全盘自动化。

（2）计算机集成制造系统（CIMS）（图 7-3）　CIMS 是英文 Computer Integrated Manufacturing Systems 的缩写。CIMS 是通过计算机硬、软件，并综合运用现代管理技术、制造技术、信息技术、自动化技术、系统工程技术，将企业生产全部过程中有关的人、技术、经营管理三要素及其信息与物流有机集成并优化运行的复杂的大系统。因此，企业作为一个统一的整体，必须从系统的观点、全局的观点广泛采用计算机等高新技术，加速信息的采集、传递和加工处理过程，提高工作效率和质量，从而提高企业的总体水平。

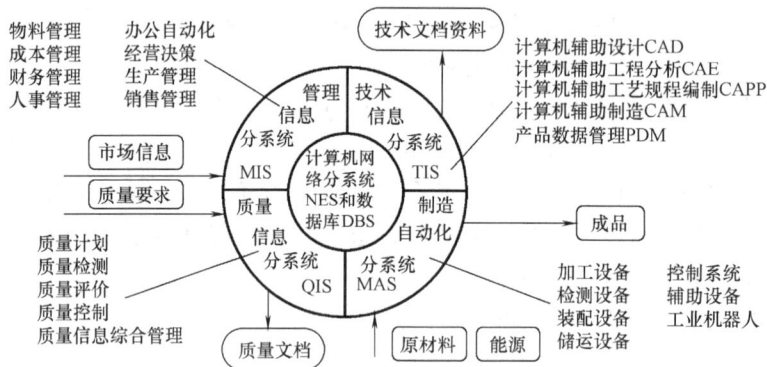

图 7-3　CIMS 的组成

沈阳鼓风机集团有限公司通过 CIMS 完成了计算机支撑系统的环境建设，产品交货期由 18 个月缩短为 12 个月，成本下降近 80%。

沪东造船厂实施 CIMS 以后，生产率大大提高，产品总工时同比减少35%，船台建造周期缩短 1 个月以上，产品品种每年增加一至二种，扩大了造船总量，加强了市场竞争能力。

制造业的各种生产经营活动，从人的手工劳动变为 CIMS 采用机械的、自动化的设备，并进而采用计算机是一个大的飞跃，而从计算机单机运行到集成运行是更大的一个飞跃。作为制造自动化技术的最新发展、工业自动化的革命性成果，CIMS 代表了当今工厂综合自动化的最高水平，被誉为是"未来的工厂"。

CIMS 各分系统的主要功能为：

1）管理信息分系统（MIS）。MIS 用以收集、整理及分析各种管理数据，向企业和组织的管理人员提供所需要的各种管理及决策信息，必要时还可提供决策支持。MIS 可实现的功能如图 7-3 所示，其核心是制造资源计划 MRP Ⅱ 或企业资源计划 ERP。

2）技术信息分系统（TIS）。TIS 根据 MIS 分系统下达的产品设计要求，进行产品的技术设计和工艺设计，包括必要的工程分析、优化和绘图。通过工程数据库和产品数据管理 PDM，实现内、外部的信息集成。该分系统的核心是 CAD、CAPP 和 CAM 的一体化。

3）制造自动化分系统（MAS）。MAS 是 CIMS 中信息流与物流的结合点，是 CIMS 最终产生经济效益的所在。它接受能源、原材料、配套件和技术信息的输入，完成制造工作，最后输出合格产品。制造自动化系统的主要组成部分有：加工中心、数控机床、运输小车、立体仓库及计算机控制管理系统。

4）质量信息分系统（QIS）。全面质量管理要求整个企业，从最高层决策者到第一线生产工人，都应参加到质量管理和控制中，因此，企业内部各个部门之间有大量的质量信息需要交换。该分系统的功能包括：质量计划、质量检测、质量评价、质量控制和质量信息综合管理等。

5）计算机网络分系统（NES）。NES 主要实现各个工作站之间、各个分系统之间的相互通信，以实现信息的共享和集成。计算机网络分系统应做到"4R（Right）"，即在正确的时间，将正确的信息，以正确的方式，传递给正确的对象。

6）数据库分系统（DBS）。DBS 存储和管理企业生产经营活动中的各种信息和数据，保证数据存储的准确一致性、及时性、安全性、完整性、使用和维护的方便性。

（3）智能制造系统（IMS）。智能制造是将人工智能融合进制造系统的各个环节中，通过模拟专家的智能活动，如分析、推理、判断、构思和决策等，取代或延伸制造环境中应由专家来完成的那部分活动，使系统具有智能特征。与常规系统不同的是：智能制造系统具有自适应能力、自学习能力和自组织能力。

IMS 的目的：实现当前生产技术的标准化，开发出能使人和智能设备都不受环境和地域限制，彼此合作的高技术生产系统。智能制造是当今制造领域研究热点之一，是制造系统的最新发展，也是自动化制造系统的未来发展方向。也就是说，未来的自动化制造系统全少应同时具有智能化和自动化两个方面。

与传统的制造系统相比，智能制造系统具有以下特征：

1）自组织能力。自组织能力是指 IMS 中的各种智能设备或组成单元，能够按照工作任务的要求，自行集结成一种最合适的结构，并按照最优的方式运行。完成任务以后，该结构随即自行解散，以备在下一个任务中集结成新的结构。

2）自律能力。IMS 能对周围环境和自身作业状况的信息实时监测和处理，并根据处理结果自行调整控制策略，以使制造系统的运行结果达到最优。这种自律能力使整个制造系统表现出具有抗干扰、自适应和容错等能力。

3）自学习和自维护能力。IMS 能以系统中原有专家知识为基础，在实施过程中，不断进行学习、完善和充实系统知识库，并删除库中有误的知识，以使系统知识库越来越完美。同时，自身能对系统故障进行自我诊断、排除和修复。

4）整个制造环境的智能集成。IMS 在强调各生产环节智能化的同时，更注重整个制造环境的智能集成。IMS 涵盖了产品的市场、开发、设计、制造、经营管理与售后服务整个过程，把它们集成为一个整体，系统地加以研究，实现整体的智能化。

二、快速成形技术

21 世纪，消费者对汽车的安全、舒适、速度和外形的需求促使汽车不断地更新换代。一般，一辆汽车的开发周期为 5 年，而现在，汽车制造商把这个周期缩短为 3 年，并且周期还在不停地缩短。这主要得益于快速成形技术的快速发展，使得各个产品的研发周期不断缩短，产品的质量也得到显著的提高。

（一）快速成形技术简介

快速成形（Rapid Prototyping，RP）是 20 世纪 80 年代末及 90 年代初发展起来的新兴制造技术，是由三维 CAD 模型直接驱动的快速制造任意复杂形状三维实体的总称。它集成了 CAD 技术、数控技术、激光技术和材料技术等现代科技成果，是先进制造技术的重要组成部分。由于它把复杂的三维制造转化为一系列二维制造的叠加，因而可以在不用模具和工具的条件下生成几乎任意复杂形状的零部件，极大地提高了生产率和制造柔性。

与传统制造方法不同，快速成形从零件的 CAD 几何模型出发，通过软件分层离散和数控成形系统，用激光束或其他方法将材料堆积而形成实体零件。通过与数控加工、铸造、金属冷喷涂、硅胶模等制造手段相结合，已成为现代模型、模具和零件制造的强有力手段，在航空航天、汽车摩托车、家电等领域得到了广泛应用。

（二）快速成形的基本原理

与传统的机械切削加工，如车削、铣削等"材料减削"方法不同的是，"快速成形制造技术"是靠逐层融接增加材料来生成零件的，是一种"材料叠加"的方法，快速成形技术采用离散/堆积成形原理，根据三维 CAD 模型，对于不同的工艺要求，按一定厚度进行分层，将三维数字模型变成厚度很薄的二维平面模型。再将数据进行一定的处理，加入加工参数，在数控系统控制下以平面加工方式连续加工出每个薄层，并使之粘结而成形。实际上就是基于"生长"或"添加"材料原理一层一层地离散叠加，从底至顶完成零件的制作过程。快速成形有很多种工艺方法，但所有的快速成形工艺方法都是一层一层地制造零件，所不同的是每种方法所用的材料不同，制造每一层添加材料的方法不同。该技术的基本特征是"分层增加材料"，即三维实体由一系列连续的二维薄切片堆叠融接而成，如图 7-4 所示。

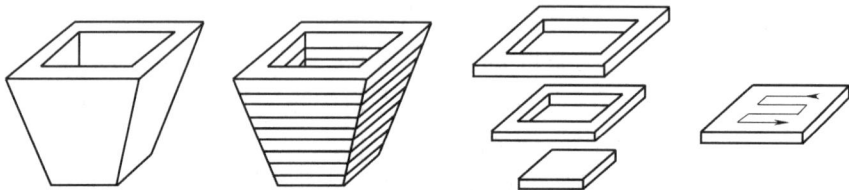

图 7-4 RP 的成形原理

快速成形的工艺过程如下所述：

1. 三维模型的构造

按图样或设计意图在三维 CAD 设计软件中设计出该零件的 CAD 实体文件。一般快速成形支持的文件输出格式为 STL 模型，即对实体曲面做近似的所谓面型化处理，是用平面三角形面片近似模型表面，以简化 CAD 模型的数据格式，便于后续的分层处理。由于它在数据处理上较简单，而且与 CAD 系统无关，所以很快发展为快速成形制造领域中 CAD 系统与快速成形机之间数据交换的标准，每个三角面片用四个数据项表示。即三个顶点坐标和一个法向矢量，整个 CAD 模型就是这样一个矢量的集合。在一般的软件系统中可以通过调整输出精度控制参数，减小曲面近似处理误差。如：Pro/E 软件是通过选定弦高值作为逼近的精度参数。

2. 三维模型的离散处理（切片处理）

在选定制作（堆积）方向后，通过专用的分层程序将三维实体模型（一般为 STL 模型）进行一维离散，即沿制作方向分层切片处理，获取每一薄层片截面轮廓及实体信息。分层的厚度就是成形时堆积的单层厚度。由于分层破坏了切片方向 CAD 模型表面的连续性，不可避免地丢失了模型的一些信息，导致零件尺寸及形状误差的产生。所以分层后需要对数据作进一步的处理，以免断层的出现。切片层的厚度直接影响零件的表面粗糙度和整个零件的型面精度，每一层面的轮廓信息都是由一系列交点顺序连成的折线段构成。所以，分层后所得到的模型轮廓已经是近似的，层与层之间的轮廓信息已经丢失，层厚越大丢失的信息越多，导致在成形过程中产生了型面误差。

3. 成形制作

把分层处理后的数据信息传至设备控制机，选用具体的成形工艺，在计算机的控制下，逐层加工，然后反复叠加，最终形成三维产品。

4. 后处理

根据具体的工艺，采用适当的后处理方法，改善样品性能。

（三）快速成形技术的特点

与传统的切削加工方法相比，快速成形加工具有以下特点：

1. 自由成形制造

自由成形制造是快速成形技术的另外一个用语。作为快速成形技术的特点之一的自由成形制造的含义有两个方面：一是指不需要使用工模具而制作原型或零件，由此可以大大缩短新产品的试制周期，并节省工模具费用；二是指不受形状复杂程度的限制，能够制作任何形状与结构、不同材料复合的原型或零件。

2. 制造效率快

从 CAD 数模或实体反求获得的数据到制成原型，一般仅需要数小时或十几小时，速度比传统成形加工方法快得多。该项目技术在新产品开发中改善了设计过程的人机交流，缩短了产品设计与开发周期。以快速成形机为母模的快速模具技术，能够在几天内制作出所需材料的实际产品，而通过传统的钢质模具制作产品，至少需要几个月的时间。该项技术的应用，大大降低了新产品的开发成本和企业研制新产品的风险。

3. 由 CAD 模型直接驱动

无论哪种 RP 制造工艺，其材料都是通过逐点、逐层以添加的方式累积成形的。无论哪种快速成形制造工艺，也都是通过 CAD 数字模型直接或者间接地驱动快速成形设备系统进行制造的。这种通过材料添加来制造原型的加工方式是快速成形技术区别于传统的机械加工方式的显著特征。这种由 CAD 数字模型直接或者间接地驱动快速成形设备系统的原型制作过程也决定了快速成形的制造快速和自由成形的特征。

4. 技术高度集成

当落后的计算机辅助工艺规划（Computer Aided Process Planning，CAPP）一直无法实现 CAD 与 CAM 一体化的时候，快速成形技术的出现较好地填补了 CAD 与 CAM 之间的空白。新材料、激光应用技术、精密伺服驱动技术、计算机技术以及数控技术等的高度集成，共同支撑快速成形技术的实现。

5. 经济效益高

快速成形技术制造原型或零件，不需要工模具，也与成形或零件的复杂程度无关，与传统的机械加工方法相比，其原型或零件本身制作过程的成本显著降低。此外，由于快速成形在设计可视化、外观评估、装配及功能检验以及快速模具母模的功用，能够显著缩短产品的开发试制周期，也带来了显著的时间效益。也正是因为快速成形技术具有突出的经济效益，才使得该项技术一经出现，便得到了制造业的高度重视和迅速而广泛的应用。

6. 精度不如传统加工

数据模型分层处理时不可避免的一些数据丢失外加分层制造必然产生台阶误差，堆积成形的相变和凝固过程产生的内应力也会引起翘曲变形，这从根本上决定了 RP 造型的精度极限。

（四）RP工艺方法简介

目前快速成形主要工艺方法及其分类如图7-5所示。下面主要介绍目前较为常用的工艺方法。

1. 光固化法（Stereo Lithography Apparatus，SLA）

光固化法（SLA）是目前最为成熟和广泛应用的一种快速成形制造工艺（图7-5）。这种工艺以液态光敏树脂为原材料，在计算机控制下的紫外激光按预定零件各分层截面的轮廓轨迹对液态树脂逐点扫描，使被扫描区的树脂薄层产生光聚合（固化）反应，从而形成零件的一个薄层截面。完成一个扫描区域的液态光敏树脂固化层后，工作台下降一个层厚，使固化好的树脂表面再敷上一层新的液态树脂然后重复扫描、固化，

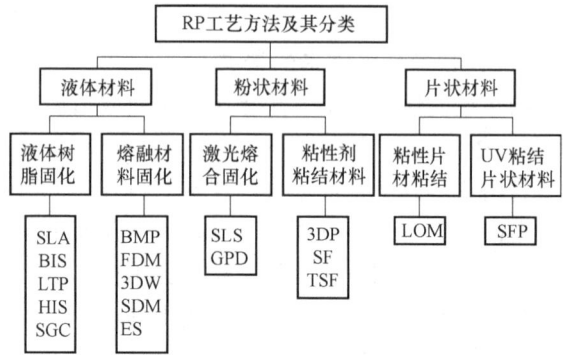

图7-5 快速成形主要工艺方法及其分类

新固化的一层牢固地粘接在上一层上，如此反复直至完成整个零件的固化成形。

SLA工艺的优点是：精度较高，一般尺寸精度可控制在0.01mm；表面质量好；原材料利用率接近100%；能制造形状特别复杂、精细的零件；设备市场占有率很高。缺点是：需要设计支撑；可以选择的材料种类有限；制件容易发生翘曲变形；材料价格较昂贵。该工艺适合比较复杂的中小型零件的制作。

2. 选择性激光烧结法（Selective Laser Sintering，SLS）

选择性激光烧结法（SLS）是在工作台上均匀铺上一层很薄（100~200μm）的非金属（或金属）粉末，激光束在计算机控制下按照零件分层截面轮廓逐点地进行扫描、烧结，使粉末固化成截面形状（图7-6）。完成一个层面后工作台下降一个层厚，铺粉滚筒在已烧结的表面再铺上一层粉末进行下一层烧结。未烧结的粉末保留在原位置起支承作用，这个过程重复进行直至完成整个零件的扫描、烧结，去掉多余的粉末，再进行打磨、烘干等处理后便获得需要的零件。用金属粉或陶瓷粉进行直接烧结的工艺正在实验研究阶段，它可以直接制造工程材料的零件。

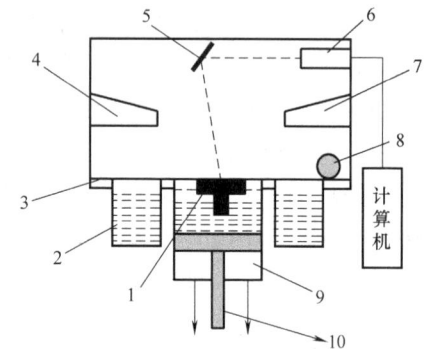

图7-6 选择性激光烧结法原理图
1—零件 2—废料桶 3—粉床 4、7—预热器
5—振镜 6—激光器 8—铺粉滚筒
9—成形舱 10—升降台

SLS工艺的优点是：原型件力学性能好，强度高，不需要设计和构建支承；可选材料种类多且利用率高（100%）。缺点是：制件表面粗糙，疏松多孔，需要进行后处理；制造成本高。

采用各种不同成分的金属粉末进行烧结，经渗铜等后处理，特别适合制作功能测试零件，也可直接制造金属型腔的模具。采用蜡粉直接烧结，适合于小批量、比较复杂的中小型零件的熔模铸造生产。

3. 熔融沉积成形法（Fused Deposition Modeling，FDM）

熔融沉积成形法（FDM）是通过将丝状材料如热塑性塑料、蜡或金属的熔丝从加热的喷嘴挤出，按照零件每一层的预定轨迹，以固定的速率进行熔体沉积（图7-7）。每完成一层，工作台下降一个层厚进行叠加沉积新的一层，如此反复最终实现零件的沉积成形。FDM工艺的关键是保持半流动成形材料的温度刚好在熔点之上（比熔点高1℃左右）。其每一层片的厚度由挤出丝的直径决定，通常是0.25～0.50mm。

FDM的优点是：材料利用率高；材料成本低，可选材料种类多；工艺简洁。缺点是：精度低；复杂构件不易制造，悬臂件需加支撑；表面质量差。该工艺适合于产品的概念建模及形状和功能测试、中等复杂程度的中小原型，不适合制造大型零件。

4. 分层实体制造法（Laminated Object Manufacture，LOM）

LOM工艺是将单面涂有热溶胶的纸片通过加热辊加热粘接在一起，位于上方的激光切割器按照CAD分层模型所获数据，用激光束将纸切割成所制零件的内外轮廓，然后新的一层纸再叠加在上面，通过热压装置和下面已切割层粘合在一起，激光束再次切割，如此反复逐层切割、粘合、切割……直至整个模型制作完成如图7-8所示。

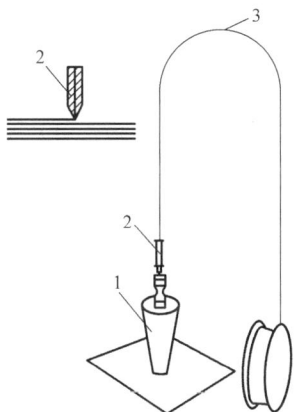

图7-7 熔融沉积成形法原理图
1—成形工件 2—喷头 3—料丝

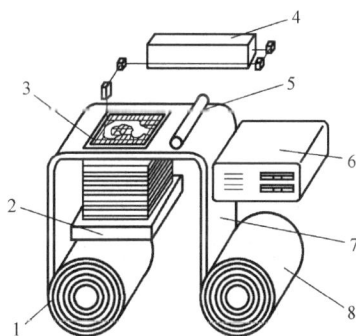

图7-8 分层实体制造法原理图
1—收料轴 2—升降台 3—加工平面 4—CO$_2$激光器
5—热压辊 6—控制计算机 7—料带 8—供料轴

LOM工艺优点是：无需设计和构建支撑；只需切割轮廓，无需填充扫描；制件的内应力和翘曲变形小；制造成本低。缺点是：材料利用率低，种类有限；表面质量差；内部废料不易去除，后处理难度大。该工艺适合于制作大中型、形状简单的实体类原型件，特别适用于直接制作砂型铸造模。

5. 三维印刷法（Three Dimensional Printing，3DP）

三维印刷法（3DP）是利用喷墨打印头逐点喷射粘结剂来粘结粉末材料的方法制造原型。3DP的成形过程与SLS相似，只是将SLS中的激光变成喷墨打印机喷射粘结剂，如图7-9所示。

该技术制造致密的陶瓷部件具有较大的难度，但在制造多孔的陶瓷部件（如金属陶瓷复合材多孔坯体或陶瓷模具等）方面具有较大的优越性。

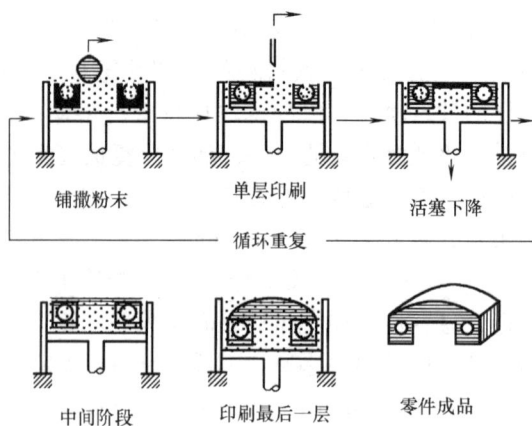

图 7-9　三维印刷法原理图

习　题

一、填空

1. 当执行制造过程的基本动作是由机器（机械）代替_____劳动来完成时就是_____。

2. 在一个工序中，如果所有的基本动作都机械化了，并且使若干个辅助动作也自动化，而工人所要做的工作只是对这一工序作总的_____和_____，就称为工序自动化。

3. 如果说从_____到最终成品的全过程不需要人工干预，这时就形成了制造过程的_____。

二、简答

1. 柔性制造系统是什么？

2. 计算机集成制造系统是什么？

3. 快速成形技术的特点是什么？

参 考 文 献

[1] 张福润. 机械制造工艺学 [M]. 北京：机械工业出版社，1998.

[2] 李旦. 机械制造工艺学 [M]. 北京：机械工业出版社，1997.

[3] 丁柏群，王晓娟. 汽车制造工艺技术 [M]. 北京：国防工业出版社，2008.

[4] 王永伦. 汽车制造工艺基础 [M]. 北京：机械工业出版社，2012.

[5] 程益良. 机械加工实习 [M]. 北京：机械工业出版社，1993.

[6] 曾东建. 汽车制造工艺学 [M]. 北京：机械工业出版社，2005.

[7] 王晓霞. 机械制造技术 [M]. 北京：科学出版社，2007.

[8] 肖继德，陈宁平. 机床夹具设计 [M]. 北京：机械工业出版社，2000.

[9] 丁振明，彭通安，李斯鉴. 金属切削原理与刀具 [M]. 北京：国防工业出版社，1985.